职业教育改革创新示范性教材

实用药品GMP基础

（项目教学法教改教材）

第三版

朱玉玲　主　编
李玉华　汤　静　副主编

·北京·

内 容 简 介

《实用药品GMP基础》(第三版)依据《药品生产质量管理规范(2010年修订)》以及《中华人民共和国药品管理法》(2019年版),打破了以知识传授为主要特征的传统学科课程模式,转变为以任务引领型课程为主体的内容模式,意在让学生通过完成具体项目来构建相关理论知识,发展职业能力。

本书按照药品生产流程设计内容,包括认识理解GMP、物料的管理、药品生产前准备的管理、药品生产过程的管理、药品生产结束的管理、药品质量检验的管理和药品质量管理与质量风险的控制共7个学习项目,并通过41个任务、126个实践活动来掌握GMP在药品生产各个环节中的管理要求和实施方法;同时,本书又充分考虑了职业教育对理论知识学习的需要,融合了相关职业资格证书对知识、技能和态度的要求,内容贴近实践教学实际。本书配有电子课件,可从 www.cipedu.com.cn 下载参考。

本书适用于医药职业学校生物制药技术、药品生产技术专业、中药制药技术专业、化学制药技术专业、药学专业等师生使用,也可作为医药行业、企业相关岗位的岗前培训和继续教育的参考书。

图书在版编目(CIP)数据

实用药品GMP基础/朱玉玲主编. —3版. —北京:化学工业出版社,2021.5(2024.1重印)
职业教育改革创新示范性教材
ISBN 978-7-122-38513-0

Ⅰ.①实… Ⅱ.①朱… Ⅲ.①制药工业-质量管理体系-中国-职业教育-教材 Ⅳ.①F426.7

中国版本图书馆CIP数据核字(2021)第028372号

责任编辑:迟 蕾 梁静丽 李植峰　　　文字编辑:药欣荣 陈小滔
责任校对:宋 玮　　　装帧设计:王晓宇

出版发行:化学工业出版社(北京市东城区青年湖南街13号 邮政编码100011)
印　　刷:北京云浩印刷有限责任公司
装　　订:三河市振勇印装有限公司
787mm×1092mm 1/16 印张16½ 字数398千字 2024年1月北京第3版第4次印刷

购书咨询:010-64518888　　　售后服务:010-64518899
网　　址:http://www.cip.com.cn
凡购买本书,如有缺损质量问题,本社销售中心负责调换。

定　价:49.80元　　　　　　　　　　　　　　　版权所有　违者必究

《实用药品GMP基础》(第三版)
编写人员

主　　编　朱玉玲
副 主 编　李玉华　汤　静
编写人员　(按姓名笔画排序)
　　　　　王湘妍
　　　　　朱玉玲
　　　　　刘　佳
　　　　　汤　静
　　　　　李　烨
　　　　　李玉华
　　　　　韩宝来
主　　审　贾和平

前言

本门课程是医药类职业院校生物制药技术、药品生产技术、中药生产与加工技术、化学制药技术、药学及药品质量与安全专业的主干课程，其任务是使学生具备各类制药专业初、中级专门人才所必需的《药品生产质量管理规范》（药品 GMP）的基本知识(药品 GMP 的内容、要求与认证；物料管理的程序；药品生产环境的洁净度要求与药品生产前的准备；药品生产过程中的 GMP 管理制度；药品生产结束后的管理内容；药品的质量检验标准与程序；药品生产质量风险的控制等)与基本技能（物料的接收、贮存与发放技能；药品生产前清场、生产和包装指令的核对以及设备、仪器、衡器、量具的状态检查技能，在生产过程中保证药品质量、防止混药混批的技能；药品生产结束的清场与环境的消毒技能；阅读各种药品标准操作规程、生产工艺规程、检验操作规程的技能；填写各种生产记录的技能；药品生产质量风险评估控制技能等），通过本课程的学习，培养学生的药品生产质量意识。本课程在制药专业学生有一定的药剂基础和药事法规基础的情况下开设，也是专业核心课程的延展和深化。

1. 编写思路

本教材打破以知识传授为主要特征的传统学科课程模式，转变为以任务引领型课程为主体的课程模式，让学生通过完成具体项目来构建相关理论知识。本教材编写采取学生为主体参与教学过程，教师引导、启发的教学模式，根据职业院校学生的学习特点，科学设计教学过程，培养学生的合作、协作能力，充分开发学生的发散思维和创新能力，以促进职业能力的发展。

（1）本教材的"学习项目"是以药品生产流程为线索来设计的，项目选取的基本依据是本门课程所涉及的工作领域和工作任务范围，内容紧紧围绕 GMP 管理制度在药品生产全过程中的要求和实施方法来安排，同时又充分考虑了职业教育对理论知识学习的需要，并融合了相关职业资格证书对知识、技能和态度的要求。每个项目的学习都按照 GMP 管理环节为载体设计的活动来进行，以工作任务为中心整合 GMP 管理制度的要求与生产实践，实现 GMP 管理制度的实施与生产实践的一体化。其编排依据是相关专业所特有的工作任务逻辑关系，而不是知识关系。

（2）本教材的"任务目标"是通过组织企业专家研讨并结合生产实际而提出的，主要包括理解药品 GMP 的内涵和基本要求，掌握药品生产企业物料管理的流程与要求，在药品的生产过程中，教会学生按照药品 GMP 要求正确地做好操作前准备、生产操作和生产结束，并及时正确地填写各种生产记录，熟悉药品质量检验的程序与要求，知道药品生产质量风险控制的基本技能与方法。

（3）本课程的职业能力培养目标

●具备药物制剂工、中药制剂工、化学制药合成工、药物分析检验工所要求的职业道德；
- ● 掌握 GMP 管理制度的内容；
- ● 掌握物料接收、物料贮存和物料发放各环节中的管理要求和实施方法；
- ● 掌握生产前准备、生产过程和生产结束各环节的管理要求和实施方法；
- ● 了解药品质量检验过程中的管理要求和实施方法；
- ● 知道药品生产质量风险控制的基本技能与方法。

2. 课程框架

本教材共包括七个"学习项目"。与第二版内容相比，第三版教材新增了《药品管理法》（2019版）关于药品生产质量要求的变化，共通过 41 个任务完成。同时增加了配套资源，更便于教师授课以及学生或者在职员工自学，并加以及时且针对性强的练习，从而能够迅速掌握 GMP 的基础知识。通过项目驱动和任务引领活动，使学生能认识到药品生产中执行 GMP 管理制度的重要性，掌握药品生产过程中 GMP 管理制度的相关规定、要求以及实施方法，能完成本专业相关岗位的工作任务，同时培养学生具有诚实守信、遵守法规的品质，以及善于沟通和合作的能力，树立诚信、质量第一和安全生产的意识，为发展学生各专业方向的职业能力奠定良好的基础。

3. 实施建议

在教学过程中，应立足于将 GMP 管理制度的内容融贯在实际操作中，加强学生执行法规与实际操作相结合的能力。本课程教学的关键：在教学过程中通过典型生产环节的 GMP 要求和实施方法的讲解、讨论和练习，使学生在"教"与"学"的过程中掌握 GMP 管理制度在生产过程中的实际应用，加深学生对 GMP 管理制度在生产实践中重要性的认识，能在生产过程中自觉遵守 GMP 的要求，规范生产操作行为，避免混淆和差错的发生，提高学生的综合职业能力、遵守法规和保证产品质量的意识。

在使用第三版《实用药品 GMP 基础》教学过程中，需应用多媒体课件、实物样本、情景教学等教学资源辅助教学，帮助学生理解 GMP 管理制度在药品生产中的意义，掌握 GMP 在药品生产中的实施方法和手段；要重视本专业领域 GMP 管理制度的发展趋势，贴近生产现场为学生提供职业生涯发展的空间，努力使学生在社会实践中增强法规和质量意识，培养职业能力；教师应积极引导学生提升职业素养，提高职业道德，培养良好行为规范。

教学评价应改革传统的学生评价手段和方法。每一个项目结束采用阶段评价、每一项任务结束采用结果评价的模式。

第三版《实用药品 GMP 基础》建议课时：项目 1 为 6 学时，项目 2 为 6 学时，项目 3 为 12 学时，项目 4 为 16 学时，项目 5 为 6 学时，项目 6 为 8 学时，项目 7 为 6 学时。拓展学习内容根据专业特点而定。

第三版《实用药品 GMP 基础》在编写过程中，聘请了一线的药品生产专家对教材编写内容进行了研讨并给予指导，参考并融入了有关职业教育新的教育理念与思路，在此，编者衷心地表示感谢。

本教材编者均为执业药师或药品生产企业高级工程师、工程师，有丰富的药品生产实践经验，并长期从事药学专业教学工作，确保了编写内容与药品的实际生产情况接轨。

本教材编写分工：朱玉玲老师编写项目1；刘佳老师编写项目2；汤静老师编写项目3；王湘妍老师编写项目4；韩宝来老师编写项目5；李玉华老师编写项目6；李烨老师编写项目7。在全书编写过程中，李玉华、汤静老师做了大量的资料搜集与整理工作，朱玉玲老师统筹全稿。感谢开封康诺药业集团贾和平总工在百忙中主审教材内容。

由于编者水平有限，时间仓促，书中难免存在疏漏之处，恳请各位专家、学校师生及广大读者批评指正。

编　者

2021年4月

目录 CONTENTS

项目 1 认识理解 GMP / 001

任务一 理解 GMP 的内涵 / 002
　活动 1　药难事件回放　/ 002
　活动 2　GMP 的诞生　/ 003
　活动 3　熟知 GMP 的主导思想　/ 004
　活动 4　体会 GMP 的重要性　/ 005
　【知识拓展】　GMP 的分类　/ 005

任务二 熟悉药品 GMP 的主要内容 / 006
　活动 1　讨论保证药品质量的措施　/ 006
　活动 2　GMP 的基本内容　/ 006

任务三 明晰 GMP 的三大要素 / 011
　活动 1　研讨 GMP 的组成要素　/ 011
　活动 2　GMP 对机构与人员的要求　/ 011
　【知识拓展】　企业关键人员资质要求　/ 014
　活动 3　药品 GMP 对厂房、设施及设备的要求　/ 015
　活动 4　药品 GMP 对文件管理的要求　/ 017

任务四 分析 GMP 与《药品管理法》 / 021
　活动 1　《药品管理法》(2019 版) 关于药品生产质量要求的变化　/ 021
　活动 2　GMP 认证制度取消后如何实施 GMP　/ 024

项目 2 物料的管理 / 026

任务一 认知物料管理的模块系统 / 027
　活动 1　讨论分析药用辅料碳酸钙案例　/ 027
　活动 2　理解物料管理的重要性　/ 028
　【知识拓展】　合资企业物料管理简介　/ 028

活动 3　物料管理的模块系统　/ 029

【知识拓展】　采购计划和生产计划　/ 030

任务二　物料的接收　/ 032

活动 1　物料的接收流程　/ 032

活动 2　物料接收的内容及注意事项　/ 033

任务三　物料的贮存　/ 035

活动 1　物料的状态、库卡和代码的管理　/ 035

活动 2　物料的标识　/ 037

活动 3　物料的货位标识　/ 039

活动 4　原材料和包装材料的贮存及状态标识　/ 040

任务四　物料的发放　/ 042

活动 1　物料发放的程序　/ 042

活动 2　物料发放的文件受控　/ 043

活动 3　物料发放过程的注意事项　/ 043

活动 4　填写物料发放的有关表格　/ 044

【知识拓展】　成品的仓储管理　/ 046

任务五　不合格品的处理　/ 049

活动 1　不合格品的处理程序　/ 049

活动 2　不合格品的销毁　/ 050

活动 3　填写不合格品处理的有关表格　/ 050

项目 3
药品生产前准备的管理　/ 052

任务一　阅读和理解生产管理文件　/ 053

活动 1　案例分析之一　/ 053

活动 2　深入理解生产管理文件　/ 054

活动 3　案例分析之二　/ 055

活动 4　案例分析之三　/ 055

活动 5　工艺规程及 SOP 样例分析　/ 056

活动 6　设计批生产记录、批包装记录　/ 059

任务二　熟悉不同级别洁净厂房的洁净度要求　/ 060

活动 1　洁净厂房的分类　/ 060

活动 2　药品生产环境的空气洁净度级别要求　/ 061

活动 3　空气净化措施　/ 063

【知识拓展】 剂型生产对空气净化系统的要求 / 066

任务三　明晰人员、物料进入洁净区的要求 / 069
　　活动1　资料分析 / 069
　　活动2　人员进入洁净区的要求 / 070
　　活动3　操作前洗手 / 072
　【知识拓展】 养成良好的个人卫生习惯 / 073
　　活动4　物料进入洁净区的要求 / 075
　【知识拓展】 人员或物料的净化设施 / 076

任务四　生产操作前的清场 / 079
　　活动1　案例分析 / 079
　　活动2　生产操作前清场 / 080
　　活动3　废弃物的妥善处理 / 081
　【知识拓展】 药品被污染的途径 / 083

任务五　根据生产或包装指令单检查核对物料 / 084
　　活动1　案例分析 / 084
　　活动2　附表分析 / 085

任务六　检查衡器、量具的状态　/ 087
　　活动1　衡器、量具状态完好的重要性 / 087
　　活动2　计量器具和测试设备的控制 / 087
　　活动3　生产前检查衡器、量具的状态 / 088
　【知识拓展】 计量器具的分类与校准 / 089

任务七　检查确认设备、器具状态完好 / 090
　　活动1　案例分析 / 090
　　活动2　生产前设备、器具的检查确认 / 091
　　活动3　正确进行交接班 / 092
　　活动4　设备状态标识 / 093
　　活动5　状态标志管理程序 / 095
　【知识拓展】 设备标牌制作说明 / 097

项目 4
药品生产过程的管理　/ 101

任务一　药品的批号管理　/ 102
　　活动1　识读药品的生产批号 / 102
　【知识拓展】 药品生产批号的编制方法 / 104

活动 2　药品生产批号的划分原则和方法　/ 104

任务二　熟知制药用水的相关要求　/ 106
　　活动 1　初识制药用水　/ 106
　　活动 2　选用制药用水　/ 107
　　活动 3　制药用水的质量要求　/ 108
　【知识拓展】　注射用水与纯化水的水质区别　/ 109

任务三　生产过程的状态标识管理　/ 110
　　活动 1　初识生产状态标识　/ 110
　　活动 2　识别生产状态标识　/ 111
　　活动 3　生产状态标识的使用　/ 113

任务四　药品的生产过程管理　/ 115
　　活动 1　生产指令的下达　/ 115
　　活动 2　生产文件的管理　/ 116
　　活动 3　物料的传递与配料　/ 117
　　活动 4　物料的数额平衡　/ 117
　【知识拓展】　洁净区动态环境限度标准　/ 120

任务五　熟知液体制剂的时效性原则　/ 122
　　活动 1　时效性原则的重要性　/ 122
　　活动 2　普通液体制剂和注射剂的时效性原则　/ 123

任务六　预防药品生产和包装过程中的污染和混淆　/ 125
　　活动 1　防止药品生产过程中的污染和混淆　/ 125
　　活动 2　防止包装过程中的污染和混淆　/ 128

任务七　填写与保管批生产记录和批包装记录　/ 132
　　活动 1　认识批生产记录　/ 132
　　活动 2　填写批生产记录和批包装记录　/ 134

任务八　药品 GMP 的验证　/ 137
　　活动 1　正确理解药品验证　/ 137
　　活动 2　阅读验证方案与实施　/ 139

任务九　药品生产过程中异常情况的处理　/ 142
　　活动 1　提高安全生产意识　/ 142
　　活动 2　处理生产过程中出现的异常情况　/ 143

任务十　药品的回收、返工与重新加工　/ 147
　　活动 1　理解药品回收、返工与重新加工的含义　/ 147
　　活动 2　什么是药品的回收、返工与重新加工　/ 148
　　活动 3　药品的回收、返工与重新加工的生产管理　/ 148

项目 5
药品生产结束的管理 / 150

任务一　认知药品生产结束的管理内容 / 151
活动 1　药品生产结束管理的重要性 / 151
活动 2　药品生产结束管理的主要内容 / 151

任务二　设备、工作场地的清洁、清场 / 153
活动 1　一般生产区、洁净区、制药设备的清洁管理 / 153
活动 2　洁净区设备、容器具的清洁管理 / 154
活动 3　一般生产区设备、容器具的清洁管理 / 154
活动 4　药品生产结束的清场管理 / 154

任务三　及时完整地填写清场记录 / 157
活动 1　生产结束清场的项目内容 / 157
活动 2　填写清场记录 / 158

任务四　熟知洁净区的消毒原则和方法 / 159
活动 1　洁净区的定期消毒原则和方法 / 159
活动 2　洁净区常用的洁净剂 / 161
【知识拓展】　洁净区(室)的消毒措施 / 162

任务五　洁净工作服的清洗、消毒 / 164
活动 1　洁净工作服的类别 / 164
活动 2　工作服的清洗消毒要求和方法 / 165
【知识拓展】　洁净工作服的管理 / 166

任务六　批生产、批包装记录的审核 / 168
活动 1　审核批生产记录 / 168
活动 2　审核批包装记录 / 168
活动 3　审核批检验记录 / 169

任务七　药品放行前审核 / 170
活动 1　研讨药品放行前审核的主要内容和程序 / 170
活动 2　药品放行前审核的主要内容和程序 / 170

项目 6
药品质量检验的管理 / 172

任务一　正确阅读、理解和执行药品质量标准 / 173

活动 1 讨论分析"亮菌甲素注射液"假药案例 / 173
活动 2 药品的质量检验 / 174
活动 3 药品质量标准 / 175
【知识拓展】 药品质量的含义 / 176
活动 4 药品质量检验基本内容与原则 / 176

任务二 明晰药品质量检验的流程与要求 / 179
活动 1 药品质量检验的流程 / 179
活动 2 药品质量检验的取样、收样和检验安排 / 181
活动 3 药品质量检验规程 / 183
活动 4 填写药品质量检验记录 / 184
活动 5 超标测试结果与超常测试结果 / 185
【知识拓展】 药品检验方法的验证 / 186

任务三 药品留样观察管理和稳定性试验 / 188
活动 1 药品留样观察的目的 / 188
活动 2 填写药品留样观察记录 / 189
活动 3 药品稳定性试验目的 / 190
活动 4 药物稳定性试验内容 / 191
【知识拓展】 稳定性试验的基本要求 / 191

任务四 药品检验试剂和药品检验仪器的管理 / 192
活动 1 药品检验标准品、对照品、鉴定菌的管理 / 192
活动 2 药品检验试剂、试液、培养基的管理 / 193
活动 3 药品检验滴定液、标准液的管理 / 193
活动 4 药品分析仪器校验、使用和维护保养管理 / 195
【知识拓展】 药品检验用剧毒物品的管理 / 196

项目 7
药品质量管理与质量风险的控制 / 198

任务一 分析药品质量的产生原因与重要性 / 199
活动 1 讨论分析"沙利度胺"药难事件 / 199
活动 2 理解药品质量的产生 / 199
活动 3 理解生产过程的概念 / 201

任务二 药品质量管理 / 203
活动 1 认识药品质量管理的内涵 / 203
活动 2 熟识药品质量管理的步骤 / 205
活动 3 实施质量控制（QC）活动 / 206
活动 4 实施质量保证（QA）活动 / 207

    活动 5　建立质量体系　/ 208
    【知识拓展】　质量改进　/ 210

  任务三　学会药品质量风险管理　/ 211
    活动 1　理解药品质量风险的涵义　/ 211
    活动 2　质量风险管理　/ 212
    活动 3　质量风险评估方法　/ 213
    【知识拓展】　帕累托分析（二八法则）　/ 215
    活动 4　质量风险控制、风险审核和风险沟通管理　/ 216
    活动 5　使用风险管理工具　/ 217

附录　/ 221

参考文献　/ 249

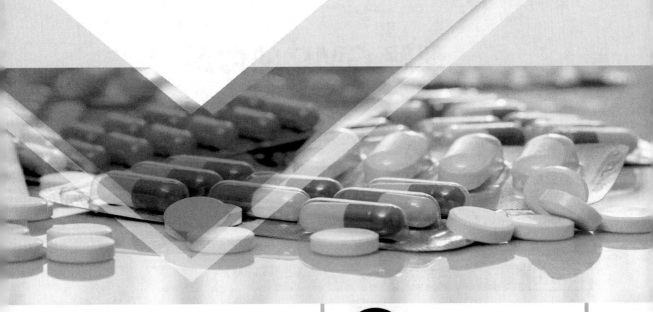

项目 1

认识理解 GMP

项目说明

本项目共完成四个任务,任务一从历史上几个较大的药难事件出发,使同学们初步感受药品 GMP 的重要性,并了解 GMP 的产生与发展,熟知 GMP 的主导思想;任务二使同学们知道药品 GMP 的结构组成与基本内容;任务三使同学们熟知药品 GMP 组成的三大基本要素(即机构与人员、设施与设备和文件管理的基本要求);任务四使学生了解药品 GMP 认证及《药品管理法》对 GMP 的要求。

任务一

理解 GMP 的内涵

任务目标
熟知药品 GMP 的重要性
了解药品 GMP 的产生与发展
熟知药品 GMP 的主导思想

活动 1　药难事件回放

案例 1-1　反应停事件（"沙利度胺"药难事件）

20 世纪 50 年代后期，联邦德国格仑南苏制药厂生产了一种治疗妊娠反应的镇静药沙利度胺（又称反应停），这是一个 100% 致畸的药。该药出售 6 年中，全球 28 个国家发现畸形儿 12000 多例，患儿无肢或短肢，肢间有蹼（又称海豹儿），这种畸形儿死亡率约 50%，目前存活不足千人；反应停的另一副作用是可引起多发性神经炎，约有患者 1300 例。这次事件给世界造成了巨大的灾难。但这次药难事件却没有在美国发生。原因是美国 FDA 官员在对沙利度胺进口到美国进行药品审查时发现，沙利度胺在临床研究时病例数没有达到规定要求，以此拒绝沙利度胺在美国销售，从而使美国避免了这次药难事件。

案例 1-2　磺胺酏事件

20 世纪 30 年代，出现一个现代化学疗法的化合物磺酰胺（SN）。1935 年，生物学家格哈特·多马克发现了磺酰胺的抑菌作用。红色百浪多息作为 SN 的前体药物也曾经在临床上应用 10 多年。1937 年，美国田纳西州一位药剂师配制了一种磺胺酏剂，结果引起 300 多人急性肾功能衰竭，有 107 人死亡。其实，磺胺本身并无问题，原因是甜味剂二甘醇在体内氧化为草酸中毒。

案例 1-3　大输液事件

1970~1976 年期间发生的大输液污染事件更加触目惊心。1971 年 3 月，美国 7 个州 8 个医院发生了 405 起败血症病例。美国 1976 年统计数据表明，前 10 年因质量问题从市场撤回输液产品的事件超过 600 起，410 人受到伤害，54 人死亡。1972 年药难事件降临至英国德旺皮特时，导致 6 起败血症死亡病例。英国 20 世纪 70~80 年代还曾发生了严重的血污染事件，上万名血友病患者遭殃，他们在使用了被病毒污染的血制品后感染了可致肝病及癌症的丙型肝炎病毒，至少110名血友病患者死亡。日本在80年代也曾发生过类似问题，导致1800多名血友病患者感染艾滋病。

活动2　GMP的诞生

> 想一想
> 三起药难事件产生的原因及解决措施有哪些？填表1-1。

表1-1　药难事件产生的原因及解决措施

分析主题	原因及措施
1. 反应停事件	
2. 磺胺酏事件	
3. 大输液事件	

1. GMP的诞生

药难事件发生后，美国食品药品监督管理局（FDA）派专家到企业调查，发现造成这些药难事件的原因是多方面的，一是先天性不足，没有对新药及其杂质进行足够的安全试验，缺乏严格的审批制度；二是后天性缺陷，即生产过程造成混杂、交叉污染或微生物污染，生产药品的环境条件触目惊心，不能保证药品质量。显然，这些共性问题是缺乏有效的质量保证体系，由此提出了药品生产必须有质量管理规范。

1963年，美国国会将《药品生产质量管理规范》（good manufacturing practice，GMP）颁布为法令，要求国内所有制药企业遵照执行，从此产生了世界上第一部GMP。1969年，世界卫生组织（WHO）向各成员国推荐GMP，并于1975年正式颁布了WHO的GMP，受到许多国家和政府的高度重视，先后接受并制定颁布本国的GMP，并加以实施。目前，世界上已有100多个国家和地区制定了自己的GMP。

我国于1982年，由中国医药工业公司参照一些先进国家的GMP制定了《药品生产管理规范》（试行稿），并开始在部分药品生产企业中试行。1984年对其进行修订，1988年3月依据《药品管理法》修订颁布了GMP，作为正式法规，同时制定了《GMP实施细则》。几年后，卫生部将《药品生产管理规范》和《药品生产管理规范实施细则》合并，定名为《药品生产质量管理规范》（1992年修订），于1992年12月28日颁布，要求药品生产企业遵照执行。1998年，国家食品药品监督管理局（SFDA）对1992年的GMP进行修订，于1999年6月18日以SFDA令第9号颁布GMP（1998年修订），自1999年8月1日正式施行。随后GMP认证管理办法和认证检查评定标准相继制定。从2000年起，SFDA开始在全国药品生产企业中分期、分阶级地强制实施药品GMP认证工作。从2000年至2004年6月30日，已完成全国所有剂型的药品生产企业的认证工作，并从2004年7月1日起，凡未通过药品GMP认证的企业一律停止进行药品生产。全国有2000多家药品生产企业从2004年7月1日已停止生产。获得《药品GMP认证》证书的药品生产企业，才能依法从事药品生产。

2005年12月，SFDA完成了体外生物诊断试剂的药品GMP认证，2006年12月完成了医用气体的药品 GMP 认证，2007 年 12 月完成了中药饮片的药品 GMP 认证。GMP 的立法并强制实施在我国取得实质性进展，实现了在药品生产质量管理上与国际接轨。

2010 年，SFDA 对 1998 年版的 GMP 又进行了修订，于 2011 年 2 月 12 日以卫生部令第 79 号文发布，自 2011 年 3 月 1 日起施行。根据 SFDA 部署的实施步骤：自 2011 年 3 月 1 日起，凡新建药品生产企业、药品生产企业新建（改、扩建）车间均应符合《药品生产质量管理规范（2010 年修订）》的要求；现有药品生产企业血液制品、疫苗、注射剂等无菌药品的生产，应在 2013 年 12 月 31 日前达到《药品生产质量管理规范（2010 年修订）》要求；其他类别药品的生产均应在 2015 年 12 月 31 日前达到《药品生产质量管理规范（2010 年修订）》要求；未达到《药品生产质量管理规范（2010 年修订）》要求的企业（车间），在上述规定期限后不得继续生产药品。

新修订的《中华人民共和国药品管理法》（以下简称《药品管理法》）于 2019 年 12 月 1 日起施行。其中取消了对药品生产企业进行 GMP 认证的规定。从此，GMP 认证制度退出历史舞台。但是 2020 年 7 月 1 日起施行的《药品生产监督管理办法》要求对麻醉药品、第一类精神药品、药品类易制毒化学品、生产企业每季度检查不少于一次；对疫苗、血液制品、放射性药品、医疗用毒性药品、无菌药品等高风险药品生产企业，每年不少于一次 GMP 符合性检查；对规定的其他药品生产企业应当在三年内全部进行监督检查。

2. 实施 GMP 的意义

我国现有药品生产企业在整体上呈现多、小、散、低的格局，生产集中度较低，自主创新能力不足。实施新版药品 GMP 是顺应国家战略性新兴产业发展和转变经济发展方式的要求，有利于促进医药行业资源向优势企业集中，淘汰落后生产力；有利于调整医药经济结构，以促进产业升级；有利于培育具有国际竞争力的企业，加快医药产品进入国际市场；有利于实施优势品牌，为产品和销售网络的大型药企提供了良好的并购机会。

活动 3　熟知 GMP 的主导思想

GMP 是国际通行的药品生产和质量管理必须遵循的基本准则，是在药品生产的全过程中，以科学的方法和有效的措施对各项影响药品质量的因素加以全方位的控制，在生产管理中设定关键的控制参数和可接受的控制范围，实现生产条件受控和状态的可重现，把可能对药品造成污染、混杂、差错的因素降到最低限度，确保生产出来的药品安全有效、稳定均一，是药品生产过程中的质量保证体系。它为药品生产企业提供了保证药品质量的基本制度。

GMP 的主导思想：任何药品的质量都不是单纯检验出来的，而是严格按照 GMP 要求，树立药品质量风险管理意识，设计一套行之有效的质量管理系统，并且在药品生产全过程有效地实施管理。即在药品生产的全过程中，要用科学的方法控制影响药品质量的各种因素，并且保证所生产的药品符合质量要求，在不混杂、不污染、均匀一致的条件下进行。然后取样、分析、检验合格，此批药品才真正合格。GMP 强调的是过程控制，是质量风险管理，即在整个产品生命周期中对药品的质量风险进行评估、控制、沟通和审核的系统过程，它与质量体系相结合，是一项将科学性和实践性决策用以维护产品质量的过程。实际上是把传统的药品控制方法"成品检验"的重心向前移动，确保药品生产过程符合规范要求，那么，生产出来的成品自然而然就合格了。GMP 体现了药品质量风险管理和药品生产全过程管理的理念。

活动 4　体会 GMP 的重要性

> **议一议**
> 根据你所遇见的药品质量问题，讨论 GMP 的重要性，填表 1-2。

表 1-2　药品质量问题讨论表

所遇见的药品质量问题	你认为解决的方法有哪些？

根据同学们提出的问题、解决方法引入 GMP 内容，深刻体会 GMP 的重要性。

> **知识拓展**
>
> **GMP 的分类**
>
> 　　药品 GMP 按性质可分为两类：第一类是强制性的 GMP，作为法典规定，具有法律效力，必须严格执行。第二类是建议性的，只对药品质量和管理起指导作用，不强制执行，是企业主动使用、规范自己的企业行为，不具有法律约束力。
> 　　药品 GMP 按适用范围可分为三类：第一类是国际组织和地区组织制定和推荐的 GMP，如世界卫生组织（WHO）的 GMP（1992 年修订），欧洲共同体（EEC）的 GMP 等；第二类是各国制定的 GMP，如美国的 cGMP（1993 年修订，c 代表 current，指时间性和动态性——现行的），中国的 GMP（1988 年首次制定正式颁布，1992 年、1998 年和 2010 年先后三次修订），日本、英国等许多国家也都制定颁布了本国的 GMP；第三类是制药企业或组织制定的 GMP，如中国医药工业公司、美国制药工业联合会等制定的 GMP。前两类 GMP 是具有法律性质的，必须严格执行。第三类 GMP 是建议性的，没有法律的约束力。总之，各国的 GMP 都向国际化、标准化、动态化和质量环境管理一体化方向发展。

任务二

熟悉药品 GMP 的主要内容

任务目标　熟知药品 GMP 的结构组成
熟知药品 GMP 的主要内容

活动1　讨论保证药品质量的措施

想一想
在药品生产过程中，如何才能保证药品质量？可以采取哪些措施？

保证药品质量的措施
1.
2.
3.
……

活动2　GMP 的基本内容

《药品生产质量管理规范》(GMP) 是药品生产和质量管理的基本准则，是对药品生产全过程实施质量管理，保证生产出优质药品的一整套科学的、系统的管理规范，是药品进入国际医药市场的"准入证"。我国现行 GMP（2010 年修订）由基本要求和附录两部分组成，于 2011 年 3 月 1 日起施行。

新修订药品 GMP 的主要特点有：重点细化了软件要求，弥补了 1998 年版 GMP 的不足；强化了质量管理体系、质量风险管理以及文件管理；强调了药品生产与药品注册及上市后监管的联系；增强了指导性、可操作性，方便开展检查工作。

1. 《药品生产质量管理规范(2010年修订)》基本要求的主要内容

包括总则、质量管理、机构与人员、厂房与设施、设备、物料与产品、确认与验证、文件管理、生产管理、质量控制与质量保证、委托生产与委托检验、产品发运与召回、自检、附则14章、54小节、313条,共计约3.2万字。

(1) 总则 本章共4条。

明确制定GMP的依据是《药品管理法》及其实施条例。企业应建立药品质量管理体系,以保证药品GMP的有效执行。最大限度地降低药品生产过程中污染、交叉污染以及混淆、差错等风险。企业应坚持诚实守信,禁止任何虚假、欺骗行为。

(2) 质量管理 本章包括原则、质量保证、质量控制和质量风险管理,共4小节11条。

原则中明确规定企业应当建立符合药品质量管理要求的质量目标,应当确保实现既定的质量目标,并为实现质量目标提供必要的条件。质量保证是质量管理体系的一部分,规定企业必须建立质量保证系统,同时建立完整的文件体系,以保证系统有效运行。质量控制包括相应的组织机构、文件系统以及取样、检验等,确保物料或产品在放行前完成必要的检验,确认其质量符合要求。质量风险管理是在整个产品生命周期中采用前瞻或回顾的方式,对质量风险进行评估、控制、沟通、审核的系统过程。

(3) 机构与人员 本章包括原则、关键人员、培训、人员卫生,共4小节22条。

原则中规定企业应当建立与药品生产相适应的管理机构,设立独立的质量管理部门,配备足够数量并具有适当资质(含学历、培训和实践经验)的管理和操作人员,明确规定每个部门和每个岗位的职责。关键人员应当为企业的全职人员,至少应当包括企业负责人、生产管理负责人、质量管理负责人和质量受权人;质量管理负责人和生产管理负责人不得互相兼任,明确地规定了他们的资质和主要职责。规定与药品生产、质量有关的所有人员都应当进行GMP理论和实践的培训及相关法规、相应岗位的职责、技能的培训。所有人员都应当接受卫生要求的培训,企业应当建立人员卫生操作规程,最大限度地降低人员对药品生产造成污染的风险。

(4) 厂房与设施 本章包括原则、生产区、仓储区、质量控制区、辅助区,共5小节33条。

GMP要求药品生产应当有整洁的生产环境。本章对药品生产企业厂房的布局、设施、净化、压差、温度、湿度、照明、通风及生产具有特殊性质的药品厂房、仓储区、质量控制区、辅助区等进行了规定。

(5) 设备 本章包括原则、设计与安装、维护与维修、使用和清洁、校准、制药用水,共6小节31条。

GMP要求设备的设计、选用、安装、改造和维护必须符合预定用途,应当尽可能降低产生污染、交叉污染、混淆和差错的风险,便于操作、清洁、维护以及必要时进行的消毒或灭菌。设备的使用、保养、检修有制度与记录,有状态标识,有设备清洁规程等管理制度。应当按照操作规程和校准计划定期对生产和检验用衡器、量具、仪表、记录和控制设备以及仪器进行校准和检查,并保存相关记录。设备有明显的合格标志。制药用水的制备、贮存、分配应能防止微生物的滋生和污染。

(6) 物料与产品 本章包括原则、原辅料、中间产品和待包装产品、包装材料、成品、特殊管理的物料和产品及其他,共7小节36条。

GMP规定药品生产所用的原辅料、与药品直接接触的包装材料应当符合相应的质量标准。企业应当建立物料和产品的操作规程，确保物料和产品的正确接收、贮存、发放、使用和发运，防止污染、交叉污染、混淆和差错。

（7）确认与验证 本章共12条。

验证是证明任何操作规程（或方法）、生产工艺或系统能够达到预期结果的一系列活动。规定企业的厂房、设施、设备和检验仪器应当经过确认，应当采用经过验证的生产工艺、操作规程和检验方法进行生产、操作和检验，并保持持续的验证状态。应当建立确认与验证的文件和记录。首次确认或验证后，应当根据产品质量回顾分析情况进行再确认或再验证。有验证计划、验证方案、经批准的实施方案、验证结果和结论，有记录并存档。

（8）文件管理 本章包括原则、质量标准、工艺规程、批生产记录、批包装记录、操作规程和记录，共6小节34条。

规定企业必须有内容正确的书面质量标准、生产处方和工艺规程、操作规程以及记录等文件；应当建立文件管理的操作规程，系统地设计、制定、审核、批准和发放文件。物料、成品、中间产品和待包装产品应有质量标准并规定其具体内容要求。每种药品的每个生产批量均应当有经企业批准的工艺规程，不同药品规格的每种包装形式均应当有各自的包装操作要求，并规定了工艺规程的要求与具体内容。每批产品均应当有相应的批生产记录，可追溯该批产品的生产历史以及与质量有关的情况，并规定了批生产记录、操作规程的要求和具体内容。

（9）生产管理 本章包括原则、防止生产过程中的污染与交叉污染、生产操作、包装操作，共4小节33条。

规定所有药品的生产和包装均应当按照批准的工艺规程和操作规程进行操作并有相关记录，以确保药品达到规定的质量标准，并符合药品生产许可和注册批准的要求。规定应当建立划分产品生产批次的操作规程，批号管理、生产操作及生产记录管理、物料管理、物料平衡检查、清场管理及防止生产过程中的污染和交叉污染的措施、包装操作的管理。

（10）质量控制与质量保证 本章包括质量控制实验室管理、物料和产品放行、持续稳定性考察、变更控制、偏差处理、纠正措施和预防措施、供应商的评估和批准、产品质量回顾分析、投诉与不良反应报告，共9节61条。

新版药品GMP引入了质量风险管理的概念，质量风险管理是美国FDA和欧盟都在推动和实施的一种全新理念，并相应增加了一系列新制度，如：供应商的审计和批准、变更控制、偏差管理、超标（OOS）调查、纠正和预防措施（CAPA）、持续稳定性考察计划、产品质量回顾分析等。这些制度分别从原辅料采购、生产工艺变更、操作中的偏差处理、发现问题的调查和纠正、上市后药品质量的持续监控等方面，对各个环节可能出现的质量风险进行管理和控制，促使生产企业建立相应的制度，及时发现影响药品质量的不安全因素，主动防范质量事故的发生。

（11）委托生产与委托检验 本章包括原则、委托方、受托方、合同，共4小节15条。

明确规定了委托方的职责及受托方的资质及职责要求，药品委托生产签订合同的具体要求与内容规定。

（12）产品发运与召回 本章包括原则、发运、召回，共3节13条。

本章规定企业应当建立产品召回系统，制订召回操作规程，必要时迅速召回存在有安全隐患的产品，规定了药品召回的具体要求与内容。发运药品要有记录，并规定了记录内容与要求。

(13) 自检 本章包括原则、自检,共 2 节 4 条。

规定了企业质量管理部门,应当有计划、定期组织对本企业实施《规范》情况进行自检,并将自检结果如实记录,写出企业《规范》自检报告,内容包括自检的结果、评价的结论以及提出纠正和预防的措施和建议等。

(14) 附则 本章共包括 4 条 42 个术语。

主要解释了 GMP 中包装、包装材料、操作规程、产品、产品生命周期、成品、重新加工、待包装产品、待验、发放、复验期、发运、返工、放行、高层管理人员、工艺规程、供应商、回收、计算机化系统、交叉污染、校准、阶段性生产方式、洁净区、警戒限度、纠偏限度、检验结果超标、批、批号、批记录、气锁间、企业、确认、退货、文件、物料、物料平衡、污染、验证、印刷包装材料、原辅料、中间产品、中间控制 42 个术语的含义。

2. GMP 附录的主要内容

2010 年版 GMP 共修订 5 个附录,包括无菌药品、生物制品、血液制品、中药制剂、原料药。1998 年版 GMP 的中药饮片、放射性药品、医用气体三个附录暂不修订。本次修订的重点是无菌药品附录。

(1) 无菌药品附录 无菌药品附录包括范围、原则、洁净度级别及监测、隔离操作技术、吹灌封技术、人员、厂房、设备、消毒、生产管理、灭菌工艺、灭菌方法、无菌药品的最终处理、质量控制、术语,共 15 章 81 条。

为保证无菌药品的安全和质量提供法规和科学依据,采用了欧盟和 WHO 的 A、B、C、D 分级标准,对无菌药品生产的洁净度级别提出了非常具体的要求,如:悬浮粒子的静态、动态监测,浮游菌、沉降菌和表面微生物的监测,细化了培养基模拟灌装、灭菌验证和管理的要求,增加无菌操作的具体要求,强化了各个环节的无菌保证的措施。

(2) 原料药附录 原料药附录包括范围、厂房与设施、设备、物料、验证、文件、生产管理、不合格中间产品或原料药的处理、质量管理、采用传统发酵工艺生产原料药的特殊要求、术语,共 11 章 49 条。

由于我国是原料药出口大国,为了保证原料药的质量,本附录修订的主要依据是《原料药的优良制造规范》(ICH Q7),此规范已被美国、欧盟、日本等主要发达国家采纳并执行。修订后的原料药附录强化了 GMP 软件的要求,增加了对经典发酵工艺的控制要求,明确了原料药回收、返工和重新加工的具体要求。

(3) 生物制品附录 生物制品附录包括范围、原则、人员、厂房与设备、动物房及相关事项、生产管理、质量管理、术语,共 8 章 57 条。

本附录主要参照了欧盟和 WHO 的相关 GMP 标准以及我国 2005 年着手修订的生物制品附录征求意见稿,根据生物制品生产的特点,重点强调了对生产工艺和中间过程严格控制以及防止污染和交叉污染的一系列要求,强化了生产管理,特别是对种子批、细胞库系统的管理要求和生产操作及原辅料的具体要求。

(4) 血液制品附录(新增) 血液制品附录包括范围、原则、人员、厂房与设备、原料血浆、生产和质量控制及不合格原料血浆、中间产品、成品的处理,共 7 章 34 条。

本附录参照了欧盟相关的 GMP 附录、我国相关的法规、药典标准、2007 年血液制品生产整顿实施方案等内容规定,重点内容是确保原料血浆、中间产品和血液制品成品的安全性,涉及原料血浆的复检和检疫期、供血浆员信息和产品信息追溯、中间产品和成品安全性指标的检验、检验用体外诊断试剂的管理、投料生产、病毒灭活、不合格血浆处理等各个环节。

（5）中药制剂附录 中药制剂附录包括范围、原则、机构与人员、厂房设施、物料、文件管理、生产管理、质量管理、委托生产、术语，共10章44条。

本附录进一步提高中药制剂的生产质量管理水平，强化了中药材和中药饮片质量控制、提取工艺控制、提取物贮存的管理要求，对中药材及中药制剂的质量控制项目提出了全面的要求，对提取中的回收溶媒的控制提出了要求，对人员、厂房设施、物料、文件、生产、委托加工等基本要求中涉及的章节，结合中药制剂的特点作了特殊的规定。

> **议一议**
> 你所感受的药品GMP内容应有哪些？填表1-3。

表1-3 药品GMP的内容

药品GMP的内容
1. 药品批号
2. 药品包装
3. 药品贮存条件
……

> **议一议**
> 你所感受的药品GMP对文件的要求有哪些？填表1-4。

表1-4 药品GMP对文件的要求

如：1. 工艺规程
2. 洁净区
3. 批记录
4. 操作规程
……

任务三

明晰 GMP 的三大要素

任务目标
熟知药品 GMP 对机构与人员的要求
熟知药品 GMP 对厂房与设施的要求
知道药品 GMP 对文件管理的规定

活动 1　研讨 GMP 的组成要素

想一想
药品 GMP 的组成基本要素有哪些？

药品 GMP 的组成要素
1.
2.
3.
…

活动 2　GMP 对机构与人员的要求

药品生产企业建立并保持良好的质量保证体系、药品生产及其他活动均依赖于人，人是影响药品质量诸因素中最活跃、最积极的因素，适当的人员赋予适当的权限和职责，构成组织机构，组织机构是质量管理活动的载体，是质量体系存在及运行的物质基础。见图1-1。

想一想
从图 1-1 中反映的决定产品质量的几大关键因素有哪些？

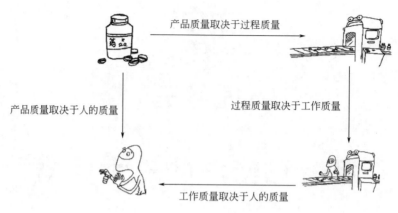

图 1-1　决定产品质量的关键因素

1. 对机构的要求

药品生产企业应当建立与药品生产相适应的管理机构，并有组织机构图。药品生产企业可根据需要自行设置组织机构，规范中未作规定。如图 1-2。

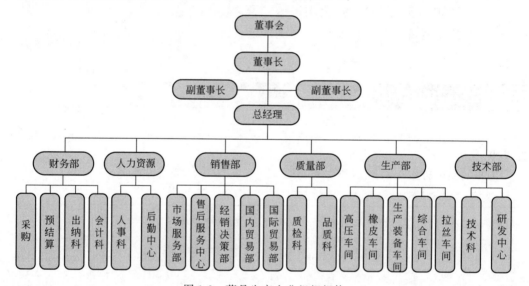

图 1-2　药品生产企业组织机构

药品的质量关系到患者的生命健康，药品质量是严格按照 GMP 要求，在实施药品生产全过程的管理下生产出来的，而不是单纯检验出来的。因此，药品的生产过程是严格的程序化的过程，每个人都应有书面规定的明确的岗位职责，任何时候都要按规程办事，决不允许随心所欲地行事。未经批准，所有的人都不得越权行事。药品生产企业必须建立药品生产机构和药品质量管理机构，质量管理负责人和生产管理负责人不得互相兼任。

> **议一议**
> 某药品生产企业的组织机构实例如图 1-3，你认为符合 GMP 要求吗？

2. 对人员的要求

企业应当设立独立的质量管理部门，履行质量保证和质量控制的职责。质量管理部门人

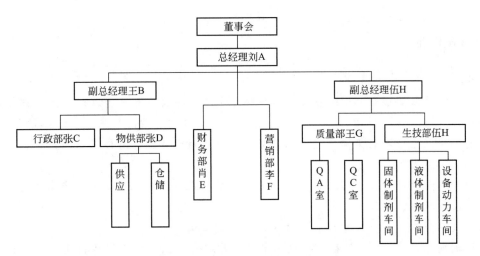

图 1-3　某药品生产企业组织机构实例

员不得将职责委托给其他部门的人员。应当配备足够数量并具有适当资质（含学历、培训和实践经验）的管理和操作人员，明确规定每个部门和每个岗位的职责。岗位职责不得遗漏，交叉的职责应当有明确规定。每个人所承担的职责不应当过多。所有人员应当明确并理解自己的职责，熟悉与其职责相关的要求，并接受必要的培训，包括上岗前培训和继续培训。

企业关键人员应当为全职人员，至少应当包括企业负责人、生产管理负责人、质量管理负责人和质量受权人。质量管理负责人和生产管理负责人不得互相兼任。质量管理负责人和质量受权人可以兼任。应当制定操作规程确保质量受权人独立履行职责，不受企业负责人和其他人员的干扰。

(1) 企业负责人职责　药品质量的主要责任人，全面负责企业日常管理；负责提供必要的资源，合理计划、组织和协调，保证质量管理部门独立履行其职责。

(2) 生产管理负责人的职责　确保按照批准的工艺生产、贮存产品；确保严格执行生产操作规程；确保批生产记录和批包装记录由指定人员审核；确保厂房、设备的维护保养；确保完成各种必要的验证工作；培训生产人员，包括上岗培训和继续培训。

(3) 质量管理负责人的职责　确保原辅料、包装材料、中间产品、待包装产品和成品符合注册批准的要求和质量标准；产品放行前审核批记录；确保完成必要的检验；批准质量管理操作规程；审核批准与质量有关的变更；确保偏差和检验结果超标的调查和处理；批准监督委托检验；监督厂房、设备的维护；确保完成确认和验证工作，审核批准方案和报告（检验方法验证，仪器校验）；确保完成自检；评估和批准物料供应商；确保投诉的调查和处理；确保完成持续稳定性考察；确保完成质量回顾分析；培训质量控制和保证人员，包括上岗培训和继续培训。

(4) 质量管理负责人与生产管理负责人共同的职责　审核、批准工艺规程、操作规程等；监督厂区卫生状况；确保关键设备的确认；确保完成生产工艺验证；上岗培训和继续培训；批准、监督委托生产；确定、监控物料和产品贮存条件；保存记录；监督 GMP 的执行；监控影响产品质量的因素（检查、调查、取样）。

(5) 质量受权人的职责　参与企业质量体系建立、内部自检、外部质量审计、验证以及不良反应报告、产品召回等质量管理活动；承担产品放行的职责，确保每批已放行产品的生产、检验均符合相关法规、药品注册要求和质量标准；在产品放行前，质量受权人必须按照要求出具产品放行审核记录，并纳入批记录。

3. 人员培训

> **想一想**
>
> 企业为什么要进行GMP培训？哪些人需要进行培训？有哪些培训形式？需要培训哪些内容？
>
> 药品生产企业人的素质决定产品质量，人员素质的提高，可以确保生产过程中严格按照GMP要求执行。
>
> 参加培训的人员：管理人员、生产人员、质量人员、其他从事影响产品质量工作的人员，包括技术、维修、清洁人员。
>
> 培训的形式：新员工培训、岗位培训、继续培训。
>
> 培训内容：药品GMP相关知识、岗位操作理论知识、实践操作技能、从事新工作前进行培训、从事特殊要求产品的培训等。

4. 人员卫生

> **想一想**
>
> 表1-5中有关人员卫生的要求，并填表。

表 1-5　人员卫生的要求

1. 药品生产人员是否需要体检？多长时间体检一次？
2. 体检内容包括哪些？
3. 工作人员能否进行化妆、佩戴饰品，体表能否有伤口？
4. 生产现场能否有个人物品和食品等，操作人员能否裸手接触药品？
5. 对外来参观人员是否需指导管理和培训，人的现场数量是否进行控制？

企业要建立工作服的管理制度；人员健康管理制度，每年至少一次健康检查，建立人员健康档案；如传染病检查项目、皮肤检查，从事灯检的人员包括视力、色盲等项目检查，从事卡介苗或结核菌素生产人员应定期检查肺部X射线透视，确保人员的健康卫生；对外来人员的管理制度；人员生产操作管理制度等。

> **知识拓展**
>
> **企业关键人员资质要求**
>
> 企业关键人员资质要求详见表1-6。

表 1-6　企业关键人员资质要求

关键人员	企业负责人	质量受权人	生产管理负责人	质量管理负责人
学历	—	本科及以上	本科及以上	本科及以上
专业	—	药学或相关专业	药学或相关专业	药学或相关专业

续表

关键人员	企业负责人	质量受权人	生产管理负责人	质量管理负责人
实践经验	—	5年生产和质量管理，从事过药品生产过程控制和质量检验工作	3年生产和质量管理，至少1年生产管理	5年生产和质量管理，至少1年质量管理
主要职责	提供必要资源，合理计划、组织和协调，保证质量管理部门独立履行责任	3条	6条	15条
共同职责	10条			

企业负责人是药品质量的主要责任人，为确保企业实现质量目标，企业负责人需要提供必要的资源，合理计划、组织和协调，保证质量管理部门独立履行责任。与1998年版GMP相比，将生产管理负责人和质量管理负责人的资质条件提高到本科学历，对管理人员处理问题的能力和工作经验的要求更上了一层台阶。

鉴于历史原因，现有部分负责企业生产质量的人员虽然学历不够，但由于多年从事药品生产管理工作，经验丰富，能很好履行生产和质量管理职责，保证产品质量。因此，在修订时采用具有"中级以上职称"等同"本科学历"的双轨制办法来解决这部分人员的资质问题。另外，考虑执业药师制度是SFDA大力推行的一项执业资格考试制度，经过10余年的时间，目前有近16万余名的执业药师（执业中药师），为体现执业药师的地位和作用，2010年版GMP也将执业药师纳入生产和质量管理人员资质条件之一，这比较符合中国国情。对血液制品生产企业的关键人员做了特殊要求，比如对企业负责人要求其具有血液制品专业知识，对质量受权人、生产管理负责人和质量管理负责人除了要求具有相应专业知识以外，对生产管理负责人要求至少有3年从事血液制品生产或质量管理的实践经验，对质量受权人和质量管理负责人要求至少具有5年从事血液制品生产或质量管理的实践经验，并且从事过血液制品质量保证、质量控制等相关工作。

活动 3　药品GMP对厂房、设施及设备的要求

1. 组织学生观看GMP录像课件或参观GMP车间

议一议

药品生产企业的厂房、设施与一般生产企业有何区别？

药品生产企业的厂房、设施与一般生产企业的区别
1.
2.
3.
…

2. GMP对厂房与设施的基本要求

GMP要求药品生产企业要有整洁的生产环境；厂区地面、路面及运输等不应对药品生产造成污染；生产、行政、生活、辅助区的总体布局合理，不得互相妨碍。

药品生产企业的洁净厂房必须遵守三协调原则，即人流物流协调、工艺流程协调、洁净室的级别协调。

厂房应当有适当的照明、温度、湿度和通风，确保生产和贮存的产品质量以及相关设备性能不会直接或间接地受到影响。为降低污染和交叉污染的风险，厂房、生产设施和设备应当根据所生产药品的特性、工艺流程及相应洁净度级别要求合理设计、布局和使用。GMP将洁净厂房分为A、B、C、D四个级别，各级别空气悬浮粒子的标准规定要求见项目3中表3-6。

为保证洁净室不被非洁净室污染，高级别洁净室不被低级别洁净室污染，GMP规定，洁净区与非洁净区之间、不同级别洁净区之间的压差应当不低于10Pa。必要时，相同洁净度级别的不同功能区域（操作间）之间也应当保持适当的压差梯度；生产特殊性质的药品，如高致敏性药品（如青霉素类）或生物制品（如卡介苗或其他用活性微生物制备而成的药品），必须采用专用和独立的厂房、生产设施和设备。青霉素类产尘量大的药品的操作区域应当保持相对负压，排至室外的废气应当经过净化处理并符合要求，排风口应当远离其他空气净化系统的进风口。

仓储区应当有足够的空间，确保有序存放待验、合格、不合格、退货或召回的原辅料、包装材料、中间产品、待包装产品和成品等各类物料和产品。取样室的空气洁净度等级应与生产要求一致。GMP还要求质量控制实验室通常应当与生产区分开；实验动物房应与其他区域严格分开；生产辅助区休息室、更衣室、维修间不应当对生产区、仓储区和质量控制区造成不良影响；盥洗室不得与生产区和仓储区直接相通。

3. GMP对设备管理的要求

（1）**文件管理** 制定各项设备管理制度和各种设备运行记录等。

（2）**色标管理** 与设备连接的主要固定管道应标明管内物料名称；应以不同颜色的箭头标明管内物料的流向。

（3）**设备状态标志管理** 应有"待用""检修""使用"等状态标志牌，并明确管理制度。

（4）**清洁管理** 应有设备清洗、消毒或灭菌管理；有设备、设施的清洗规程和记录。设备清洗规程的主要内容有明确洗涤方法和洗涤周期；关键设备的清洗应明确验证方法；清洗过程及清洗后检查的有关数据应记录并保存；无菌设备的清洗，特别是直接接触药品的部位和部件必须确保无菌，并标明灭菌日期，必要时要进行微生物学的验证，经灭菌的设备要在三天内使用；同一设备连续加工同一无菌产品时，每批之间要清洗灭菌；同一设备连续加工同一非无菌产品时，至少每周或生产三批后，要按清洗规程全面清洗一次；可移动的设备宜移至清洗区清洗。

（5）**制度与记录管理** 明确设备使用职责、保养职责、检修职责、检查内容、保养方法、计划、记录等，制定设备使用、保养、检修制度与记录，建立设备使用、保养、维修档案并由专人管理；确保设备处于完好状态，做到无跑、冒、滴、漏；设备所用的润滑剂和冷却剂管理要有台账、记录等制度。

(6) **设备验证管理** 做好计划采购的设备预确认、设备的安装确认、设备的运行确认和设备的性能确认等工作，应将验证计划、验证工作和验证文件等归档保存。

(7) **生产和检验的仪器、仪表、量具、衡器管理** 定期校验并贴有明显标志，并做好台账和记录。

(8) **设备档案管理** 所有的设备、仪器仪表、衡器登记造册。固定资产设备必须建立台账、卡片；主要设备逐个建立档案，内容包括生产厂家、型号、规格、生产能力、技术资料、安装位置、施工图及检修、维护、保养的内容、周期和记录、改进记录、验证记录、事故记录等。锅炉、压力容器、压缩气体钢瓶的使用及安全装置，应符合国家有关规定，定期进行检测、验证，做好记录存档。

(9) **用水管理** 纯化水、注射用水的制备、贮存和分配应当能够防止微生物的滋生。纯化水可采用循环，注射用水可采用70℃以上保温循环。应当对制药用水及原水的水质进行定期监测，并有相应的记录。

活动 4　药品 GMP 对文件管理的要求

文件是指一切涉及药品生产和管理的书面标准和实施的记录，是质量保证系统的基本要素。本规范所指的文件包括质量标准、工艺规程、操作规程、记录、报告等。药品生产企业应建立文件管理的操作规程，系统地设计、制定、审核、批准和发放文件。文件的起草、修订、审核、批准、替换或撤销、复制、保管和销毁等应当按照操作规程管理，并有相应的文件分发、撤销、复制、销毁记录。文件制定应符合系统性、严密性、动态性、适用性和可追溯性的原则。

文件制定的要求：文件的标题应能清楚地说明文件的性质；各类文件应有便于识别其文本、类别的系统编码和日期；文件使用的语言应确切、易懂；填写数据时应有足够的空格。文件制定、审查和批准的责任明确，并有责任人签名。

1. 质量标准

物料和成品应当有经批准的现行质量标准；必要时，中间产品或待包装产品应当有质量标准。质量管理的主要文件包括：

① 药品的申请和审批文件；
② 物料、中间产品和成品质量标准及其检验操作规程；
③ 产品质量稳定性考察文件；
④ 批检验记录是指原辅材料、中间产品及成品的每批检验结果的记录及报告单。

2. 工艺规程

工艺规程为生产特定数量的成品而制定的一个或一套文件，包括生产处方、生产操作要求和包装操作要求，规定原辅料和包装材料的数量、工艺参数和条件、加工说明（包括中间控制）、注意事项等内容。

案例 1-4

某药厂生产复方氨基酸注射液，实验室试验时采用科研用纯度为99.999％的高纯度氮气用于产品的充氮保护，并据此制订氮气的质量标准。生产车间并未对此提出异议，结果工厂专门建造了能生产该规格的高纯度氮气的设备为生产配套，并投入高额的运行成本。事实上，在实际生产中使用纯度达 99.99% 的氮气与前者从保证产品质量上并无差异，唯一的差异反映在运行成本上。

想一想

造成上述现象的原因是什么？怎样解决？

图 1-4 为工艺规程制订的程序。

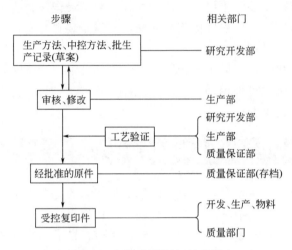

图 1-4　工艺规程制订的程序

药品生产及质量控制的各个环节应当匹配，不适当地提高某个环节的要求或某个物料的质量标准，违背了科学管理的原则，其结果是提高生产成本、浪费资源。这就要求制订药品生产工艺规程时生产部经理及生产一线的主要技术人员从生产实际出发，对药品研发部门提出的工艺规程草案中的各项工艺技术要求认真研究，提出修改意见，并反馈给药品研发部门进一步研究，否则，容易造成资源的浪费。

研发部门对修改的意见进行必要的试验，根据试验结果确定是否接受修改意见，并完成修改稿，供生产部进一步讨论。

这种讨论—修改—讨论的过程可能反复数次。生产部如对修改稿无原则性意见，即可会同研发部、质量保证部制订试生产和工艺验证方案，进行试生产和工艺验证。试生产和验证生产完成后一般有 QA 经理对产品进行必要的检验和质量评价，在此基础上写出工艺验证报告。工艺验证报告经生产部、研发部、质量保证部负责人批准后，由质量保证部最终批准该工艺规程，由质量保证部存档，受控复印件分发各相关部门执行。

工艺规程、操作规程的制定、修订、审核、批准应严格遵守企业文件管理制度，不得任意更改，确需更改时，应办理修订审批手续。工艺规程一般 3 至 5 年修订一次；操作规程一般不超过 2 年修订一次。

对每个产品的生产工艺进行验证；凡发生工艺改革、设备改进与更新、原辅料变更必须进行申请和验证；按规定的周期进行再验证。

3. 批生产记录

批生产记录用于记述每批药品生产、质量检验和放行审核的所有文件和记录，可追溯所有与成品质量有关的历史信息。每批产品均应当有相应的批生产记录。批生产记录主要内容包括编号、产品名称、规格、批号、生产开始及结束日期和时间、操作者、复核者、负责人的签名、有关操作与设备、相关生产阶段的产品数量、物料平衡的计算、生产过程的控制记录及特殊问题记录。

批生产文件是某批产品生产的所有指令和记录的总和，一般包括批生产用原辅料、包装材料的核对单，包含各生产工序的详细操作指令的批生产记录，清场记录等。生产过程受控意味着必须有充分、全面的记录来证实生产过程中实际发生的情况。批生产记录就是反映生产过程最重要的批生产文件。

批生产记录通常是一种表格式的文件，设计的原则是保证反映生产过程的所有重要细节。要求从中能看到生产是否按工序依次进行，各工序是否按规定的操作步骤进行，各工艺参数是否在要求的范围之内，各项操作是否由合格的人员完成。生产人员有两个基本职责，一是严格按照生产记录上的操作指令及标准操作规程的要求进行操作，如有偏差，应及时报告处理；二是及时、准确地填写批生产记录并按要求签名。记录的及时性和准确性对于生产过程受控的意义是不言而喻的。为避免人为差错，一般要求对重要的操作记录进行双重复核。

4. 批包装记录

批包装记录指每批产品其包装工序的操作内容记录。每批产品或每批中部分产品的包装，都应当有批包装记录，以便追溯该批产品包装操作以及与质量有关的情况。其内容包括：产品名称、规格、包装形式、批号、生产日期、有效期、印有批号的标签和使用说明书及产品合格证，待包装产品和包装材料的领取数及发放人、领用人、核对人签名，已包装产品的数量，特殊问题的记录，包装材料的物料平衡的检查、包装人签名、生产操作负责人签名等。

5. 操作规程和记录

操作规程是经批准用来指导设备操作、维护与清洁、验证、环境控制、取样和检验等药品生产活动的通用性文件，也称标准操作规程，其英文名称为 standard operating procedure （SOP）。内容包括：题目、编号、版本号、颁发部门、生效日期、分发部门以及制定人、审核人、批准人的签名并注明日期，标题、正文及变更历史。生产中确认和验证、设备的装配和校准、厂房和设备的维护、清洁和消毒、培训、更衣及卫生等与人员相关的事宜、环境监测、虫害控制、变更控制、偏差处理、投诉、药品召回、退货等活动也应当有相应的操作规程，其过程和结果应当有记录。见表1-7。

表1-7 ××××药业

文件号：SC-SOP-05-PJ			称量岗位标准操作规程	
起草	部门：	审核	部门：	
	起草人：		审核人：	
批准	部门：	版次	第3版	
	批准人：	生效日期	年　月　日	
修订原因	完善规范操作规程			

1　目的　建立本操作规程，为口服固体制剂车间称量岗位称量操作规范化、标准化。
2　适用范围　本规程适用于本公司口服固体制剂称量岗位。
3　责任　称量操作人员、带班组长、车间主管、QA人员对实施本操作规程负有责任。
4　规程内容

先检查本岗位清场情况，生产环境是否发有清场合格证，检查厂房设施是否处于清洁可用状态。检查托盘天平、电子秤、磅秤是否正常并处于可用状态。是否有校验合格证，是否在有效期内。称量前托盘天平、电子秤、磅秤应校正为零。

在称量操作中托盘天平、电子秤、磅秤应严格按照相关的设备标准操作过程进行操作。

检查确认待用原辅料已到位，核实其品名、批号、规格、数量、标示含量、来源、检验报告单等，按照《原辅料称量管理规程》将所用原辅料逐一称量并置于适当容器中，剩余原辅料应封口保存，并在容器外标明品名、批号、规格、剩余量及称量人签名。

注意称量环节的双人复核，称量人称量完毕记录数据，砝码放入砝码盒中，再由复核人重新称量。

同步填写称量记录，并由本岗位负责人对记录进行复核。

清场，将与下次称量无关的遗留标志物清除干净。按照本区《厂房设施清洁操作规程》以及《设备器具清洁规程》对所使用的设备、工具进行清洁。清场清洁完毕，接受清洁、清场检查，合格后由QA发放清场合格证。

5　培训

与本规程有关的责任人员应接受本规程的培训。

任务四

分析 GMP 与《药品管理法》

任务目标
了解药品 GMP 认证的发展历程
知道《药品管理法》中对 GMP 的相关要求
树立以 GMP 为标准的质量意识

活动 1　《药品管理法》（2019 版）关于药品生产质量要求的变化

《药品管理法》新旧对照表

修订前	修订后
目录 第一章　总则 第二章　药品生产企业管理 第三章　药品经营企业管理 第四章　医疗机构的药剂管理 第五章　药品管理 第六章　药品包装的管理 第七章　药品价格和广告的管理 第八章　药品监督 第九章　法律责任 第十章　附则	目录 第一章　总则 第二章　药品研制和注册 第三章　药品上市许可持有人 第四章　药品生产 第五章　药品经营 第六章　医疗机构药事管理 第七章　药品上市后管理 第八章　药品价格和广告 第九章　药品储备和供应 第十章　监督管理 第十一章　法律责任 第十二章　附则
	第三章　药品上市许可持有人 　　第三十条　药品上市许可持有人是指取得药品注册证书的企业或者药品研制机构等。 　　药品上市许可持有人应当依照本法规定，对药品的非临床研究、临床试验、生产经营、上市后研究、不良反应监测及报告与处理等承担责任。其他从事药品研制、生产、经营、储存、运输、使用等活动的单位和个人依法承担相应责任。 　　药品上市许可持有人的法定代表人、主要负责人对药品质量全面负责

续表

修订前	修订后
	第三十一条 药品上市许可持有人应当建立药品质量保证体系,配备专门人员独立负责药品质量管理。 药品上市许可持有人应当对受托药品生产企业、药品经营企业的质量管理体系进行定期审核,监督其持续具备质量保证和控制能力
第十三条 经省、自治区、直辖市人民政府药品监督管理部门批准,药品生产企业可以接受委托生产药品	第三十二条 药品上市许可持有人可以自行生产药品,也可以委托药品生产企业生产。 药品上市许可持有人自行生产药品的,应当依照本法规定取得药品生产许可证;委托生产的,应当委托符合条件的药品生产企业。药品上市许可持有人和受托生产企业应当签订委托协议和质量协议,并严格履行协议约定的义务。 国务院药品监督管理部门制定药品委托生产质量协议指南,指导、监督药品上市许可持有人和受托生产企业履行药品质量保证义务。 血液制品、麻醉药品、精神药品、医疗用毒性药品、药品类易制毒化学品不得委托生产;但是,国务院药品监督管理部门另有规定的除外
	第三十三条 药品上市许可持有人应当建立药品上市放行规程,对药品生产企业出厂放行的药品进行审核,经质量受权人签字后方可放行。不符合国家药品标准的,不得放行
	第三十四条 药品上市许可持有人可以自行销售其取得药品注册证书的药品,也可以委托药品经营企业销售。药品上市许可持有人从事药品零售活动的,应当取得药品经营许可证。 药品上市许可持有人自行销售药品的,应当具备本法第五十二条规定的条件;委托销售的,应当委托符合条件的药品经营企业。药品上市许可持有人和受托经营企业应当签订委托协议,并严格履行协议约定的义务
	第三十五条 药品上市许可持有人、药品生产企业、药品经营企业委托储存、运输药品的,应当对受托方的质量保证能力和风险管理能力进行评估,与其签订委托协议,约定药品质量责任、操作规程等内容,并对受托方进行监督
	第三十六条 药品上市许可持有人、药品生产企业、药品经营企业和医疗机构应当建立并实施药品追溯制度,按照规定提供追溯信息,保证药品可追溯
	第三十七条 药品上市许可持有人应当建立年度报告制度,每年将药品生产销售、上市后研究、风险管理等情况按照规定向省、自治区、直辖市人民政府药品监督管理部门报告
	第三十八条 药品上市许可持有人为境外企业的,应当由其指定的在中国境内的企业法人履行药品上市许可持有人义务,与药品上市许可持有人承担连带责任
	第三十九条 中药饮片生产企业履行药品上市许可持有人的相关义务,对中药饮片生产、销售实行全过程管理,建立中药饮片追溯体系,保证中药饮片安全、有效、可追溯
	第四十条 经国务院药品监督管理部门批准,药品上市许可持有人可以转让药品上市许可。受让方应当具备保障药品安全性、有效性和质量可控性的质量管理、风险防控和责任赔偿等能力,履行药品上市许可持有人义务

续表

修订前	修订后
第二章 药品生产企业管理 第七条 开办药品生产企业,须经企业所在地省、自治区、直辖市人民政府药品监督管理部门批准并发给《药品生产许可证》。无《药品生产许可证》的,不得生产药品。《药品生产许可证》应当标明有效期和生产范围,到期重新审查发证。药品监督管理部门批准开办药品生产企业,除依据本法第八条规定的条件外,还应当符合国家制定的药品行业发展规划和产业政策,防止重复建设	第四章 药品生产 第四十一条 从事药品生产活动,应当经所在地省、自治区、直辖市人民政府药品监督管理部门批准,取得药品生产许可证。无药品生产许可证的,不得生产药品。 药品生产许可证应当标明有效期和生产范围,到期重新审查发证
第八条 开办药品生产企业,必须具备以下条件: (一)具有依法经过资格认定的药学技术人员、工程技术人员及相应的技术工人; (二)具有与其药品生产相适应的厂房、设施和卫生环境; (三)具有能对所生产药品进行质量管理和质量检验的机构、人员以及必要的仪器设备; (四)具有保证药品质量的规章制度	第四十二条 从事药品生产活动,应当具备以下条件: (一)有依法经过资格认定的药学技术人员、工程技术人员及相应的技术工人; (二)有与药品生产相适应的厂房、设施和卫生环境; (三)有能对所生产药品进行质量管理和质量检验的机构、人员及必要的仪器设备; (四)有保证药品质量的规章制度,并符合国务院药品监督管理部门依据本法制定的药品生产质量管理规范要求
第九条 药品生产企业必须按照国务院药品监督管理部门依据本法制定的《药品生产质量管理规范》组织生产。药品监督管理部门按照规定对药品生产企业是否符合《药品生产质量管理规范》的要求进行认证;对认证合格的,发给认证证书。《药品生产质量管理规范》的具体实施办法、实施步骤由国务院药品监督管理部门规定	第四十三条 从事药品生产活动,应当遵守药品生产质量管理规范,建立健全药品生产质量管理体系,保证药品生产全过程持续符合法定要求。 药品生产企业的法定代表人、主要负责人对本企业的药品生产活动全面负责
第十条 除中药饮片的炮制外,药品必须按照国家药品标准和国务院药品监督管理部门批准的生产工艺进行生产,生产记录必须完整准确。药品生产企业改变影响药品质量的生产工艺的,必须报原批准部门审核批准。中药饮片必须按照国家药品标准炮制;国家药品标准没有规定的,必须按省、自治区、直辖市人民政府药品监督管理部门制定的炮制规范炮制。省、自治区、直辖市人民政府药品监督管理部门制定的炮制规范应当报国务院药品监督管理部门备案	第四十四条 药品应当按照国家药品标准和经药品监督管理部门核准的生产工艺进行生产。生产、检验记录应当完整准确,不得编造。 中药饮片应当按照国家药品标准炮制;国家药品标准没有规定的,应当按照省、自治区、直辖市人民政府药品监督管理部门制定的炮制规范炮制。省、自治区、直辖市人民政府药品监督管理部门制定的炮制规范应当报国务院药品监督管理部门备案。不符合国家药品标准或者不按照省、自治区、直辖市人民政府药品监督管理部门制定的炮制规范炮制的,不得出厂、销售
第十一条 生产药品所需的原料、辅料,必须符合药用要求	第四十五条 生产药品所需的原料、辅料,应当符合药用要求、药品生产质量管理规范的有关要求。 生产药品,应当按照规定对供应原料、辅料等的供应商进行审核,保证购进、使用的原料、辅料等符合前款规定要求

续表

修订前	修订后
第六章 药品包装的管理 第五十二条 直接接触药品的包装材料和容器,必须符合药用要求,符合保障人体健康、安全的标准,并由药品监督管理部门在审批药品时一并审批。药品生产企业不得使用未经批准的直接接触药品的包装材料和容器。对不合格的直接接触药品的包装材料和容器,由药品监督管理部门责令停止使用	第四十六条 直接接触药品的包装材料和容器,应当符合药用要求,符合保障人体健康、安全的标准。 对不合格的直接接触药品的包装材料和容器,由药品监督管理部门责令停止使用
第十二条 药品生产企业必须对其生产的药品进行质量检验;不符合国家药品标准或者不按照省、自治区、直辖市人民政府药品监督管理部门制定的中药饮片炮制规范炮制的,不得出厂	第四十七条 药品生产企业应当对药品进行质量检验。不符合国家药品标准的,不得出厂。 药品生产企业应当建立药品出厂放行规程,明确出厂放行的标准、条件。符合标准、条件的,经质量受权人签字后方可放行
第五十三条 药品包装必须适合药品质量的要求,方便储存、运输和医疗使用。发运中药材必须有包装。在每件包装上,必须注明品名、产地、日期、调出单位,并附有质量合格的标志	第四十八条 药品包装应当适合药品质量的要求,方便储存、运输和医疗使用。 发运中药材应当有包装。在每件包装上,应当注明品名、产地、日期、供货单位,并附有质量合格的标志
第五十四条 药品包装必须按照规定印有或者贴有标签并附有说明书。标签或者说明书上必须注明药品的通用名称、成分、规格、生产企业、批准文号、产品批号、生产日期、有效期、适应症或者功能主治、用法、用量、禁忌、不良反应和注意事项。麻醉药品、精神药品、医疗用毒性药品、放射性药品、外用药品和非处方药的标签,必须印有规定的标志	第四十九条 药品包装应当按照规定印有或者贴有标签并附有说明书。 标签或者说明书应当注明药品的通用名称、成分、规格、上市许可持有人及其地址、生产企业及其地址、批准文号、产品批号、生产日期、有效期、适应症或者功能主治、用法、用量、禁忌、不良反应和注意事项。标签、说明书中的文字应当清晰,生产日期、有效期等事项应当显著标注,容易辨识。 麻醉药品、精神药品、医疗用毒性药品、放射性药品、外用药品和非处方药的标签、说明书,应当印有规定的标志
第五十一条 药品生产企业、药品经营企业和医疗机构直接接触药品的工作人员,必须每年进行健康检查。患有传染病或者其他可能污染药品的疾病的,不得从事直接接触药品的工作	第五十条 药品上市许可持有人、药品生产企业、药品经营企业和医疗机构中直接接触药品的工作人员,应当每年进行健康检查。患有传染病或者其他可能污染药品的疾病的,不得从事直接接触药品的工作

注:本表仅摘录《药品管理法》2019版中第三章和第四章修订变更内容比对。

活动 2 GMP 认证制度取消后如何实施 GMP

《药品管理法》(2019 版)第四十三条中要求:从事药品生产活动,应当遵守药品生产质量管理规范,建立健全药品生产质量管理体系,保证药品生产全过程持续符合法定要求。药品生产企业的法定代表人、主要负责人对本企业的药品生产活动全面负责。由此我们可以看出,《药品管理法》(2019 版)只是取消了药品 GMP 认证,并没有取消 GMP,药品生产企业仍应当遵守《药品生产质量管理规范》(2010 版)的相关要求。

GMP 认证制度取消,并不是取消 GMP,GMP 是药品生产的基本要求,只会不断地改善，不会取消，取消的只是认证制度。第一，为什么要取消 GMP 认证制度？因为《药品管理法》（2019 版）明确了上市许可持有人制度，药品生产质量的第一负责人，由生产厂家变更为了上市许可持有人。上市许可持有人，有责任和义务，督促相关的生产厂家，保证产品质量，如果还是发放 GMP 证书，那么会弱化掉上市许可持有人的质量管理职责，所以取消掉会更加明确其职责。第二，取消掉药监部门发证，不代表药监部门就取消了对生产企业的检查，GMP 认证制度 5 年 1 次的定期检查变为随机飞行检查和日常检查。《药品管理法》2019 版第一百零四条：国家建立职业化、专业化药品检查员队伍。检查员应当熟悉药品法律法规，具备药品专业知识。建立了职业化、专业化的检查员队伍后，飞行检查的增加，监管力度实际上没有降低，而是加强了。在没有 GMP 证书的情况下，一旦发现严重违规，药品监督管理部门可以做出直接吊销药品生产许可证的处罚。

从 1988 年《药品生产质量管理规范》在我国以部门规章的形式实施以及 1995 年开始 GMP 认证工作，药品 GMP 认证制度极大地推动了我国制药工业药品质量跨越式的发展：生产环境得到极大的改善；制药设备进行了更新换代；技术工艺、生产人员素质得到极大的提高，从而有力地保证了人民群众用药安全有效。取消药品 GMP 认证实际说明了中国药品生产质量规范管理已走向常态化，GMP 成为药品生产企业组织药品生产最基本的要求，GMP 仍然是药品生产监管工作中的标准，取消药品 GMP 认证制度实则更加强调企业主体责任的落实，对企业自觉执行药品 GMP 提出了更高要求。

从事药品生产活动，应当遵守法律、法规、规章、标准和规范，保证全过程信息真实、准确、完整和可追溯。从事药品生产活动，依法取得药品生产许可证，严格遵守《药品生产质量管理规范》，建立药品质量保证体系是药品生产企业的根本。建立质量保证体系是严格遵守 GMP 的核心。

> **议一议**
>
> 取消药品 GMP 认证后，你认为会对药品生产企业有哪些影响？

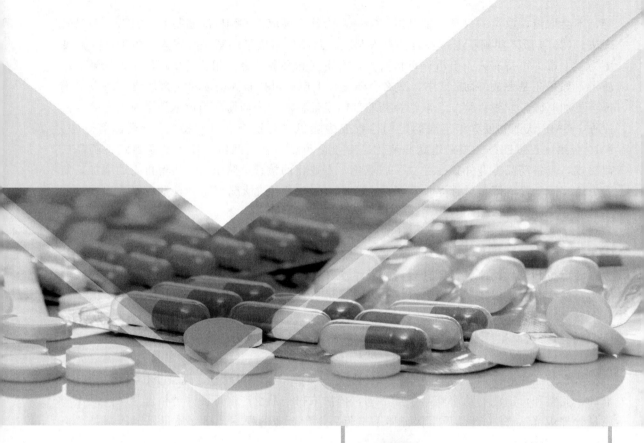

项目 2

物料的管理

项目说明

本项目共完成五个任务，任务一以物料管理混乱引起的事故出发，使同学们感受药品生产物料管理的重要性，熟悉药品生产物料管理的模块系统；任务二使同学们知晓物料的接收规程及注意事项，会填写收货单、化验申请单和库卡等表格；任务三使同学们掌握物料贮存的有关规定及注意事项；任务四使学生熟悉物料的发放管理规程及注意事项，会填写有关表格；任务五使学生掌握不合格品的处理及管理规定，会填写有关表格。

任务一

认知物料管理的模块系统

任务目标 了解物料管理的重要性
熟知物料管理的模块系统

活动 1 讨论分析药用辅料碳酸钙案例

案例

2007年5月,江南某制药有限公司生产的"××××××"片剂,化验室检验时发现金属铁含量严重超标。铁超标可促使药物有效成分的氧化,直接影响药物的有效期,甚至产生有毒氧化物,给临床应用带来严重的后果。公司领导非常重视,追溯药品的整个生产过程,经过仔细查找、分析,最后得出结论:药用辅料碳酸钙有两种标准,成品A"××××××"片剂的生产必须使用含铁量低于百万分之十的碳酸钙;成品B生产则可使用含铁量高达百万分之二百的碳酸钙,而由于该制药公司物料管理人员的失误,"××××××"片剂生产时发放了含铁量高达百万分之二百的碳酸钙,结果使该制药企业损失达20万元人民币。

> **想一想**
> 该公司碳酸钙生产标准为何混淆?填表2-1。

表 2-1 碳酸钙混淆原因及解决措施

分析主题	分析结果
1. 物料管理	
2. 人员管理	
3. 其他问题	
4. 企业出现该问题的原因	

活动 2　理解物料管理的重要性

1. 什么是物料管理

物料管理系统是指从物料采购入库，到生产出成品出厂的全过程，将所有物料的流转纳入统一的管理系统，从而确保对产品质量的全过程控制。

物料管理是从原辅料、包装材料供应厂商的确认开始。选定供应厂商，除对对方提供的样品进行检验，要达到本公司规定的一切标准外，还要对厂商进行现场生产、质量管理条件的审查，这种审查均由质管部负责，经审查正式确认后，不得任意变更。如必须变更时，需由供应部门提出要求，报总经理同意后，再次按程序进行审查确认。

2. 理解物料管理的重要性

采用符合质量标准的物料（原料、辅料和包装材料）进行药品生产是保证药品质量的基本要素。物料管理的目标就是保证为药品生产提供符合质量标准的足够的物料，同时将合格的药品发运给用户。在现代制药企业中，它是连接市场营销体系和生产体系的枢纽，是协调生产体系运行的指挥中心。在药品制药企业中可以说物料管理是生产、质量管理的主线，管理随着物料流动监控。制药公司专门设有物控部，职能范围虽有大小不同之分，但已可说明物料管理的重要性。

> **知识拓展**
>
> **合资企业物料管理简介**
>
> 西安杨森规定每年对包装材料的供应厂商进行定期审计，并设有审计项目表，内容包括环境、卫生、管理体系、质量保证和负责体系、报告制度、包装仓储条件、批号管理、检验手段、是否预检及结果如何。经审计合格方能继续保持供应关系。供应厂商一般均要求一个品种一个单位，以稳定供应质量。华瑞制药则规定一个品种要有两个供应厂商，其中一个供应 80%，另一个供应 20%，以给供货方一个制约手段。
>
> 各种物料进厂时均建有货号，同一物料但不同供应厂家，要建立不同的货号。有的合资制药企业为避免混淆，还尽量使两个货号间隔得远一点。账卡上均有品名、规格、包装规格、供应来源、收货日期、存放库位、经手人签字等，并按待验、取样、合格、不合格分区存放。进厂所有原辅料定有复验期和有效期，未使用完的原料一旦到复验期，又需从合格区移至待验区，按进厂时的程序进行复验。
>
> 检验取样一般是由 QC 或 QA 人员在取样间按规定方法取样，取样间的条件各有不同，一般设有排风装置，以避免交叉污染。华瑞制药则在层流装置下取样。
>
> 西安杨森认为仓储不仅是一个物资流通的重要环节，也是生产经营信息中心。生产部根据生产物资、半成品及成品的储量调整生产节奏；市场部根据库存状况调整市场销售策略，不仅指导正确调整需求关系，而且起到加速资金周转、正确运用资金的作用。
>
> 上海施贵宝有一个完整的药品质量概念，即药品质量由三部分组成，一是药品本身，二是容器和包装，三是标签、说明书。三部分反映药品的整体；反映在质量要素上有五个方面，即有效性、均一性、稳定性、安全性和方便性。
>
> 标签是一个公司和药品的标志，是企业对药品负责的象征，合资制药企业界都非常

重视标签、说明书的管理。说明书是保证病患者安全用药、企业对病人负责的表现，因此不能有任何差错。如大型制药公司，标签、说明书进厂先入第一小库加锁，经过两次清点张数和人工检查印刷质量的文字无误之后入第二小库，张数要求必须准确，须一千张一对数，如有差数要进行全部复查。污染破损经QA审核后，当面销毁，并记账签字。

物料通过物控或生产部的生产指令、包装指令进入生产车间后，就在生产部、质管部的双重监控下流动，每次物料、半成品的移动都要经过QA的审核签字，确认物品和记录无误。最后全部批生产记录和原始记录集中由QA审查存档。

成品合格入库要经过QA对化验单和批生产记录审查核对后签字。成品的分发是按照批号和箱号（辉瑞制药品）发往用货单位的，并记录在案，一旦发生问题便可追踪。

从以上程序可以清楚地看出合资制药企业在物料管理程序上的系统性。由此可以理解美国FDA在检查我国出口产品企业时为什么必须审查物料账、货、卡的准确性和物料流动中的平衡。它不仅是GMP管理的主线，也是企业管理水平的全面反映。

大连辉瑞制药公司把物料管理系统概括为五个特点。①科学性：将所有生产活动中的原始记录、批生产记录、库卡及记录图表等集中管理，分头实施；②实用性：在执行时简明易懂、手续简便、结构紧凑，要求GMP管理系统使用方便；③反馈性：按照各有关部门需要，迅速有效地将有关文件反馈，便于及时掌握生产活动情况；④经营性：用系统保证、调整市场需求，正确运用资金周转，发挥更大的经济效益；⑤群众性：用文件形成一个群众性质量监督网，使参与人员必须按照文件规定要求给予完成。这些对我们全面理解物料管理的重要性很有参考价值。

议一议

物料管理的重要性体现在哪些方面？合资企业物料管理有什么特点？填表2-2。

表2-2 物料管理的重要性及合资企业物料管理的特点

物料管理的重要性	合资企业物料管理特点
1.	1.
2.	2.
3.	3.
…	…

活动3　物料管理的模块系统

物料管理系统一般是通过三大专门设计的功能性模块来保证物料供应的。一是采购和生产计划模块，负责供应商的选择、物料采购计划的制定与实施、生产计划的制定和下达；二是物料管理模块，负责原料、辅料和包装材料的接收、贮存、发放及销毁；三是成品模块，负责成品的接收、贮存、发放及销毁。

图 2-1 是物料管理的组织机构示意图。从图中的岗位设置可以看到物料管理系统所要求的工作目标和部门职能同岗位一一对应。

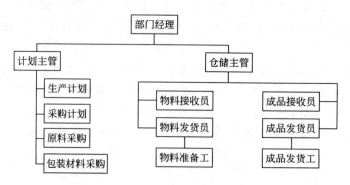

图 2-1 物料管理组织机构图

需要指出的是，组织机构设置的基本原则只有一个，但具体的组织形式却根据企业的具体情况各有不同。以上组织机构图只是一个示意图，各企业必定有适合自身实际需要的组织机构。

> **知识拓展**
>
> **采购计划和生产计划**
>
> 物料的采购是药品制造过程的第一步，也是药品质量保证之链的第一环。采购和生产计划模块的工作目标是为有计划的药品生产及时提供符合质量标准的、充足的物料，具体是通过供应商的选择、生产计划的制定、采购计划的制定与实施等来完成的。
>
> 企业应当尽可能地降低物料和成品库存。因为作为特殊商品的药品及大部分原辅料都有一定的有效期，库存量不当可能导致过多物料超过有效期而报废。物料管理部应当综合考虑市场的需求及企业的能力确立合格的"库存安全量"。理论上合理的安全库存量应当是保证市场和生产供应前提下的最低库存量，一般以若干天或若干周的生产能力表示，由单位时间的市场需求量、生产能力与周期、物料采购周期等因素共同决定。在生产能力和物料采购周期基本确定时，采购和生产计划模块的基本任务就是根据市场销售预测的变化及时调整采购和生产计划，使库存量始终保持在安全合理的水平上。
>
> 生产计划的编制一方面取决于市场，另一方面又取决于物料及成品库存。销售预测是编制采购和生产计划的基础，企业以市场为导向，它必须保证不因物料库存量过低而影响生产计划的制定，导致失去商机的风险，但又不能库存过多，与物料的库存量不匹配，造成大量资金积压。
>
> GMP 要求用于生产的物料必须经 QA 检验并批准合格，成品也必须通过所有质量检验，由 QA 专门人员审查所有生产记录并批准合格后方能投放市场。
>
> 如发现采购的物料不符合质量标准，应向供应商提出退货。

> **议一议**
>
> 物料管理的有关内容有哪些？填表 2-3。

表 2-3　物料管理的有关内容

议题	讨论结果
1. 物料管理的三大模块	
2. 安全库存量如何保证	
3. 物料供应商的选择	
4. 如何做好销售预测	
5. 物料管理的流程	

药品生产是将物料加工转换成产品的一系列实现过程。产品质量基于物料质量，形成于药品生产的全过程。药品生产是包括从物料供应商的选择、物料的购入、接收、贮存、发放和使用（生产）、直到用户的全过程。物料质量是产品质量的先决条件和基础。

企业应当建立物料和产品的操作规程，确保物料和产品的正确接收、贮存、发放、使用和发运，防止污染、交叉污染、混淆和差错。物料和产品的处理应当按照操作规程或工艺规程执行，并有记录。

任务二

物料的接收

任务目标
- 熟知物料接收流程
- 知道物料接收的注意事项
- 会填写收货单和库卡等表格

活动 1 物料的接收流程

> **议一议**
> 根据你所理解的物料接收，讨论填写表 2-4。

表 2-4 物料接收问题讨论表

物料接收的问题	分析结果
1. 物料接收应检查哪些内容	
2. 物料接收流程如何	

1. 物料接收规定

GMP 第 106 条规定：原辅料、与药品直接接触的包装材料和印刷包装材料的接收应当有操作规程，所有货的物料均应检查，以确保与订单一致，并确认供应商已经获得质量管理部门批准。物料的外包装应当有标签，并注明规定的信息。必要时，还应当进行清洁，发现外包装损坏或其他可能影响物料质量的问题，应当向质量管理部门报告并进行调查和记录。

2. 物料接收流程

原辅料接收的具体流程如图 2-2 所示。

（1）物料到货后物料接收员应当对物料进行验收 验收时主要检查包装的外观，如包装是否完整，有无昆虫、老鼠等侵入的痕迹。根据订货单核对标签及其内容，如供应商提供的物料代码、品名、规格等，并清点数量。应特别注意核对供货商标签上的品名和规格。一切正常后方可办理入库手续。

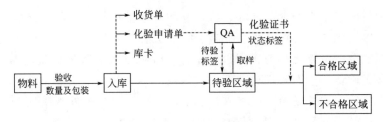

图 2-2 原辅料的接收流程

(2) 入库手续一般包括填写收货单、化验申请单和库卡 这些单据必须包括用于识别该批物料的基本信息,如制药企业内部物料代码、名称、批号(供应商批号和本企业内部管理用的批号)、包装数量及重量等。

(3) 入库手续办妥后即可将物料入库 在库卡上填写存放该批物料的库位号,同时将化验申请单交质量保证部(QA),QA取样员据此发放待检标签并贴好待检标签,同时根据包装数按规定取样检验。此时物料处于待验状态。

(4) 检验完成 QA根据检验结果签发合格或不合格证书及标签,并张贴到每个包装箱上。此时物料的状态由待检转变为合格或不合格。

活动 2　物料接收的内容及注意事项

1. 物料接收的内容

物料每次接收均应当有记录,内容包括:
① 交货单和包装容器上所注物料的名称。
② 企业内部所用物料名称和(或)代码。
③ 接收日期。
④ 供应商和生产商(如不同)的名称。
⑤ 供应商和生产商(如不同)标识的批号。
⑥ 接收总量和包装容器数量。
⑦ 接收后企业指定的批号或流水号。
⑧ 有关说明(如包装状况)。

2. 物料接收注意事项

① 若发现有项目与规定不符,应立即与经营部及采购员联系,决定是否可以入库。
② 将物料整齐地堆放在清洁垫仓板上,并挂上黄色"待验"标牌。
③ 化验不合格的物料,应及时从待验区移至不合格库,并挂上"不合格"标志。
④ 物料进出仓库后及时将门关好。物料转放完毕,仓库人员必须在其放置货架的货位卡上进行登记。
⑤ 物料进库及出库不得同时进行。

3. 标签、说明书的接收

药品标签及使用说明书内容必须符合国家药品监督管理局颁布的《药品说明书和标签管理规定》中有关规定,药品的标签、使用说明书与标准样本需经企业质量管理部门详细核对无误后签发检验合格证,才能印刷、发放和使用。

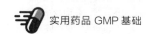

标签、使用说明书由生产部门专人领取,仓库管理员按其所需限额计数发放,并做好核对、记录和各自签名确认。应按品种、规格、批号分类,专库(专柜)存放,专人管理;标签实用数、残损数及剩余数之和与领用数应相符,印有批号的残损标签应有两人负责销毁,并做好记录和签名确认。仓库管理员在标签、说明书入库时,首先应进行目检,检查品名、规格、数量是否相符,检查是否污染、破损、受潮、霉变,检查外观质量有无异常(如色泽是否有深浅,字迹是否清楚等),凡不符合要求的点数封存。

目检合格后放置标签库内,填写收货记录,向中心化验室请验,设待验标志。

4. 物料接收主要表格样式

物料接收主要表格样式见表 2-5～表 2-7。

表 2-5 收货四联单 编号:

材料名称		代号		批号	
定购单号		定购数量		供应商/生产单位	
收料日期		收料数量		收料总数量	
包装件数		单位包装量		包装形式	
材料接收人			供应单位批号		
	实际单价		总价	记账人	
外汇	人民币	外汇	人民币	仓库主管	
备注:					

表 2-6 原料库卡

材料名称		代号		批号	
定购单号		定购数量		供应单位	
收料日期		收料数量		收料总数量	
包装件数		单位包装量		包装形式	
材料接收人		供应单位批号		贮存条件	
化验证书号		有效期		库位号	
产品名称	产品代号	产品批号	配料量	结存量	配料人/日期

表 2-7 破损报告

材料名称		代号	
批号		供应单位批号	
合同号		供应单位	
单位包装数量		损耗数量	
损耗日期		经手人	
说明:			

任务三

物料的贮存

任务目标
熟知物料的状态管理
熟知物料的标识
熟知物料的货位标识
熟知物料的贮存及状态标识

活动 1　物料的状态、库卡和代码的管理

1. 物料的状态管理

药品 GMP 在规定物料管理时有两个基本要求：一是未经批准合格的物料不得用于生产；二是必须防止物料的混淆和交叉污染。2010 年版 GMP 第 102 条规定药品生产所用的原辅料、与药品直接接触的包装材料应当符合相应的质量标准。药品上直接印字所用的油墨应当符合食用标准要求。进口原辅料应当符合国家相关的进口管理规定。第 131 条规定不合格的物料、中间产品、待包装产品和成品的每个包装、容器上均应当有清晰醒目的标志，并在隔离区内妥善保存。

该规定目的很明确，具体做法是待验、合格品和不合格品不能同货位存放，以免误用。这就要求仓库划分待验区、合格区及不合格区，即进行所谓物理隔离。具体操作时须将收到的某批物料存放在待验区，待检验批准合格后将其转移到合格区。这种操作要求仓库有足够的面积实现分区管理，在将已经批准合格的物料从待验区转移到合格区时必须有严格的措施防止混淆。实际上在物料迁移的过程中发生差错的可能性是存在的。实践证明，如果遵循适当设计的管理程序，即能达到同样的目的。其原理是每批物料都有唯一的库卡，任何发货作业都必须根据库卡进行，并记录在库卡上。如果能将所有待验品的库卡和合格品的库卡严格分开，保证发货作业只能在合格品库卡中发生，则其安全性就有了基本的保证。这实际上就是用文件差错的物料迁移操作。具体的管理流程如图 2-3 所示。

物料到货后，由专职物料接收员办理入库手续，填写物料库卡和化验申请单。化验申请单和库卡上必须填写用于识别该批物料的基本信息，如物料代码、名称、批号（供应商批号和企业收料时给予的批号）及包装数量、重量等，在库卡上必须注明该批物料的库位号。每

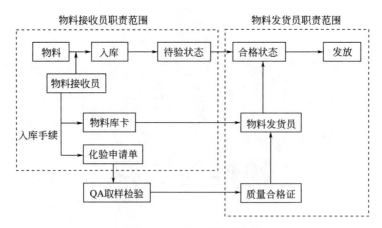

图 2-3　物料的状态管理

个批号的物料有唯一的库卡,并由物料接收员保存,化验申请单交 QA 取样检验。此时物料处于待验状态。QA 签发的印有该批物料代码、名称和批号的质量合格证书将送至专职物料发货员。物料发货员凭该质量合格证书向物料接收员索取相应批号的库卡。在获取该库卡后,物料发货员方能凭此库卡发放物料。每次发放作业均记录在该库卡上。

2. 库卡的管理

库卡的管理是图 2-3 物料管理程序的核心,必须由各自的管理者存放在未经许可、他人无法接触的地方,即所谓的文件隔离。为此,在组织机构上必须设置两名物料员分别管理待验的物料库卡和合格的物料库卡。为保证在任何时候都不出差错,还必须规定收料员不得从事与发料有关的任何工作,同样,物料发货员不得从事与接收有关的任何工作,在任何情况下收料和发料的工作都不能相互委托或委托给同一个第三者。这样就排除了一个人同时拥有合格品和待验品库卡的机会。库卡从物料接收员转移到物料发货员处代表了物料状态由待验转变为合格。理论与实践都证明,严格按照这样的规程操作,安全性是可以得到保证的。与实物隔离的管理模式相比,由于免除了可能产生差错的多个包装的物料的迁移,文件隔离—迁移的管理模式应该更安全、更有可操作性。

发达国家和我国某些合资药厂采用完全计算机化的物料管理模式,其软件设计思想与上述文件隔离—迁移的思路并无本质区别。它利用计算机只认代码、高度可靠的特点,用一台计算机代替了两个操作人员;用一套电子输入输出设备和两个数据库分别贮存待验品和合格品的资料,代替了纸张文件的书写和隔离,用电子数据在两个数据库中的转移代替了文件在两个管理员间的转移,从而保证了安全性。采用这种完全计算机化的管理技术,在组织机构设置上只需要一个物料管理员即可。从这个例子还可以看到采用不同的管理技术,可以有不同的组织机构。企业应根据 GMP 的原则要求和采取的技术手段,制定与实际需要相适应的组织机构。

人们常说,GMP 只告诉你要做什么,但不规定你如何去做。以 GMP 为指导原则,围绕降低污染及差错,保证药品质量这个中心,制定各种管理规范和操作规程,是企业的任务。这些管理规范和操作规程应当根据企业的实际情况及特点而定,它们是企业财富的重要组成部分。

那么,企业是如何制定的物料代码,满足 GMP 的原则要求的呢?

3. 物料的代码

GMP 要求，药品生产企业必须有防止物料混淆的措施。据此，企业应当制定具体的防止药品混淆的措施。

在很多情况下，根据物料的名称无法区别不同标准的物料。如某企业同时生产输液和片剂，分别使用同一品名但不同质量标准的物料，此时只用名称就不足以区分两个不同质量标准的物料。因此，企业必须设计一套可靠的识别系统，这就是物料代码系统。它规定每一质量标准的每种物料具有唯一且排他的代码，在所有涉及物料的文件，如生产处方、批记录、标签、化验证书上，都一律采用物料代码用于专指特定的物料，就能有效地防止因名称相同质量标准不同造成的混淆。为防止偶然的差错，企业制定了为物料规定代码的 SOP 和采用代码以来的所有物料与成品的代码表。

必须注意的是，即使物料已被新品替代或因品种淘汰而不再使用，其曾用过的代码绝不允许重新使用于其他物料，以确保不发生混淆和差错。

议一议

物料的状态管理问题有哪些？填写表 2-8。

表 2-8 物料的状态管理问题讨论表

物料的状态,管理问题	讨论结果
1. 物料的状态管理意义	
2. 库卡上的基本信息	
3. 物料的代码系统	
4. 计算机化的物料管理	
5. 物料隔离	

活动 2　物料的标识

药品生产中所用的物料都应当有适当的标识。物料设定标识的目的在于防止混淆和差错，并为文件的可追溯性奠定基础。

物料的名称、代号及批号是物料标识的三个必要组成部分。

1. 物料的名称

通常以 WHO 的 GMP 指南指定的药物非专利名称或《中国药典》规定的通用名称作为物料的标准名称。企业注册的商品名称可与通用名称同时在标签、说明书上使用，如果企业有必要使用外文名称时，应尽可能使用《中国药典》收载的拉丁文或英文名称。

进口原料、辅料、包装材料的中文名称，应查阅正式出版物，力求使名称规范化。

2. 代号系统

所有原料、辅料、包装材料和成品都应当给予专一性的代号。所谓专一性，是指名称与代号一一对应，代号与质量标准一一对应。在制药企业，代号意味着标准，同一物料名称如其质量标准不同，就必须使用不同的代号。例如，某企业用的碳酸钙有两种标准，成品 A 生产必须使用含铁量低于百万分之十的碳酸钙，成品 B 则可使用含铁量高达百万分之二百的碳酸钙，因此，虽然物料名称"碳酸钙"相同，但必须使用两个不同的代号来表达不同的质量标准。片剂生产中用的乳糖，也有两种不同的标准，化学成分相同，但颗粒大小不同，它们用于不同成品的生产，因而使用两个不同的代号。假如没有代号，将地面消毒用酒精误作药用酒精用于制剂生产，其后果就不堪设想。

对于成品来说，物料代号还隐含包装的规格，如同一浓度的脂肪乳剂，有三个不同的装量规格500mL、250mL、100mL，则应有三个不同的代号。如果将代号与标签联系起来看，代号设置原则的这种特殊必要性就比较好理解了。

物料的代号由企业自行给定，负责这一系统的主管部门通常是物料管理部。

代号的设计：代号可由5位数字组成，在第2和第3位数字中间设有一短线：NN-NNN。即00-001到99-999的数字序列。前面两位数表示物料的类别，后面三位数则表示某一类物料的序列号，如成品和半成品00-000～29-999，原料、辅料30-000～49-999，一般包装材料50-000～69-999，标签70-000～79-999。以上仅是一个适用中型企业的例子。从GMP管理角度上来看，NN的分类是可有可无的，同一物料名称、不同质量标准的代号差别越明显，就越有利于防止混淆。上述碳酸钙按上例中分类法设置编号时，差异只是在后几位数。但要是企业生产的品种不过分多，采用NN-NNN的方式也足以达到目的了。企业可根据产品和物料的多少及其复杂程度增加或删减代号的位数，决定代号的设置方法，以适应有效管理的实际需要。

代号的管理：由物料管理部负责指定或删除物料代号并制订企业的物料代号交叉索引表。所谓交叉索引表，即可从代号查物料名称或从物料名称查代号的文件。物料代号交叉索引表可通过计算机内部互联网络实现共享，以方便有关人员查阅；也可用受控文件的方式，发放给所有有关部门或人员，但一有删除或增加，应立即更换。删除了的代号一般永远不再使用，以防日后产生混淆。为了确保代号的专一性，只有物料管理部方有权设置或删除物料的代号。

3. 批号系统

同代号一样，对每一次接收的原料、辅料、包装材料和拟生产的每一批产品都必须给定专一性批号。

成品及半成品的批号一般可由7位数字组成，由物料管理部下达生产计划时预先设定，打印在批生产技术文件上，如批生产记录、配料单和成品库卡等。××××××-××，其中头两位数表示生产年份，此后的两位数表示生产月份，其余三位数字为当月登记流水号。例如：0704152，表示该批于2007年4月份生产，流水号为152。为便于质量管理，也可在批号后面加横线再加数字或字母的方式表示亚批号。例如，对于最终灭菌的大输液产品：一个批中可以分成-1A、-1B、-2A、-2B等亚批，-1、-2为灭菌釜编号，A、B则为不同的灭菌周期。

对于原料、辅料、包装材料，批号可由6位数组成，以与产品的批号相区分。前一位数表示到货年份，此后两个数字表示到货月份。例如：903111表示材料于1999年3月到货，它是该月收到的第111批材料。次批号用"-"及大写字母表示，如某批原料由来货的数个小批组成时，可用后缀A、B、C等大写字母表示原来的批次。

GMP第134条规定"制剂产品不得进行重新加工。不合格的制剂中间产品、待包装产品和成品一般不得进行返工。只有不影响产品质量、符合相应质量标准，且根据预定、经批准的操作规程以及对相关风险充分评估后，才允许返工处理，返工应当有相应记录"。返工处理后的物料应给予新的批号，或注上标记R，以免产生混淆和差错。

原料和包装材料应使用统一的批号登记表,且按照到货批次的先后顺序进行登记。当某一物料给予一批号时,必须将该物料的代号和名称登记在该登记表内,表中应同时有记录亚批号、日期和签名的栏目。

我国有些企业的批号采用直接引入法,即直接使用供应商的批号,对本企业生产的成品则以生产年月日作为批号。这种做法存在着明显的缺点:一方面很难排除这样一种可能性,即同一供应商发来不同的货,批号相同或不同供应商发来的同类货物,其批号相同;另一方面,本企业同一天所生产的不同产品以及同一产品的不同包装规格批号会发生重复。虽然 WHO 的 GMP 指南及我国的 GMP 均没对批号的设置办法作出具体的规定,但企业应当坚持这样的原则,即批号具有专一性,并尽可能避免上述不利于 GMP 管理的因素。

议一议

物料的标识管理问题有哪些?填表 2-9。

表 2-9 物料的标识管理问题讨论表

物料的标识、管理问题	讨论结果
1. 物料标识管理意义	
2. 物料标识的组成	
3. 请给同一浓度的脂肪乳剂,装量为 500mL、250mL、100mL 设置代号	
4. 我国某些企业直接使用供应商的批号,有哪些缺点?	

活动 3　物料的货位标识

物料的仓储管理需要货位的标识,即以一立体坐标来表明物料的确切位置。在货架上,放置一只标准托盘的位置称为货位。

一般按城市路名及门牌编号的设置原则设定库位号,即将货架之间的走道定为一行,其左右两排货架属同一行。行号的编制方法:由南向北,按英文 26 个字母依次编号。列号的编制方法:由西向东,按 01~99 两位数字依次编排,每行的南边为单号,北边为双号。在同一列中,货位的层数用阿拉伯数字表示,如第一至第五层的货位用"1~5"表示。B05-3 表示货放置在 B 行,05 列,第三层。具体可参见图 2-4。

企业也可根据自己的实际情况以文件的形式规定货位标识系统。

议一议

根据图 2-4 库区货位示意图,填表 2-10。

表 2-10 物料的货位标识问题讨论表

物料的货位标识问题	讨论结果
1. 如何设置库位号	
2. B07-2 的意义	
3. C12-5 的意义	

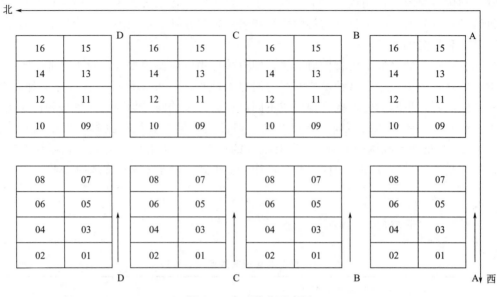

图 2-4 库区货位示意图

活动 4　原材料和包装材料的贮存及状态标识

1. 状态标识及转换

物料验收合格后，应将到货材料用铲车从收料区送至库区指定的库位上。如果托盘上货物的尺寸超过规定限度，应将货物重新装载。质量部取样员根据化验申请单填写黄色留检标签并签注姓名，在 24h 内交仓库材料管理员后，抽取样品。

物料管理员应核对标签无误后贴签，每一个原料包装上必须贴一张留检标签；但对于包装材料，每只托盘上可只贴一张留检标签。

原材料或包装材料由质量部决定是否合格。质量部质量评价人将对该批材料的结论意见及有关数据及时通报仓库管理员。质量部取样员同时应准备好相应的状态标签。

每批合格物料的每一包装上，必须贴上绿色"合格"标签。标签由质量部质量评价员发放，取样员负责贴签。"合格"标签必须盖住留检标签的黄色部分，但应保留其内容，以便核对名称、代号和批号。

物料管理员此时应将库卡从"留检"卡片夹转入"合格品"卡片夹中，记录库位号并根据化验证书填写证书号。

不合格材料的包装上须由质量部取样员贴红色"不合格"的标签。当收到"不合格"化验证书时，物料管理员根据化验证书在库卡上填写证书号，并将其收入"不合格品"夹中并立即用铲车将不合格品从留检区移至不合格品库，以防误用。

2. 物料贮存要求

GMP 规定：仓储区内的原辅料应当有适当的标识，并至少标明指定的物料名称和企业内部的物料代码、企业接收时设定的批号、物料质量状态（如待验、合格、不合格、已取样）、有效期或复验期。原辅料应当按照有效期或复验期贮存。贮存期内，如发现对质量有不良影响的特殊情况，应当进行复验。成品放行前应当待验贮存。成品的贮存条件应当符合药品注册批准的要求。

为了防止物料贮存期间混药、混批、污染，各货位之间应有一定间距，设明显标识，标明品名、规格、批号、数量、进货日期、收货人、待检验或合格状态等。原料、辅料、包装材料贮存过程中应有防潮、防霉、防鼠及防其他昆虫进入的措施。对温度、湿度或其他条件有特殊要求的物料按规定条件贮存。物料应按规定的使用期限贮存，贮存期内如有特殊情况应及时复验。

3. 标签、说明书的贮存

仓库在收到检验合格报告后，撤去待验标志，换成合格标志。若检验不合格则逐件移至不合格库，并进入销毁程序。

标签应分品种、批次分类存放，按先进先出的原则使用。

药品的标签、使用说明书应由专人负责管理。

> **想一想**
> 物料状态标识及贮存有关问题，填表 2-11。

表 2-11 物料状态标识及贮存讨论表

项目	分析结果
1. 物料状态有几种？对应标识有哪些？	
2. 物料状态如何转换？	
3. 物料贮存应符合哪些要求？	

任务四

物料的发放

任务目标
熟知物料发放的程序
熟知物料发放的文件受控
熟知标签、说明书的接收、贮存、发放过程
会正确规范填写物料发放的有关表格

活动 1　物料发放的程序

> 议一议
> 　　物料发放的程序如何？

物料发放的程序讨论
1.
2.
3.
…

根据学生讨论，分析归纳，物料发放的程序如图 2-5。

在制定和执行物料发放流程时，必须保证做到两点：一是发出的物料不能有任何差错，如误用品种、规格；二是应保证记录可以追溯，即用于任何目的的物料都有文件记录显示其批号、来源、规格等所有信息。GMP 规定，物料和产品应当根据其性质有序分批贮存和周转，发放及发运应当符合先进先出和近效期先出的原则。

图 2-5 中虚线箭头表示各种文件记录的流程，实线代表物料的传递。可以看到物料传递非常简单，直接从物料发货员传递给生产车间。准确而受控的发料过程主要通过一系列的文件控制保证达到 GMP 的原则要求。

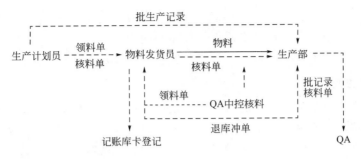

图 2-5　物料的发放程序

活动 2　物料发放的文件受控

生产计划员根据生产计划按图 2-5 所示发放生产用文件，至少包括批生产记录、领料单与核料单。物料发货员根据领料单和其掌握的库卡按先进先出的原则确定物料批号并在领料单上填写批号，在库卡上记录此物料用于哪个产品和批号的生产及相应的重量。由备料工人按此领料单备料，填写实际备料重量和备料标签。标签上的物料名称和批号应按物料包装上的标签填写。

QA 中控人员一一检查每件物料的名称、批号和实际重量并填写在核料单上。对此核料单和领料单填写不得有误，重量差异应在允许范围之内，最后在两份单据上签字。随后领料单返回物料发货员存档，物料连同核料单交生产车间。

生产完成后核料单连同批生产记录交 QA 评价员审核并存档。若因故生产未能进行，车间须填写退库红冲单，连同物料退回物料发货员。在物料库卡上应能体现物料平衡要求。

活动 3　物料发放过程的注意事项

1. 物料发放注意事项

只有中心化验室出具合格检验报告的原料才能使用，并需在有效期内使用。

原料、辅料的发放应根据生产车间领料单和包装指令单，按照先进先出的原则，由仓库保管员和领料人员共同检查品名、批号、规格、数量等相关内容，分别签字。

包装材料的发放应根据生产车间的领料单和包装指令单，按先进先出的原则，检查包装材料的品名、代号及数量，核对无误后收料人和发料人分别签字，标签等印刷性包装材料的发放应根据包装指令或生产车间的领料单计数发放，严格管理。

仓库所发物料包装要完好，并附有合格证或检验报告单。

发料后，库存货位卡和台账上应详细填写物料去向、结存情况。

2. 标签、说明书的发放

仓库根据生产指令单及车间领料单计数发放。

由领料人、发料人共同核对品种、数量，确认质量符合要求及包装完好后，方可发货，并签字。

发料后，库存货位卡和台账上应详细填写标签去向、结存情况。

不合格的标签、说明书未经批准不得发往车间使用。

不合格标签、说明书应定期销毁，销毁时应有专人监督，并在记录上签字。

3. 条形码和色码

物料批号、代号以及商品名称的有机组合是保证物料专一性的三要素。但对于印刷包装材料，特别是标签及说明书，发生差错的风险很大；而且一旦出现差错，会使实施 GMP 的各种努力最终付之东流。因此，需要增加一些其他的标识内容，如药用条码、边码和色码。

药用条码与商用条码有所不同，商品条码须经注册，它包括识别及价格等因素；药用条码只是 GMP 管理的技术手段，它主要供具有专一性的标签及说明书等的识别，防止混淆及差错。药用条码有两大功能，一是防止印刷厂可能的差错；二是防止本厂印刷包装物料收发及包装过程中出现差错，借助电子阅读器阅读，实现鉴别及标签数额平衡。

边码/色码多数用于非卷筒式印刷包装材料（如标签、说明书、纸匣）的识别，目的在于防止混淆。边码系指印刷包装材料边沿加印的线条或色块，对于不同品种和不同的版本，它们的位置不同，但同一印刷包装材料则有确定的位置及标准，当印刷厂发生差错时，如混入大小相同但品种不同的同类印刷包装材料，由于边码不同，非常容易被检查出来。

议一议

标签、说明书使用注意事项，填表 2-12。

表 2-12 标签、说明书讨论表

项目	讨论结果
1. 标签、说明书接收注意事项	
2. 标签、说明书贮存注意事项	
3. 标签、说明书发放注意事项	
4. 使用药用条码、色码的优点	

活动 4　填写物料发放的有关表格

相关表格参见表 2-13～表 2-16。

表 2-13 材料发放计数表

封签号：　　收料人：　　日期：　　配料人：　　日期：

类型	填写部门	瓶标签	合格证	备注	签名
代号	物料				
条码数值	物料				
批号	仓库				

续表

类型	填写部门	瓶标签	合格证	备注	签名
发放数量 A	仓库				
实际使用数 B	包装工段				
报废数 C	包装工段				
退库数 D	仓库				
偏差数 $E=A-B-C$	包装工段				
偏差$(\%)=(E-D)/(B+C)\times 100\%$	仓库				

表 2-14 材料使用记录表

产品批号	瓶标签		合格证		签名
	实用数 B	报废数 C	实用数 B	报废数 C	
累计	$B=$	$C=$	$B=$	$C=$	

表 2-15 返库单

产品名称		代号	批号
发自			签名/日期
材料代号	材料名称	材料批号	返回数量
返库原因			
仓库收料人签名/日期			

表 2-16　核料单

品名			代号	批号	版本	页次
工序			批量	起草/复核	批准	
序号	代号	品名	原料批号	处方量	实配量	称量人
1						
2						
3						
4						
5						
6						
7						
8						
9						
10						
称量日期			称量人	复核人		
投料日期			投料人	复核人		

知识拓展

成品的仓储管理

GMP规定，成品放行前应当待验贮存；成品的贮存条件应当符合药品注册批准的要求。

（1）成品的验收入库　仓库按交货记录验收成品入库。入库时，验收人员应检查生产部随每批成品发来的入库交货记录是否完备。根据交货记录检查每批成品的代号、品名、规格、批号、有效期、数量（应特别注意核对零箱的数量）。同时接收两批或两批以上的成品时应注意分开堆放，以免混批。原则上，为便于成品质量的追溯调查，成品应按整批接收及发放。

核对无误后在交货记录上签名，如发现该批与交货记录存有偏差，立即与生产部门有关工段长联系。

仓库根据该成品的贮存条件，将成品存放在常温库房、冷库或凉库内。用铲车将成品送到空货位上，同批产品应尽量集中存放；注意将零箱药品放在底层货架表面处以便清点、拼箱；并在交货记录上记录相应的库位号码，填上日期并签名。

（2）成品的贮存　成品应分类、分品种、分批号存放。

成品码放时应离墙、离地，货行间需留有一定间距。货位应有明显标志，标明品名、规格、批号和数量。

(3) 成品的留检状态　成品记账员根据交货记录核对实物无误后填写库卡，同时将该批产品的有关数据输入计算机并将交货记录归档，把库卡放入"待检"文件夹中。在质量部对该批产品未作出是否合格的决定前该批产品处于"待检"状态。

(4) 合格成品的处理　当质量部经过质量评价准予一批成品合格后，应发放化验证书给成品发货员。成品发货员凭此索取该批产品的库卡，并在库卡上记录化验证书号。此时，该批产品已由"待检"状态转为"合格"状态。该批产品方可投放市场。

(5) 不合格批成品的处理　当质量部经过质量评价判定一批产品为不合格时，应发出两份不合格化验证书给成品接收员，并在该批产品的每一个包装上贴上一张红色不合格标签，注明该药品的名称、规格、代号和批号，标签上应有签名及日期。

成品接收员根据化验证书在库卡上记录该批产品的化验证书号并注明产品"不合格"。成品接收员核实数量后填写"成品报废单"，并附一份不合格化验证书报部门经理及生产副总经理批准后转财务记账；另一份化验证书存底。

应立即将不合格批产品由原来的库位移至不合格品专库，待处理。处理结束后，库卡转质量部存档。不合格成品应按有关规定处理。

(6) 成品的发运　销售管理部根据销售合同签发"发货指令"，其他任何部门或个人均无权要求发货或更改"发货指令"。该指令一式五联，销售管理部门在指令上填写开票号、收货单位、地址、发货品种及规格、瓶数等有关内容后，第一联留底，二至五联交销售发运组。发运组收到"发货指令"后，制定发货计划并在指令上注明发运形式。根据发货计划，提前将"发货指令"（二、三、四、五联）传递给仓库成品发货员以便备货。成品发货员按"先进先出"的原则，确定所发货物的批号及各批号数量，并在发货指令及相应库卡上注明发货日期、客户名称、开票号和发货批号及数量。另填写备货单，在上面注明所需成品的货位号，交铲车司机备货。铲车司机根据备货单准确地将成品从货架上移至备货区。成品发货员核对成品名称、批号、数量无误后，将发货指令第二联留底，第三、四、五联并附化验证书随货物交至发运组理货员，由理货员根据发货指令核对货物。

理货时，应注意不同品种的货物应放在不同的托盘上；仔细检查货物的名称、规格、批号和数量；不同客户的货物应分开堆放；如果需要拼箱，则根据拼完箱后的实际批号和数量更改合格证和外纸箱上的批号和数量并签字。理货员理货完毕，在发货指令（三、四、五联）上签名。

装车过程中，发运员必须再次检查：货物的品种、规格、批号、数量是否与"发货指令"一致，有关化验证书及运单是否完备，检查装好待发车是否安全（运输条件是否符合产品贮存要求）。检查完毕，由发运员在发货指令上注明发运日期并在送货单上签名后，货物方可出厂。

发货指令第三联留发运组记账，运单及第四联返回销售管理部，有关人员将收回的"发货指令"与计算机内的信息核对无误后开发票。第五联返回仓库成品发货员。完整的五联发货指令、运单、销售发票及成品库卡组成了每一批成品药的可追溯性的销售记录体系。

货物发出后，由发运人员做好台账，每一笔记录均附发货指令和运单复印件，以备查询。同时，应采用适当方式立即通知客户准备接货并追踪，直至安全到货。

质量部质量评价人员每月检查一次成品库存月报表，对有效期在六个月以内的药品应做统计并与销售管理部取得联系，确认不能售出的药品需提前发放不合格化验证书。

（7）归档　在某批成品药库存为零后，成品发货员把该批的成品库卡送至质量部并按规定做好交接记录，签注姓名和日期，质量部则将库卡归入批档案。

在不合格批产品或过期批产品最终处理后，仓库管理员应将其成品库卡及处理记录送质量部归入相应批档案。

任务五

不合格品的处理

任务目标　熟知不合格品的处理程序
　　　　　　熟知不合格品的销毁
　　　　　　掌握不合格品处理及销毁有关记录的填写

活动1　不合格品的处理程序

　　不合格品系指质量部不准予合格并已贴上红色标签的原辅料、包装材料及半成品和成品。GMP第131条、第132条规定"不合格的物料、中间产品、待包装产品和成品的每个包装容器上均应当有清晰醒目的标志，并在隔离区内妥善保存""不合格的物料、中间产品、待包装产品和成品的处理应当经质量管理负责人批准，并有记录"。

　　收料时，如发现破包、受潮、霉变材料或其他明显不符合标准的物料，仓库员应在收货四联单备注栏目内详细记录检查情况，同时填写"物料破损报告"送物料采购部门，报告内容应包括物料的品名、规格、批号、数量和报废理由。接到报告后在2个工作日内会同质量部有关人员以及采购人员在收料区对以上物料进行检查。确认不能用于生产的，质量部有关人员可在不经留检和检验的情况下作出"不合格"决定并发放不合格标签，标签上应注明：名称、代号、批号、每件包装的装量和包装数、接收日期。仓库管理员负责将不合格物料直接放入"不合格品"库或特定区域以待处理。且将不合格品分类、分品种、分批存放，并设明显标志，标明品名、规格、批号、数量、不合格项目等。不合格品应及时处理，仓库或车间接到处理意见，一般应在3个工作日内将报废物料处理完毕。

　　留检物料或（半）成品经质量部检验不合格时，质量部应发出两份化验证书，分别发往物料部和仓库。质量部有关人员负责发放红色不合格标签并贴签，仓库管理员负责把不合格物料或（半）成品从留检区转至不合格品库并填好相应库卡。不合格物料的库卡应单独存放。

　　物料管理员根据化验证书及时填写《材料报废单》，内容包括：代号、批号、名称及规格、数量、化验证书控制号、报废原因。核对无误后，签名并将此单交材料记账员。

在此单上登记各报废材料的金额及总金额，并交采购员。采购员在核对后签名并交部门经理及总经理审批。一份存档，一份交材料记账员记账。不合格（半）成品报废，需填写《成品报废单》。

想一想

表 2-17 所列出的问题如何解答？

表 2-17　不合格品处理讨论表

问题	讨论结果
1. 不合格品	
2. 不合格物料的处理程序	
3.《材料报废单》内容包括	

活动 2　不合格品的销毁

1. 不合格品的销毁方法

不合格品如需销毁，仓库管理员应根据物料的类别及特性选择适当的处理方法。如：焚烧、切割、回收、掩埋等。

2. 不合格品销毁注意事项

销毁前，应杜绝不合格品被误用的可能性。

销毁时，应填写《不合格品处理记录》，内容包括：物料名称及规格、代号、批号、数量、不合格原因、处理方法、处理日期、执行人、监督人、批准人。

仓库管理员及质量部有关人员必须监督销毁不合格印刷包装材料及（半）成品的全过程。

物料报废处理不得污染环境。

《破损报告》《材料报废单》《成品报废单》《不合格处理记录》及相应库卡一般应保存6年。

活动 3　填写不合格品处理的有关表格

GMP 第 137 条规定"只有经检查、检验和调查，有证据证明退货质量未受影响，且经质量管理部门根据操作规程评价后，方可考虑将退货重新包装、重新发运销售。评价考虑的因素至少应当包括药品的性质、所需的贮存条件、药品的现状、历史，以及发运与退货之间的间隔时间等因素。不符合贮存和运输要求的退货，应当在质量管理部门监督下予以销毁。对退货质量存有怀疑时，不得重新发运"。

相关表格内容参见表 2-18。

表 2-18 不合格品处理记录

产品名称		代号		批号		数量	
不合格原因：							
处理方法：							
处理地点：				执行人签名/日期：			
监督人签名/日期：				批准人签名/日期：			

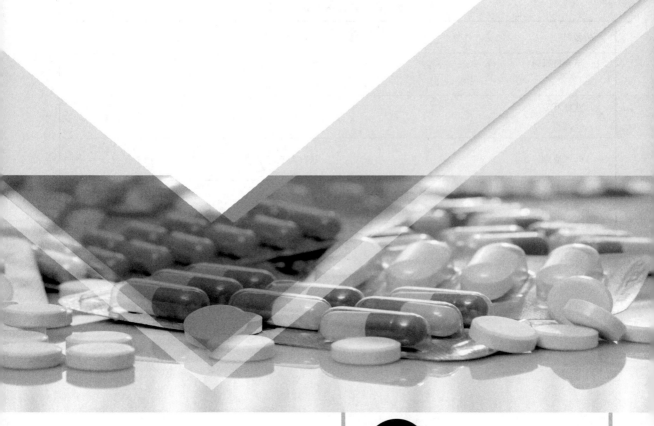

项目 3

药品生产前准备的管理

项目说明

本项目共完成七个任务,任务一从具体的案例出发,使同学们认识违规操作的危害,感受执行标准操作规程的重要性,并能阅读和理解生产管理文件;任务二使同学们知晓不同洁净厂房和环境的生产洁净要求;任务三使同学们知晓人员进入洁净区的要求,掌握正确穿戴洁净工作服、正确洗手消毒的方法,并知晓物料进出洁净区的要求和方法;任务四使同学们能检查确认生产现场是否处于清场合格状态;任务五使同学们能根据生产或包装指令单检查核对物料;任务六使同学们能检查确认衡器、量具等状态完好并应在计量校验合格有效期内;任务七使同学们能检查确认设备、器具状态完好并在清洁有效期内。

任务一

阅读和理解生产管理文件

任务目标
认识违规操作的危害
感受执行标准操作规程的重要性
熟知药品标准操作规程等文件

活动 1　案例分析之一

案例 3-1

【异常情况】某药厂的抗生素注射剂在成品检验时发现其含量不合格。

【调查结果】调查中发现,在配制时配液人员在操作中违规加入活性炭。由于活性炭的吸附作用,将注射剂中的有效成分吸附掉了。

案例 3-2

【地点】某药厂中药提取车间

【设备】多功能提取罐

【经过】生产过程中两人同时操作,一人去开真空阀,一人去开药液阀,由于没有配合好,结果真空阀已开而进液阀仍未开启,储罐产生负压,迅速被吸瘪成勺形,发出巨大的响声。

【后果】损失 3 万余元。

> **想一想**
> 根据案例 3-1 和案例 3-2,填表 3-1。

表 3-1　案例分析记录表

分析主题	分析结果
1. 事故形成的主要原因 2. 你对这些事故有何感想 3. 解决办法	

活动 2　深入理解生产管理文件

《药品生产质量管理规范》（2010 年修订）指出：文件是质量保证系统的基本要素。企业必须有内容正确的书面质量标准、生产处方和工艺规程、操作规程以及记录等文件。企业应当建立文件管理的操作规程，系统地设计、制定、审核、批准和发放文件。与本规范有关的文件应当经质量管理部门的审核。

通过对前面两则案例的讨论，我们知道他们都是违规操作。规，也就是文件里面的规定，俗话说"没有规矩，不成方圆"，其实，实施 GMP 的一个重要特点就是要做到一切行为以文件为准。因为制药企业的特殊性和重要性，企业绝不能够"冒任何风险"或"试试看"。企业必须把操作规程写成书面材料，使任何一个行动的执行只有一个标准，而且在任务执行后，做到一切都有文字记录可查，做到"查有据、行有迹、追有踪"。目的是确保药品规范生产，保证药品质量，一旦发现质量问题，可按照生产记录追踪，找出原因，及时解决。

药品生产质量管理规范里所指的文件包括质量标准、工艺规程、标准操作规程、记录、报告等。分别表述如下。

1. 工艺规程与标准操作规程

指导并规范人员操作，经过批准的书面文件称为规程。生产管理系统涉及的规程主要有工艺规程和标准操作规程。

(1) 药品生产的工艺规程（生产方法、中间控制方法、基准批生产记录）　可以理解为产品的"模子"或"蓝图"，它是药品设计和生产方法设计的结果。

(2) 标准操作规程　它是一个广义的概念。简单地讲，SOP 就是一套包罗万象的操作说明书大全，它详细地指导人们如何完成一项特定的工作。SOP 事无巨细，也就是说只要与项目有关，要详细全面，要包括所有的可能出现的细节。以飞行操作规程为例，第一条竟然是"坐下"，由此可以看出，SOP 涵盖细节程度。

2. 质量标准

为保证药品质量而对各种检查项目、指标、限度、范围等所做的规定，称为药品质量标准。药品质量标准是药品的纯度、成分含量、组分、生物有效性、疗效、毒副作用、热原度、无菌度、物理化学性质以及杂质的综合表现。

3. 记录

用于记述每批药品生产、质量检验和放行审核的所有文件和记录，可追溯所有与成品质量有关的历史信息。

制药企业都要制定药品生产工艺规程及生产操作的基本 SOP（工艺单元操作、批号编制、工序管理）、质量控制与检查的基本 SOP（取样、留样、检测的单元操作、监测检查）、卫生清洁的基本 SOP（设备、工具、容器、管道清洗、车间环境清洁）、设备运行的 SOP（每台主要设备）、产品销售的基本 SOP（发货、退货投诉、药品召回）、确认和验证的基本 SOP（厂房确认、设施确认、设备确认、SOP 验证、工艺验证、系统验证），此外，对环境监测、虫害控制、变更控制、偏差处理等也要求有相应的操作规程，其过程和结果应当有记录。

> 想一想
> 药品生产工艺规程和标准操作规程一般都是由谁制定的呢？

活动 3　案例分析之二

案例 3-3

【异常情况】某药厂水针产品，在药液中间产品检验时发现含量偏低。

【调查结果】车间投料时，投料工人把"加蒸馏水加至××mL"看成了"加蒸馏水××mL"。

案例 3-4

【地点】检验用无菌室

【设备】超净工作台

【经过】某日下午进行抗生素效价测定操作之前，忘记关掉紫外杀菌灯，在灯下操作达1h之久，实验结束才发现灯未关。至次日凌晨约3点钟，眼睛疼痛、流泪睁不开，手臂皮肤像晒伤一样脱皮。

【后果】两名化验员患急性结膜炎及手臂皮肤受损脱皮。

> 议一议
> 结合上述案例，分析表3-2中所列的相关主题。

表 3-2　案例分析记录表

分析主题	分析结果
1. 事故形成的主要原因 2. 你对这些事故的感想 3. 解决办法	

活动 4　案例分析之三

案例 3-5

【异常情况】某药厂冻干粉针剂成品水分超标。

【调查结果】冻干机在线清洗时，由于排水口处有个凹槽，操作工清洗完毕后只看到箱内水已排净，没有对这个凹槽处进行检查，导致此处存有少量水分。接着进下一箱药品，最终导致产品水分超标，整批报废，造成严重损失。

【分析改进】将这项检查工作列入冻干岗位操作SOP中，杜绝此类事故的发生。

生产工艺规程、岗位操作法或标准操作规程不得任意更改，如需更改时应按规定程序执行。新的SOP制定后，旧的即废止收回留档保存。

通过前面几则案例的分析，你认为在药品生产过程中，应该怎么做？你能理解为什么一定要严格执行药品的 SOP 吗？请同学们分组讨论，并将讨论结果归纳记录。

> 执行 SOP 的重要性
> 1.
> 2.
> 3.
> ……

活动 5　工艺规程及 SOP 样例分析

认真阅读并分析以下工艺规程样例，注意下划线的内容，并根据其内容，进行必要的总结。

题目	注射用布美他尼生产工艺规程				
编号	SP-MF-3013-00	复印数		页数：共14页　第1页	
编制部门	制造部		QA 审核		年　月　日
起草		年　月　日	批准		年　月　日
部门审核		年　月　日	执行日期		年　月　日
文件发至	制造部、车间、质监部				

1　目的　建立注射用布美他尼生产工艺规程，以保证工艺控制和工艺步骤严格按规定执行。
2　适用范围　适用于注射用布美他尼生产全过程。
3　责任人　制造部经理、车间主任、车间管理员、质监部经理。
4　规程内容　见附件
4.1　产品概述
4.2　处方和依据：（略）
4.3　生产工艺流程图及生产区域洁净级别划分，工艺监控点。
4.3.1　生产工艺流程及生产区洁净级别划分：（略）
4.3.2　工艺监控点：（略）
4.4　工艺条件与操作要点：（略）
4.4.1　原辅料准备：（略）
4.4.2　器具准备：（略）
4.4.3　胶塞处理：（略）
4.4.4　西林瓶洗涤灭菌：（略）
4.4.5　配液过滤：（略）
4.4.6　灌装半压塞：（略）
4.4.7　冻干：（略）
4.4.8　铝塑盖清洁灭菌：（略）
4.4.9　轧盖：（略）

4.4.10　灯检：（略）

4.4.11　贴签：（略）

4.4.12　包装：（略）

4.4.13　入库：（略）

5　质量标准（原料、包装材料、成品的法定标准、企业标准）

……原料质量标准

布美他尼成品质量标准

【性状】

【鉴别】　取样品（略）

【检查】

【类别】

【含量测定】

【用法与用量】

【规格】

【贮藏】

【生产批文】

【批准文号】

【成品编号】C-001

【有效期】2年

【标准来源】《中国药典》2020年版二部第×××页

6　包装要求、说明书：（略）

7　物料衡算计算方法：（略）

8　技术安全、工艺卫生与安全环保：（略）

9　劳动组织与岗位定员：（略）

10　设备一览表及主要设备生产能力：（略）

工艺规程修改登记详见表3-3。

表3-3　工艺规程修改登记

修改文号	修改日期	修改人	批准日期	批准人	修改内容

> **议一议**
> 药品生产工艺规程的组成要素有哪些？制剂的工艺规程至少应当包括哪些内容？

药品生产工艺规程组成要素
1.
2.
3.
…

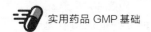

> **议一议**
> 物料和成品应当有经批准的现行质量标准；必要时，中间产品或待包装产品也应当有质量标准。请根据上述样例，总结一下成品的质量标准应当包括哪些内容？物料的质量标准有哪些？

成品质量标准的内容
1.
2.
3.
…

传递窗清洁、消毒标准操作规程

文件编号： SOP-EC-005-01	文件类型： 卫生操作 SOP	复印份数：
编制人：	审核人：	批准人：
编制日期：　年　月　日	审核日期：　年　月　日	批准日期：　年　月　日
制定部门：设备部	颁发部门：质量部	执行日期：　年　月　日
执行部门：设备部	变更原因及目的：	版本号

1　目的：制定传递窗的清洁、消毒方法标准操作规程。
2　范围：适用于传递窗的清洁、消毒操作全过程。
3　责任者：操作人员、QA。
4　规程内容
4.1　清洁实施条件及频率　每次使用结束后，或者清洁后又超过清洁有效期的使用前均需要再次清洁、消毒。
　4.1.1　清洁的地点　在线清洁。
　4.1.2　清洁用设备或设施　水桶、洁净抹布。
　4.1.3　清洁剂及其配制　清洁剂加适量纯化水稀释后使用。
4.2　清洁方法和程序
　4.2.1　关闭一般生产区传递窗门，用清洁剂湿润的蓝色抹布认真擦拭传递窗的内壁四周以及传递窗口、传递窗门。
　4.2.2　然后用饮用水将传递窗的内壁四周以及传递窗口、传递窗门擦拭干净，最后用纯化水擦拭干净。
　4.2.3　一般生产区窗口由一般生产区操作人员清洁，用清洁剂湿润的抹布将窗门擦拭干净，最后用饮用水擦拭干净。
4.3　消毒剂及消毒频次

4.3.1　消毒剂：0.1%新洁尔灭溶液、75%乙醇溶液。

4.3.2　消毒频次：消毒剂应每月交替使用，清洁完毕后及设备使用之前用消毒剂擦拭传递窗内表面。

4.4　清洁工具的清洁方法和存放地点：按《清洁工具的清洁、消毒标准操作规程》（SOP-HM-004-01）操作。

4.5　填写好<u>清洁状态标示卡</u>，挂在设备上。

4.6　填写清洁消毒记录。

> **议一议**
> 操作规程的内容应当包括（根据下划线内容作答）哪些内容？文件编号应当注意些什么？此外，2010年版GMP细化了生产设备清洁的操作规程，具体的内容有哪些？填表3-4。

表 3-4　操作规程的内容

操作规程的内容	生产设备清洁的操作规程
1.	
2.	
3.	
…	

活动 6　设计批生产记录、批包装记录

每批产品均应当有相应的批生产记录，可追溯该批产品的生产历史以及与质量有关的情况。批生产记录应当依据现行批准的工艺规程的相关内容制定。记录的设计应当避免填写差错。批生产记录的每一页应当标注产品的名称、规格和批号。试根据2010年版GMP第175条和第180条的内容，设计一下某个药品如APC的批生产记录（如压片生产记录）和批包装记录（如外包装记录）。

任务二

熟悉不同级别洁净厂房的洁净度要求

任务目标
感受洁净的含义
知晓空气洁净技术
知道不同洁净厂房的洁净度要求

> **测一测**
> 问题1：假如送你一个漂亮的毛巾（或花布），你怎样尽可能地发挥它的用途？
> 测测同学们的发散思维能力
> 问题2：毛巾（或花布）的用途顺序能否倒过来呢？为什么？
> 问题3：同样一个原料药，我们可以把它做成哪些剂型？
> 问题4：哪些剂型的生产要求比较高？
> 试着给它们排个顺序，这些药物若在普通的生活环境中生产出来，你能放心使用吗？为什么？
> 请把采访结果填写在表3-5中。

表 3-5 采访结果

采访话题	采访结果
1. 一块毛巾(或花布)的"一生"	
2. 一个药品的"七十二变"	
3. 你认为不同剂型药品需要的洁净度顺序如何？为什么？	

活动 1　洁净厂房的分类

空气洁净度是指洁净空气中空气含尘（微粒）的程度。空气洁净度的高低可用空气洁净度级别来区别。空气洁净度级别是以单位体积空气中含粒径$\geqslant 0.5\mu m$的微粒的最大允许数来确定的。无菌药品生产所需的洁净区可分为以下 4 个级别。

A级：高风险操作区，如灌装区、放置胶塞桶和与无菌制剂直接接触的敞口包装容器的区域及无菌装配或连接操作的区域，应当用单向流操作台（罩）维持该区的环境状态。单向流系统在其工作区域必须均匀送风，风速为 0.36~0.54m/s（指导值）。应当有数据证明单向流的状态并经过验证。

在密闭的隔离操作器或手套箱内，可使用较低的风速。

B级：指无菌配制和灌装等高风险操作A级洁净区所处的背景区域。

C级和D级：指无菌药品生产过程中重要程度较低操作步骤的洁净区。

以上各级别空气悬浮粒子的标准规定见表 3-6。

表 3-6　洁净室（区）空气洁净级别

洁净度级别	悬浮粒子最大允许数/(个/m³)			
	静态		动态[③]	
	≥0.5μm	≥5.0μm[②]	≥0.5μm	≥5.0μm
A级[①]	3520	20	3520	20
B级	3520	29	352 000	2 900
C级	352 000	2 900	3 520 000	29 000
D级	3 520 000	29 000	不作规定	不作规定

① 为确认A级洁净区的级别，每个采样点的采样量不得少于 $1m^3$。A级洁净区空气悬浮粒子的级别为 ISO 4.8，以 ≥5.0μm 的悬浮粒子为限度标准。B级洁净区（静态）的空气悬浮粒子的级别为 ISO 5，同时包括表中两种粒径的悬浮粒子。对于C级洁净区（静态和动态）而言，空气悬浮粒子的级别分别为 ISO 7 和 ISO 8。对于D级洁净区（静态）空气悬浮粒子的级别为 ISO 8。测试方法可参照 ISO 14644-1。

② 在确认级别时，应当使用采样管较短的便携式尘埃粒子计数器，避免 ≥5.0μm 悬浮粒子在远程采样系统的长采样管中沉降。在单向流系统中，应当采用等动力学的取样头。

③ 动态测试可在常规操作、培养基模拟灌装过程中进行，证明达到动态的洁净度级别，但培养基模拟灌装试验要求在"最差状况"下进行动态测试。

所谓静态，指所有生产设备均已安装就绪，但没有生产活动且无操作人员在场的状态。

所谓动态，指生产设备按预定的工艺模式运行并有规定数量的操作人员在现场操作的状态。洁净区微生物监测的动态标准见表 3-7。

表 3-7　洁净区微生物监测的动态标准[①]

洁净度级别	浮游菌 /(cfu/m³)	沉降菌(φ90mm) /(cfu/4h[②])	表面微生物	
			接触碟(φ55mm) /(cfu/碟)	5指手套 /(cfu/手套)
A级	1	1	1	1
B级	10	5	5	5
C级	100	50	25	—
D级	200	100	50	—

① 表中各数值均为平均值。

② 单个沉降碟的暴露时间可以少于 4h，同一位置可使用多个沉降碟连续进行监测并累积计数。

活动 2　药品生产环境的空气洁净度级别要求

药品的生产操作应当在符合下表中规定的相应级别的洁净区内进行，口服液体和固体制剂、腔道用药（含直肠用药）、表皮外用药品等非无菌制剂生产的暴露工序区域及其直接接触药品的包装材料最终处理的暴露工序区域，应当参照 D 级洁净区的要求设置，企业可根据产品的标准和特性对该区域采取适当的微生物监控措施。其他未列出的操作可参照表 3-8 在适当级别的洁净区内进行。

表 3-8 各药品生产环境的空气洁净度级别要求

无菌药品	B 级背景下的 A 级	非最终灭菌产品： 1. 处于未完全密封①状态下产品的操作和转运，如产品灌装（或灌封）、分装、压塞、轧盖②等 2. 灌装前无法除菌过滤的药液或产品的配制 3. 直接接触药品的包装材料、器具灭菌后的装配以及处于未完全密封状态下的转运和存放 4. 无菌原料药的粉碎、过筛、混合、分装
	C 级背景下的局部 A 级	最终灭菌产品： 高污染风险③的产品灌装（或灌封）
	B 级	非最终灭菌产品： 1. 处于未完全密封①状态下的产品置于完全密封容器内的转运 2. 直接接触药品的包装材料、器具灭菌后处于密闭容器内的转运和存放
	C 级	非最终灭菌产品 1. 灌装前可除菌过滤的药液或产品的配制 2. 产品的过滤 最终灭菌产品 1. 产品灌装（或灌封） 2. 高污染风险④产品的配制和过滤 3. 眼用制剂、无菌软膏剂、无菌混悬剂等的配制、灌装（或灌封） 4. 直接接触药品的包装材料和器具最终清洗后的处理
	D 级	非最终灭菌产品 直接接触药品的包装材料、器具的最终清洗、装配或包装、灭菌 最终灭菌产品 1. 轧盖 2. 灌装前物料的准备 3. 产品配制（指浓配或采用密闭系统的配制）和过滤直接接触药品的包装材料和器具的最终清洗
生物制品	B 级背景下的局部 A 级	附录一无菌药品中非最终灭菌产品规定的各工序 灌装前不经除菌过滤的制品其配制、合并等
	C 级	体外免疫诊断试剂的阳性血清的分装、抗原与抗体的分装
	D 级	原料血浆的合并、组分分离、分装前的巴氏消毒 口服制剂其发酵培养密闭系统环境（暴露部分需无菌操作） 酶联免疫吸附试剂等体外免疫试剂的配液、分装、干燥、内包装
非无菌原料药		非无菌原料药精制、干燥、粉碎、包装等生产操作的暴露环境应当按照 D 级洁净区的要求设置
血液制品		原料血浆破袋、合并、分离、提取、分装前的巴氏灭活等工序至少在 D 级洁净区内进行
中药		中药注射剂浓配前的精制工序应当至少在 D 级洁净区内完成

注：1. 无菌药品是指法定药品标准中列有无菌检查项目的制剂。
2. 非无菌药品是指法定药品标准中未列无菌检查项目的制剂。
① 轧盖前产品视为处于未完全密封状态。
② 根据已压塞产品的密封性、轧盖设备的设计、铝盖的特性等因素，轧盖操作可选择在 C 级或 D 级背景下的 A 级送风环境中进行。A 级送风环境应当至少符合 A 级区的静态要求。
③ 此处的高污染风险是指产品容易长菌、灌装速度慢、灌装用容器为广口瓶、容器须暴露数秒后方可密封等状况。
④ 此处的高污染风险是指产品容易长菌、配制后需等待较长时间方可灭菌或不在密闭系统中配制等状况。

活动 3　空气净化措施

1. 空气过滤

进入洁净室（区）的空气必须净化。空气过滤是空气净化最重要的手段，所有送入洁净室的空气应经初效、中效及高中效、亚高效或高效过滤器过滤。初效过滤器为预过滤器，主要用作对新风及大颗粒尘埃的控制，主要过滤对象是大于 $10\mu m$ 的尘粒。中效及高中效过滤器主要用作对末级过滤器的预过滤和防护，主要过滤对象是 $1\sim10\mu m$ 的尘粒，一般置于风机后的亚高效或高效过滤器之前，用以保护高效过滤器，延长其使用寿命。亚高效过滤器用作终端过滤器或作为高效过滤器的预过滤，主要过滤对象是小于 $5\mu m$ 的尘粒。

高效过滤器作为送风及排风处理的终端过滤，主要过滤对象是小于 $1\mu m$ 的尘粒。一般装在通风系统的末端，即设置在洁净室送风口，必须在初效、中效、高中效或亚高效过滤器（图 3-1）的保护下使用，即成为初、中、高三级过滤的末级过滤器。

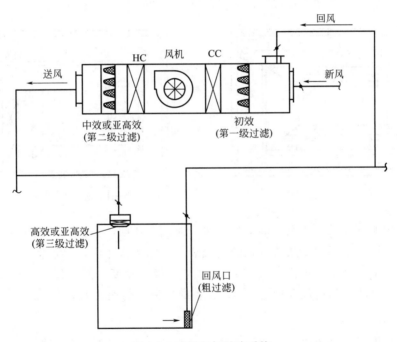

图 3-1　三级空气过滤系统

2. 气流组织与换气

为了达到特定目的而在室内造成一定的空气流动状态与分布，通常叫作气流组织。目前采用的主要气流组织有乱流、层流（单向或平行流）和矢流三种方式。

乱流（图 3-2）采用上送下回的形式，使气流自上而下，与尘粒重力方向一致。乱流不可避免地存在室内涡流，因而室内洁净度不可能很高，可达到 1 万级至 30 万级。但乱流方式洁净室构造简单，施工方便，投资和运行费用较小，因而医药生产上大多数洁净室都采用此种方式。

层流是指流线平行、流向单一，具有一定的、均匀的断面速度的气流组织方式。送入房间的气流充满整个洁净室断面，像活塞作用一样把室内随时产生的灰尘压至下风侧，再把灰

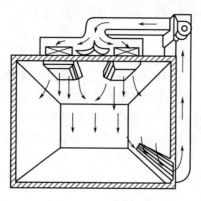

图 3-2 乱流

尘排至室外。按气流方向层流方式又可分为垂直层流（图3-3）和水平层流（图3-4）。采用的高效过滤器送风，可达到 A 级的洁净度。

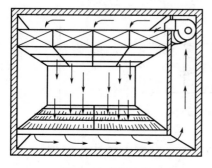

图 3-3 垂直层流

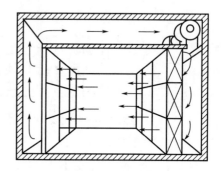

图 3-4 水平层流

矢流是采用弧形送风口送风，侧上角送风，对侧下角回风。它的净化功能不同于乱流方式的掺混稀释作用，也不同于层流方式的均流线平行的活塞作用，而是靠流线不交叉的气流的推动作用，将室内污染物排出。矢流方式可达 A 级洁净度，但其弧形送风口面积只为层流方式满布高效过滤器的送风面积的 1/3，设备的投资和能耗大大减少。

3. 压差控制

为了防止外界污染物随空气从围护结构的门窗或者其他缝隙（如灯框、吊顶处风口）渗入洁净室内，以及防止当门开启后空气从低洁净区流向高洁净区，洁净室必须维持一定的正压。洁净区与非洁净区之间，不同级别的洁净区之间压差应当不低于 10Pa。必要时，相同级别的不同功能区域（操作间）之间也应当保持适当的压差梯度。如某 C 级洁净室相对于 D 级的邻室来说，其正压值应大于 10Pa，相对于室外及吊顶来说，其正压值亦应大于 10Pa。室外脏空气往往通过吊顶处风口及灯框处的缝隙流入室内而引起洁净室染菌。一般的换气次数要求为 15 次/h 以上。

例如表 3-9 所示，某工厂洁净室当相对于邻区的压差从 5.3Pa 降至 -12.1Pa 时，尽管把换气次数从 17 次/h 增至 41 次/h，而室内含尘浓度仍然从 116 粒/L 增加至 891 粒/L。

有时因为需要的压差太大，不容易办到，就要加以辅助措施，如设置缓冲室、气闸室、气幕室和空气吹淋室。

表 3-9 洁净室内压力变化对洁净度的影响

室内相对于邻区 的压力/Pa(mmH$_2$O)	换气次数 /(次/小时)	含尘(≥0.5μm) 浓度/(粒/升)	测定条件
−12.1(−1.24)	41	891	3 台洁净台运转,有 4 人
5.3(0.54)	17	116	坐在室内工作

如图 3-5 是注射剂压力梯度的设置以防止微粒和微生物的进入。

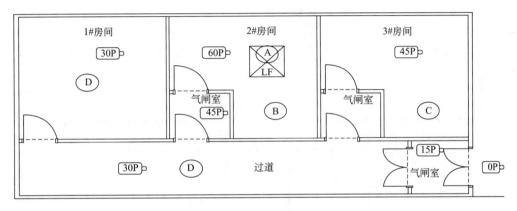

图 3-5 注射剂压力梯度分布

（房门开启方向与压差有关）

议一议

• 洁净室的正压怎样来获得？

• 压差过大或过小会出现什么问题？

• 怎样才能知道洁净室压差有没有达到要求？

• 对青霉素类等高致敏性药品的分装室、产尘量大的操作区域，相对于同一空气洁净度级别的邻室，还应保持正压吗？为什么？

• 生产 β-内酰胺结构类药品、性激素类避孕药、某些激素类、细胞毒性类、高活性化学药品，在设施、设备方面应该注意些什么？

• 除了压差控制之外，上述情况下还应注意什么（如粉尘控制、排风、进风方面）？

• 取样区的空气洁净度级别有什么要求？

空气净化技术问题讨论结果

1.

2.

3.

…

药品的污染来源是多方面的，如环境空气；原辅料、药液的处理；包装容器本身的质量问题和清洗情况；设备不适应净化室的要求；操作人员没有严格执行标准的清洁卫生操作规程等。所以，空气洁净技术是一项综合性措施，设置净化空调系统和洁净室绝不是提高药品质量的唯一途径。还可以从人员卫生、生产区、仓储区、质量控制区、辅助区等方面总结洁净的措施。

4. 洁净室的检测

① 为确保洁净室的净化环境，需对洁净室定期进行温度、湿度、风量与风速、空气压力、尘埃粒子数、菌落数的检测。

② 发现如下情况时高效空气过滤器应予更换：气流速度降到最低限度，即使更换初效过滤器仍不能增大时；高效空气过滤器风量为原风量的70%时；高效空气过滤器出现无法修补的渗漏时。

> **议一议**
>
> 根据所学知识，议一议图3-6洁净车间是否设计合理，为什么？并试着设计各车间的压力梯度。

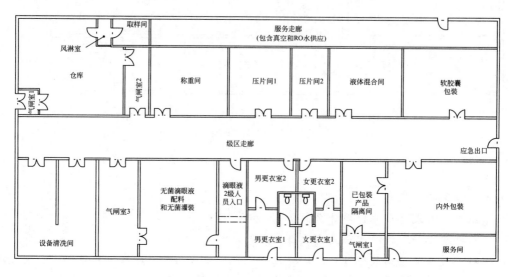

图3-6 洁净车间分布

> **知识拓展**
>
> **剂型生产对空气净化系统的要求**
>
> 空气洁净技术是创造药品生产的良好环境的主要技术，但它需要综合的措施来管理与维护。重要的是人员的培训，应使生产人员及管理人员了解空气洁净技术在主要剂型药品生产中的具体应用，认识主要剂型药品生产对空气净化系统的要求。
>
> 1. 固体制剂对空气净化系统的要求
>
> 以片剂生产为例。片剂生产的空调净化系统除要满足厂房的净化要求和温湿度的要求外，重要的是对生产区的粉尘进行有效的控制，防止粉尘通过空气系统发生混药或交叉污染。
>
> 交叉污染发生的最大原因在于称量、混合、整粒、压片、包衣等工序。对于有强毒性、刺激性、过敏性的粉尘，粉尘扩散更是一个严重的问题。控制粉尘的目的在于防止对原辅料、中间体和成品的交叉污染，对生产人员的防护，以及防止粉尘从生产区逸出

污染环境。

为了减少粉尘扩散，除了在工艺上要减少手工操作和暴露操作，尽量使用真空输送物料和就地清洗外，对空气净化系统要求做到：

① 在产尘点和产尘区设隔离罩和除尘设备，除尘措施重点设在发尘源附近，并应制订除尘方案及规程；

② 控制室内压力，产生粉尘的房间应保持相对负压；

③ 合理的气流组织；

④ 对多品种换批生产的片剂车间，产生粉尘量大的房间，若没有净化措施则不宜采用循环风。

2. 最终不可灭菌的无菌产品生产对空气净化系统的要求

以粉针剂生产为例。由于粉针剂的最终产品不进行灭菌处理，《中国药典》要求其无菌保证值（即微生物存活概率）为 10^{-3}，因此对最终不可灭菌的无菌药品的生产的主要工序都必须处于高级别的空气洁净度的保护之下，即瓶子灭菌、冷却、分装、加盖等产品敞口工序均需处在 B 级以下的 A 级洁净室（区）中进行；主要生产工序应当有适宜的温度、湿度，确保生产的产品质量不会受到影响。仅仅厂房空间保持高级别的空气洁净度是不够的，粉针剂的生产设备也必须有净化空气的保护（图 3-7）。

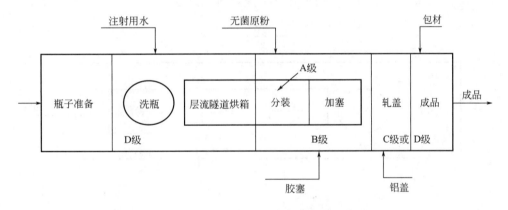

图 3-7　粉针剂生产空气洁净度级别示意图

粉针剂生产对空气净化系统要求做到：

① 必须分清相同空气洁净度级别下的无菌室与无尘室；

② 必须考虑工艺排风（如隧道烘箱）与空调净化系统的风量平衡。特别是当工艺排风停止运行时引起的无菌室风量失调或空气倒灌；

③ 无菌室生产时空调净化系统最好能 24h 连续运行，至少应设值班风机或变频风机，以维持无菌室的正压；

④ 不同房间的回风口不能共用一根回风主管，以免空调停止时引起空气倒灌；

⑤ 必须考虑无菌室消毒后的换气，并防止消毒剂气体对其他系统或房间的影响。

3. 最终灭菌药品生产对空气净化系统的要求

以大容量（≥50mL）注射剂生产为例。大容量注射剂通称为大输液，其生产工艺主要包括：送瓶、洗瓶、灌装、配液、薄膜、胶塞、铝盖处理、轧盖、灭菌、灯检、包装等。其灌装工序要求A级，稀配、滤过为C级，浓配为D级。

制药行业在近几年对大输液生产过程中如何提高产品质量，在经过调查、研究的基础上，提出了以下的认识：

① 空气环境中的微粒对瓶装大输液的污染的影响是有限的，但不是对澄明度影响的主要因素；

② 瓶装大输液中所存在的颗粒物，是在产品灭菌后由胶塞（特别是天然橡胶胶塞）、涤纶薄膜和瓶子（玻璃瓶或塑料瓶）上剥落下来的；

③ 对最终要灭菌的大输液产品，关键在灭菌，灭菌要完全彻底，要通过验证；

④ 注射用水的生产及管理不容忽视。

综上所述，大输液生产车间的洁净重点应放在直接与药品接触的开口部位，放在产品暴露于室内空气的生产线，如洗瓶、瓶子输送等部位，而不是单纯追求整个车间的高标准。

各工序应当有适宜的温度、湿度，确保生产的产品质量不会受到影响。

大输液生产工艺净化设备主要有：

① 洗瓶、烘瓶联动机上的空气净化装置；

② 灌装机上的空气净化装置。

图3-8为大容量注射剂生产的空气洁净度级别示意图。

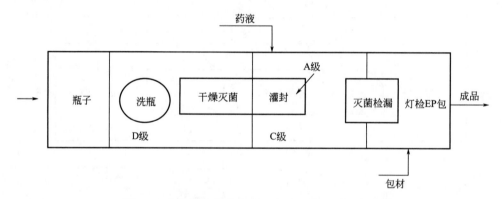

图3-8 大容量注射剂生产空气洁净度级别示意图

大容量注射剂生产对空气净化系统的要求基本上同粉针剂的生产要求，同时还需注意无菌生产的A/B级洁净区内禁止设置水池和地漏。在其他洁净区内，水池地漏应当有适当的设计、布局和维护，并安装易于清洁且带有空气阻断功能的装置以防倒灌，与外部排水系统的连接方式应当能够防止微生物的侵入。

任务三

明晰人员、物料进入洁净区的要求

任务目标
按要求进出洁净区
正确穿戴洁净工作服
正确进行工作前洗手、消毒
知晓物料进出洁净区的要求和方法

活动1　资料分析

想一想

洁净室内的发尘量，来自建筑表面的很少，一般占10%以下（经空气净化）；发尘主要来自人，约占90%左右。人自然活动时，每分钟大约能产生千百万个微粒（大于0.3μm），大部分粒子是皮屑，其大小为10～300μm。见表3-10。

表3-10　人体所散发的粒子数

状态	散发粒子数/(万个/分钟)	状态	散发粒子数/(万个/分钟)
站	10	走	500～1000
坐	50	爬楼梯	1000
站起、坐下	100～250	运动	1500～3000

已证实，300μm的微粒可以通过18G的静脉针进入循环系统。毛细血管最细处只有7μm，悬浮于血液中的红细胞直径为8.4μm，可以变形通过；但大于7μm的微粒可能会堵塞血管，产生严重的危害。小动脉的阻塞可抑制氧化代谢或其他代谢活动，导致细胞损伤和器官坏死。如果存在旁路循环，这种阻塞可能不致产生明显的生物学效应，而具有生物活性的微粒会引起热原反应，产生肉芽肿（瘤生成反应）、抗原性或其他过敏反应。堵塞部位易发生在脑、肺、肾、肝或眼部，因为这些部位分布有丰富的最细小的毛细血管。

浮游菌可以通过附着在空气中的尘埃微粒上随尘粒降落而污染药品。其实，人体各部分都生长着各类微生物，在人体皮肤的表面，正常的细菌和真菌的个数是100～1000个/cm²。

在这个数量范围内，它们不会危害人类健康，也不会产生异味问题。但是当环境温度较高时，细菌和真菌会迅速地繁殖，即1、2、4、8、16、32、64……通常每20min繁殖一次，因此8h之内，一个细菌就能繁殖160万个后代。

据测试，人员手臂、头轻微动作，每分钟可产生0.3～1μm的微粒50万个。穿白大衣式工作服，人的发尘量为穿普通工作服时的24%，而穿上下连套的整体式工作服发尘量只有穿普通工作服的3%。

洁净室内当工作人员穿无菌服时，静止时的发菌量一般为10～300个/(min·人)，躯体一般活动时的发菌量为150～1000个/(min·人)，快步行走时的发菌量为900～2500个/(min·人)。咳嗽一次的发菌量一般为70～700个/(min·人)，喷嚏一次的发菌量一般为4000～60 000个/(min·人)。

议一议

请同学们根据下表进行分组讨论，填表3-11。

表3-11 讨论总结表

分析主题	分析结果
1. 你对资料有什么感受？	
2. 进入生产车间之前，我们应该做些什么工作？	
3. 进入生产车间之后，我们应该注意些什么？	
4. 洁净室操作人员数量要求多少？	
5. 洁净室操作人员能否吸烟、饮食？	
6. 洁净室操作人员个人卫生要求如何？	
7. 洁净区内人员挠头、奔跑会有什么影响？	
8. 生产记录用什么笔？	
9. 员工身体不适怎么办？	
10. 参观人员和未经培训的人员进入怎么办？	
11. 操作人员可否直接接触药品及与药品直接接触的材料和设备表面？	
12. 物料不慎洒落怎么办？	

活动2　人员进入洁净区的要求

通过对阅读资料的分析研讨即可知道，不管你如何注意个人的清洁卫生，人体总是不停地向周围环境散发污染粒子。所以人员进入无菌区之前，必须更换洁净服并吹淋、洗澡、消毒。这些措施就是"人身净化"，简称"人净"。

一般的"人净"程序：人→门厅→更鞋（1）→更衣（1）→更鞋（2）→更衣（2）→风淋（气闸）→控制区。

对人本身而言，既不能灭菌、除菌，也不能消毒，以致成为污染无菌环境的主要因素。无菌的衣服、鞋套、手套、帽子、口罩以及眼镜对所有要进入无菌区的人来说是绝对必需的。由于无菌服饰可能是控制微生物污染的最好办法，所以，我们必须掌握穿戴无菌服饰的正确办法。

1. 观看多媒体课件:"人净"流程

人净更衣的标准操作程序（SOP）必须完备并在任何时候都应坚持。更衣程序可因各单位的具体情况而定。例如：

① 把需穿着的无菌服置于长凳上。

② 一只脚先套上鞋套，把腿横过长凳，在此之前必须确保鞋套未触及第一间洁净级别较低的地面。另一只脚重复此动作。

③ 先戴头罩然后穿衣，从上往下逐次穿，必须注意不能将衣服的任何部分触及地面。拉紧拉链，齐整衣服，裤脚应覆盖鞋套，袖套须覆盖整个手臂直至手腕，头罩要小心地塞进颈部。

④ 用口罩遮蔽鼻、口，并缚紧。

⑤ 在全身镜前检查着装，检查在无菌衣上是否有开口处，按要求作最后整理。

⑥ 最后戴上无菌手套，手套上部紧缚住袖口。

不同空气洁净度级别使用的工作服应分别清洗、整理，必要时消毒或灭菌，工作服洗涤、灭菌时不应带入附加的颗粒物质，应制定工作服清洗周期。工作服的选材、式样及穿戴方式应与生产操作和空气洁净度等级要求相一致，并不得混用。不同洁净度级别的操作区的操作人员所穿工作服应在颜色、材料方面有所区别，且不得相互随意走动。

如某制药企业的工作服标准要求如表 3-12 所示。

表 3-12 不同洁净区工作服颜色及处理方法

区域	衣、裤、帽	鞋	手套	处理方法
控制区	白色	白色	白色	清洗、烘干、消毒
一般区	蓝色	蓝色	无需手套	清洁

GMP（2010 年版）各洁净区的着装要求规定如下。

D 级洁净区：应当将头发、胡须等相关部位遮盖。应当穿合适的工作服和鞋子或鞋套。应当采取适当措施，以避免带入洁净区外的污染物。

C 级洁净区：应当将头发、胡须等相关部位遮盖，应当戴口罩。应当穿手腕处可收紧的连体服或衣裤分开的工作服，并穿适当的鞋子或鞋套。工作服应当不脱落纤维或微粒。

A/B 级洁净区：应当用头罩将所有头发以及胡须等相关部位全部遮盖，头罩应当塞进衣领内，应当戴口罩以防散发飞沫，必要时戴防护目镜。应当戴经灭菌且无颗粒物（如滑石粉）散发的橡胶或塑料手套，穿经灭菌或消毒的脚套，裤腿应当塞进脚套内，袖口应当塞进手套内。工作服应为灭菌的连体工作服，不脱落纤维或微粒，并能滞留身体散发的微粒。

个人外衣不得带入通向 B 级或 C 级洁净区的更衣室。每位员工每次进入 A/B 级洁净区，应当更换无菌工作服。

在系统设计上，人净用房的二次更衣室由于是换穿洁净服的所在，应予送风，并对入口侧一次更衣室等其他房间保持正压，此时，一次更衣室也可少许送风，对厕所、淋浴室则应排风，保持负压。如果仅有一次更衣室，则可以少许送风，对入口方向保持正压，或作为洁净区向外排风的中间站，保持零压。

2."人净"程序

(1) 进入非无菌洁净室（区）的生产人员净化程序 一般地说，非无菌药品生产的人员净化用室，其人身净化程序可如图 3-9 所示。

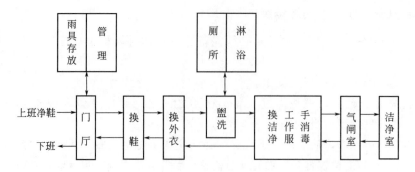

图 3-9　进入非无菌洁净室（区）的生产人员人身净化程序

1. 进入不同空气洁净度等级的非无菌洁净室（区）的人员净化设施应分别设置，淋浴可视情况设置。2. 对进入 D 级洁净室（区）的人员，已在工厂更衣的，可将外衣与换洁净工作服安排在同一房间内进行。3. 手消毒也可设在气闸室内。4. 更衣室按气闸室要求设计时，气闸室可取消

（2）进入无菌洁净室（区）的人身净化程序　如图 3-10 所示。对无菌洁净室内操作人员应经常进行无菌操作的培训，强化无菌观念和 GMP 意识；特别对于洗手与手消毒的程序，更换无菌洁净工作服的程序，更要注重其效果。

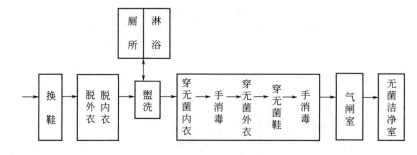

图 3-10　进入无菌洁净室（区）的生产人员净化程序

1. 盥洗的重点为洗手、洗脸，包括洗手腕；淋浴可视情况设置。2. 线框内的程序可在同一房间内进行。3. 最后一次手消毒也可设在气闸室内。4. 更衣室按气闸室要求设计时，气闸室可取消

活动 3　操作前洗手

提起洗手，大家都会不约而同地说："这简单，我会。"可我们真正洗干净了没有呢？我们都在什么情况下洗手，为什么洗手呢？

1. 怎样洗手

在下列情况之一时，必须进行洗手：

工作前、饭前与饭后、便后、吸烟后、喝茶后、脏污时。

那我们应该怎样洗手呢？

一般的洗手方法是不适用于药品生产的。多数人都认为自己是会洗手的，但实际上有时看上去干净的手，其实并不真正干净，下面是洗手的方法，也适用于手腕和前臂的洗涤。

第一步：卷起袖管，摘下戒指、手表或手镯等饰品。

第二步：润湿双手，使用适量液体肥皂或洗涤剂。

第三步：双手揉擦，直至产生很多泡沫，清洁每一手指和手指之间。

第四步：除去手掌心中的油脂，剔除指甲污秽（必要时刷子刷指甲），将泡沫擦至手腕。

第五步：用大量流动温水冲净泡沫上所附着的所有污垢、皮屑和细菌。

第六步：仔细检查手的各部分（手背、指甲、手掌），并对可能遗留的污渍重新洗涤。

第七步：将手彻底干燥。

2. 洗手注意事项

① 洗手时要仔细检查每只手的手心、手背，视其是否有划痕、抓痕、溃疡或感染等。如有，应立即报告工段长。因为这些部位的细菌繁殖十分迅速，可以成为使工作区域受污染的主要原因。

② 在药品生产车间，人员在进入各种不同卫生级区前，应使用液体肥皂或洗涤剂，而不能使用固体肥皂。这是因为固体肥皂很容易传播污染，已为含菌量的检测所证实。即使液体肥皂也应做含菌量的检测，不符合要求的不能使用。

液体肥皂或洗涤剂应置于洗手池上方专用的装置里。

③ 洗手要适度，即控制好洗手的时间。有研究表明，在洗手 10min 以后，细菌明显减少；但继续洗至 15min 以上时，细菌反而又多了起来。原来埋藏在深部的细菌被暴露出来了。这是因为大部分微生物是生活在角质层的最表层和毛囊上的，据电镜照片显示，皮肤的细菌大部分聚集在毛囊管内，因此至少有 20% 的微生物是消毒措施所无法达到的，由于有这个"贮存库"的存在，当皮肤表面的细菌因人工措施被消除掉以后，很快又会重新建立起来。

④ 应使用流动的温热水和感应式的干风机。

知识拓展

养成良好的个人卫生习惯

药品生产人员要养成定期洗澡、勤理发、勤刮胡子的良好的个人卫生习惯。人体卫生除了手的卫生外，还要注意口腔、鼻腔、头发、胡子的卫生。因为从人体污染源来看，引起污染药品的因素很多，其中以手、口腔、鼻腔、头发等关系最大。人的口腔黏膜和鼻腔黏膜存在大量的细菌，当人们讲话、咳嗽和打喷嚏时均能散发大量细菌和排泄物。为了防止药品生产过程中由于口腔和鼻腔散发的污染造成药品细菌污染，所以生产过程中必须戴口罩或防静电的口罩。保持头发的整洁能够减少对药品的污染。留胡子是一种很不卫生的习惯，因为胡子有很强的吸附性，带有灰尘和细菌，能增加污染的危险性。勤理发、勤刮胡子、勤洗澡的良好卫生习惯是制药企业规范化、科学化的要求；按照人净程序，无菌工作区、穿戴防护工作服、头罩能包盖全部头发胡须，也是 GMP 与标准操作规程的主要内容。

在洁净室要有自我约束的概念，特别是无菌区的操作人员应受的自我约束就更多。例如，操作人员若戴着无菌手套，就不要破坏它的无菌状态。因此开门时应用肘而不是使用抓门把手的方法；不要用手碰口罩或帽子；不要拾地上的东西；开始工作前和碰了未消毒的东西后均要以消毒剂擦洗手套。此外，每次休息或手套碰破、脏污时要更换手套。同样，口罩在休息时或间隔一定时间就要更换一次。

无菌室的操作人员如确有必要上厕所时，应按规定的程序，脱去无菌服、换鞋。上完厕所后，则应彻底洗手，然后按穿衣方法穿无菌服，戴新口罩和新手套。

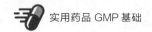

3. 车间卫生管理规程样例

文件号：WS-SMP-03				
起草	部门：	审核	部门：	
	起草人：		审核人：	
批准	部门：	版次	第 2 版	
	批准人：	生效日期	年 月 日	
修订原因	企业更名			

1 目的 本规程描述了生产车间内卫生的管理规定，为车间内的生产提供一个合格的卫生环境。

2 适用范围 本 SMP 对××××业有限公司有效，本 SMP 所说"车间"指本公司各生产车间内部的所有区域。

3 责任 各车间的全体员工有责任执行和实施本规程，车间主管检查这些规定的实施情况，质管部有监督责任。

4 规程内容

4.1 个人卫生

4.1.1 药品生产人员应有健康档案，直接接触药品的生产人员每年至少体检一次。

4.1.2 传染病、皮肤病患者和体表有伤口者不得从事直接接触药品的生产操作。

4.1.3 一般生产区人员不得涂指甲油和使用其他可能散发粒子的化妆品。洁净区人员不得化妆和佩戴饰物，局部百级洁净室内操作人员不得裸手直接接触药品，不可避免时手部应及时消毒。

4.1.4 保持双手的卫生，经常修剪指甲，不应有可见的创口。如有创口应用创可贴覆盖住创口或感染处，进入洁净区的人员穿洁净服后应用消毒液消毒手。

4.1.5 进入生产区人员应按规定洗手、更衣，戴帽不得露头发，工作衣、帽、鞋不得穿离本区域。

4.1.6 进入生产区的人员不能大声喧哗、奔跑、跳跃。

4.1.7 生产区不得存放非生产物品和个人杂物。

4.2 环境卫生

4.2.1 车间环境卫生实行分责任区管理，各工序负责本区内的卫生，公共区域由本区域内各工序轮流负责。

4.2.2 各区清洁卫生工作的具体执行按照本区相应的厂房清洁操作规程进行。

4.3 设备卫生

4.3.1 不同区域的设备的清洁、灭菌或消毒按照本区域相应的操作规程进行。

4.3.2 已清洁的设备应挂上状态标志。

4.4 工艺卫生

4.4.1 物料的进入应按"物料进入车间管理规程"执行。

4.4.2 废料的处理应按"生产区、仓储区的废物管理规程"执行。

4.4.3 不同区域的容器具应按各自的清洁、消毒或灭菌操作规程执行。

4.4.4 纯化水、注射用水的制备贮存、分配使用，应严格按照本岗位的"操作规程"执行。

4.4.5 洁净区域的空调系统应连续运作并保持室内正压，防止结露。

4.4.6 QA人员定期对洁净区域的洁净度进行监测。

5 培训　车间全体人员应接受本规程的培训。

活动 4　物料进入洁净区的要求

物料包括生产药品的原辅料及包装材料，物料经检验合格后才能使用。物料进入洁净区必须经过一定的净化程序，简称"物净"，包括脱包、传递和传输。

1. 一般的物净程序

物品→前处理→消毒→控制区。

(1) 非无菌药品生产物料进出 D 级生产区程序　见图 3-11 及图 3-12。

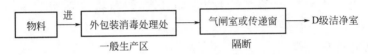

图 3-11　非无菌药品进入 D 级洁净区程序

图 3-12　非无菌药品生产物料出 D 级洁净室程序

(2) 不可灭菌药品生产物料　不可灭菌药品生产物料从一般生产区进出 C 级洁净室，除满足上述要求外，还应设置供物料消毒或灭菌用的消毒灭菌室和消毒灭菌设施。其程序见图 3-13 及图 3-14。

图 3-13　不可灭菌生产用物料进入 C 级洁净室程序

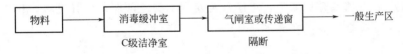

图 3-14　不可灭菌药品生产用物料从 C 级洁净室到一般生产区程序

药品生产企业物料路线与人员路线应尽最大可能分开，物料进入洁净室应先粗净化处理，对生产作业流水性不强的场合，在物料路线中间可设中间库，代替环形走廊。

一般物净有三类：一类为能脱掉外包装的物料，如空心胶囊，物净时将外纸箱去除，并清洁内包装；一类为不能脱掉外包装的物料，如药用淀粉，若强行除去外侧塑料编织袋，则有可能造成内层塑料袋破损，可直接清洁外包装，通常用沾有适量消毒剂的抹布擦拭外表面即可；还有一类为一次性带入的物料，如书写用具，应直接清洁外包装。

在系统设计上，物净用房的粗净化和精净化阶段由于会吹落很多微粒，所以只设排风，或既有净化送风、消毒措施，又有排风，但都应对洁净区保持负压或零压；如果污染危险性大，则有的对入口方向也应保持负压。

物料净化用室的设置，应符合以下要求：

① 洁净厂房应设置供进入洁净室（区）的原辅料、包装材料等清洁用的原辅料外包装清洁室、包装材料清洁室。

② 对进入非最终灭菌的无菌药品生产区的原辅料、包装材料和其他物品，除满足上述要求外，还应设置供物料消毒或灭菌用的消毒灭菌室和消毒灭菌设施。

③ 物料清洁室或灭菌室与清洁室（区）之间应设置气闸室或传递窗（柜），用于传递清洁或灭菌后的原辅料、包装材料和其他物品。

④ 传递窗（柜）两边的传递门，应有防止同时被打开的措施，密封性好并易于清洁。传递窗（柜）的尺寸与结构应满足传递物品的大小和重量所需。传递至无菌洁净室的传递窗（柜）宜设置净化设施或其他防污染设施。

⑤ 用于生产过程中产生的废弃物的出口不宜与物料进口合用一个气闸室或传递窗（柜），宜单独设置专用传递设施。

2. 无菌区物料送入方式

对进入无菌区的物料，先是清洁处理，然后按一次通过方式，边灭菌边送入无菌室内。概括起来有下列几种送入方式。

① 安瓿等在生产流水线上经过洗涤和灭菌后，用传递带通过洁净区隔墙上开的孔洞连续送入无菌室。这时增加室内正压或同时在孔洞上方设置气幕，以防止尘埃进入，也可在入口设置紫外线灯灭菌。

② 使用双扇灭菌柜传递物料。灭菌柜安装在贯通无菌室的墙壁，一端开门于一般生产区，另一端开门于无菌室。既可以将物料从一般生产区装入，经灭菌后从另一端无菌室开门取出；也可以从无菌室灌装的成品经灭菌后从一般生产区取出（当然后者已是另一种概念了）。

③ 将物品先放进传递室或传递窗，经过灭菌灯照射、喷消毒液或擦拭后搬进无菌室。传递室或传递窗一般为二道门式结构，洁净室与室外不直接接触。大型物品或设备进出频繁时，可以设置高效过滤器的空气幕；对生物洁净室，可设紫外线灯。

> **想一想**
>
> 如果洁净区内机器有故障了，维修人员想带工具进入时该怎样进入，你能想出解决办法吗？维修时及维修后还需要注意什么？

> **知识拓展**
>
> **人员或物料的净化设施**
>
> A. 空气吹淋室
>
> 空气吹淋室又称风淋室，是强制吹除工作人员及其衣服上附着尘粒的设备。风淋室按结构可分为小室式和通道式两种。小室式只允许单人吹淋，因此通过能力受限；而通道式允许连续单人吹淋，因此通过能力较大。前者效果较好，后者适用于工作人员较多

的场合。目前多数单位采用小室式吹淋室。

B. 气闸室

气闸室是为保持洁净区的空气洁净度和正压控制而设置的缓冲室，也是人员（或物料）进出洁净室时控制污染空气进入洁净室的隔离室。一般可采用无空气幕的气闸室，当洁净度要求高时，也可采用有洁净空气幕的气闸室。空气幕是在洁净室入口处顶板设置有中、高效过滤器，并通过条缝向下喷射气流，形成遮挡污染的气幕。

C. 空气锁或空气锁室

空气锁是在气闸室或缓冲间的基础上发展起来的，设置于两个或数个房间之间（如不同洁净度级别的房间之间）的具有两扇或多扇门的隔离空间。气锁间是在人员或物品通过时，为在相邻区域之间保持空气压差和定向气流而建立的重要隔离屏障缓冲设施。特别是洁净室（区）或非洁净室（区）之间必须设置这种缓冲设施。空气锁不仅要将空气洁净度等级不同的区域分开，还要分隔封闭区和非封闭区，同时起着"传递口"和更衣区的作用。

空气锁在实际应用中可根据洁净区的特殊性质和要求加装磁卡锁、密码输入、指纹识别等密码识别装置。空气锁同时可兼作更衣室，根据洁净度级别不同，可在其中进行洗手、更衣、换鞋和其他清洁消毒程序。

D. 传递窗

传递窗是在洁净室内外或洁净室之间传递物件时暂起隔断气流贯穿作用的装置，以防止污染随着物件的传递而传播。可有四种形式。

a. 机械式　机械式传递窗有内外两道窗子，其间用机械联锁，即当一边打开时，另一边窗子即被"锁住"而不能被打开，此时人可把物件放进窗体中间，再关上窗子"锁住"，此时另一边的窗子的自锁开关方能解脱，方可被打开，取出物件。

b. 气闸式　和机械式相比，气闸式传递窗体中间还有洁净气流通过，即这种传递窗中要有风机和高效过滤器，开窗前先启动风机，使洁净气流循环通过，这比机械式更安全。

c. 灭菌式　对于无菌室，传递中的物件可能带菌，所以在窗体内安有紫外灯，开窗放入物件后，关窗并开紫外灯消毒，照射若干分钟后再开窗取出。

d. 封闭可取式　操作程序是：先在一般室内的洁净工作台内把物件放入洁净盒中关好，拿进封闭可取式传递窗，放在其开关装置上，按电钮后开关装置自行把洁净盒底板打开，落下物件，再被取入洁净室。

传递窗的作用与空气锁相似，一般在操作面积较小的厂房中使用。若厂房面积足够大，完全可以用空气锁来代替。国外及合资药厂极少使用传递窗。

附：物料进出一般生产区清洁规程样例

××××制药有限公司

文件编号	SOP SC0015	文件名称	物料进出一般生产区清洁规程	序页/总页	1/1
制订人		审核人		批准人	
制订日期	年　月　日	审核日期	年　月　日	批准日期	年　月　日
发布日期	年　月　日	生效日期	年　月　日	版本号	00
颁发部门	生产部	分发部门	仓库、生产车间、质量部		

1　目的　为保持生产区的清洁卫生，制订物料进出一般生产区规程。
2　范围　适用于仓储、生产车间对物料的清洁。
3　职责　仓库保管员、车间领料员、操作工对本标准实施负责。
4　程序
4.1　按物流通道进出物料。
4.2　仓库：存放物料外包装应保持清洁整齐完好，码放在指定区域。
4.3　车间不允许堆积多余物料，车间领料员按"批生产指令"领取物料，并摆放整齐。
4.4　凡进入操作室的物料一般情况下在指定区域脱去外包装，然后进入操作室。
4.5　不能脱去外包装的特殊物料，操作者应用清洁抹布将灰尘擦净，然后进入操作室，避免把灰尘带入车间。
4.6　物料、包装成品、废弃物退出一般生产区，均应按物料通道搬运。

任务四

生产操作前的清场

任务目标
- 感受清场不彻底的危害
- 正确检查有无生产遗留物
- 正确确认是否清场合格

活动 1　案例分析

案例 3-6

在国内医学专家眼里，甲氨蝶呤是一种"经典"的抗肿瘤药物，疗效确切，但毒副作用较大，曾因此一度停产。后来由于市场需求，又恢复了生产。在白血病的临床治疗中，几乎每个患者都会被注射甲氨蝶呤。上海××制药厂是国内该药品的主要生产厂商，产品销往全国各地。

上海××制药厂在生产鞘内注射用甲氨蝶呤和阿糖胞苷药物的过程中，现场操作人员将硫酸长春新碱尾液混于注射用甲氨蝶呤及盐酸阿糖胞苷等批号药品中，导致了多个批次的药品被硫酸长春新碱污染，造成重大的药品生产质量责任事故。受污染的抗癌药摧残了上百位患者的身体，造成患者下肢神经系统和行走功能严重损害。

受害者之一：双腿瘫痪变形。

受害者之二：大小便失禁，下肢肌肉萎缩，脚掌变形内弯。

国家食品药品监督管理局 2007 年 12 月 13 日宣布，上海××制药厂因造成重大药品生产质量责任事故被依法吊销《药品生产许可证》，没收违法所得，并给予《药品管理法》规定的最高处罚。企业相关责任人已被公安部门依法追究刑事责任。

案例 3-7

某药厂生产安坦片剂后，剩下 15.83kg 原料，既没有按规定交回仓库，也没有贴标签，与同为白色结晶性粉末、外包装一致的丙谷胺原料混放在车间。一年后生产丙谷胺片时，保管人员将安坦原料当作丙谷胺原料发出配料，使生产的丙谷胺片中混入了安坦，致使 30 多名患者服用后出现精神异常、视物模糊等中毒症状，造成直接经济损失近 7 万元。

议一议

根据案例 3-6 和案例 3-7，填写表 3-13 中所列的相关分析主题。

表 3-13 案例分析记录表

分析主题	分析结果
1. 事故形成的主要原因是什么？ 2. 你对这些事故有何感想？ 3. 能不能避免？怎样避免？	

活动 2　生产操作前清场

清场是指在操作前对生产线进行检查，以确保已把所有与生产无关的产品及材料清除出生产线。清场结束后应挂上写有"已清场"字样的指示牌。

1. 清场人员

有丰富的生产经历且经专门培训并考核合格的人员方可授权进行清场或清场检查。生产部门可授权工段长进行培训和考核，考试合格者发给清场资格证书。

清场及清场检查不得由同一人担任。

质量保证部有关人员应定期参加清场，以评价清场的有效性。实际执行中往往采用由中控人员定期与清场检查人员共同进行清场检查的形式。

2. 清场要求

不同产品或同一产品不同批次之间，均应进行清场。

清场必须有清场指令详细规定如何进行清场，并规定检查点。必要时，应用图来说明检查点的位置。对于难以检查到的地方，如生产线下面、桌子或椅子下面等，应在清场指令中特别提出。

在相应的清场指令后应附清场清单。清场清单应列出所有需检查的内容。

3. 清场内容

① 前一操作已结束且已完成清洁；

② 生产线上无产品（包括成品、半成品、样品或废品）和包装材料；

③ 没有与下一操作无关的文件。

4. 清场程序

由授权清场人员负责依据清场清单进行清场，由清场检查人员进行独立复查。清场人员及清场检查人员均需在相应的清场清单上签名。

若清场过程中发现了任何不应出现的产品或包装材料等，必须立即移走，同时书面报告生产经理或质量保证部。这些报告可为内部审计提供资料。

更换批号品种及规格前要有上一批产品的"清场合格证副本"，未取得"清场合格证副本"不得进行另一个品种或同品种不同规格或不同批号产品的生产。

清场的最高境界是在新的一批产品准备生产时，整个操作间就像全新的，当然前提条件是干净；不能有关于上批次的任何物质，主要避免在当前环节或之后的任何环节出现混药等事故。

清场分为前清场和后清场，后清场主要是对厂房、环境、设备、容器具的清场（包括对环境的灭菌）。清场有有效期的限制，如超过有效期，可能出现微生物等不合格情况（具体详见项目五）。清场结束至操作开始这段时间不可太长，如不可在下午进行清场而在第二天上午进行生产，除非清场区域上锁且非授权人无法进入。前清场是在操作前进行的，主要就是核查清场是否在有效期内，如果在有效期内，则准许生产，如果不在有效期内则需要重新清场，按后清场标准进行。前清场需要注意清洁周期。

附：药品停产期间洁净室的清洁周期，主要看停产时间的长短。

下面是某个企业的洁净厂房空调系统清场规定：

① 若周末停产，空调系统不停机。

② 若国家法定假期，1个星期（包括第7天），空调系统也不停机，上班后按照洁净区清洁及设备清洁执行后，经QA检查合格后使用。

③ 停产1周以上且1个月之内（包括第30天），对房间进行清洁，清洗新风口及过滤网，清洗初、中效过滤器等，再对房间的压差、换气次数、悬浮粒子、浮游菌、沉降菌进行检测，合格后使用。

④ 停产1个月以上（不包括第30天），按照新建厂房要求的项目进行检测验证，合格审批后投入使用，即包括新风、初、中效清洗检查及更换，高效检漏，及③中讲述的内容等。

以上是洁净厂房空调系统方面，其他如水系统、压缩空气系统等也有相应的规定要求。

活动3　　废弃物的妥善处理

案例 3-8

某药厂附近臭味很大，主要原因是药厂青霉素生产车间发酵过程中废气的高空排放，以及蛋白质培养烘干过程无全封闭的废气排放系统、污水和废渣未经过处理。调查发现，硫化氢气体超标1150倍，氨气超标20倍，均超过国家恶臭气体排放标准。废气排放严重超标，长期吸入可能导致隐性过敏，产生抗生素耐药性，还会出现头晕、头痛、恶心、呼吸道刺激以及眼睛刺激等症状。国家对发酵类制药水污染物排放极限值有明确规定，该药厂排污口色度为892，高出国家规定极限值60近15倍；排污口氨氮为85.075，高出国家规定极限值；排污口COD为1180，高出国家规定极限值120近10倍。部分废渣经过简单焚烧后会流至河流之外的区域，还有大量的废渣被直接倾倒在河沟边上。

> **想一想**
> 生产中的废弃物有哪些？如何处理？企业在做到保证药品的质量的同时，还应做到什么？填表3-14。

表3-14　生产中的废弃物讨论法

生产中的废弃物	处理方法
1.	
2.	
3.	
…	

在药品采购、生产、销售、化验等环节中有时会产生不可回收的药物、不能再循环使用的包装物、用过的试剂等，这些都构成了药品生产企业的废弃物，必须妥善处理。如果将污染的注射剂或贴标签的药品销售出去，或者印刷包装材料流入外界被人利用制造假药、劣药的话，其后果相当严重，完全有可能造成病人的死亡，或对环境产生污染。因此药品生产企业废弃物的处理是相当慎重的，有其严格的处理程序，并由质检部、保卫、仓库等有关部门共同执行。而焚烧是最好的处理办法。

(1) 药品生产企业废弃物的主要来源 不合格的原辅料、可能有某些原因不能退货的；受损或过期的原辅料；制造过程中报废的物料或中间体；包装过程中报废的成品；不可利用的即将过期或已过期的成品；质检部留样的样品；销售过程中的某些退货；验证用的物料或安慰剂；临床试验样品；促销样品；印有产品信息的印刷包装材料如标签、说明书、单盒、纸箱等；刻有字体的压片用冲头、冲模；试验室的溶剂、试剂等；工厂医务室中与人类病理有关的废弃物。

(2) 印刷包装材料废弃物的处理 药品包装材料按其是否与药物接触，可分为内包装材料及外包装材料两类；而按印刷与否可将包装材料分为印刷包装材料与非印刷包装材料两类。

由于印刷包装材料直接给用户提供了使用药品所需的信息，所以必须在管理上倍加小心，以避免混药和出销的危险。容器、标签、说明书、合格证、单盒、铝箔等，因有工厂产品的有关信息，在出售前必须加以销毁（如剪断、涂抹、撕毁等）或用碎纸机破坏。不能自行处理的应集中后交专门的焚烧站焚烧。非印刷包装材料废弃物，如纸、纸板箱、塑料、木箱等，可经过分类后由专业废品回收站收购或自行处理。

(3) 原辅料、成品、废弃物的处理 原辅料、成品、废弃物在处理前必须将包装与内容物分开，包装材料处理方法同上。内容物应送到锅炉厂或专业的垃圾处理厂进行焚烧。有些产品如膏剂，其内包装材料难以同内容物分开，则必须在销毁之后再进行焚烧。

(4) 危险废弃物的处理 危险废弃物是指处理不当会对环境或人员造成危害的物质，可能是固体、半固体、液体或者容器盛装的气体。

一种物质如具可燃性、腐蚀性、反应性、毒害性等一种或多种特性时，应视为危险废弃物。

① 从有机溶剂中产生的废物、废油/水的乳化液，使用油漆中产生的废物、放射性废弃物等。

② 化验室高压液相色谱仪中含有的可燃性溶剂，如乙醚、甲醇等。

③ "危险"产品产生的废弃物，某些产品由于它的危险性（如含乙醇而易燃烧），若废弃时也视为危险废弃物。

危险废弃物的回收必须放在安全桶内并置于避光及阴凉的地方，贴上特殊的标签注明是危险的，并妥善保管，由专人负责，在安全人员的指导、监督下送至指定的焚烧站销毁。

(5) 刻字冲头、冲模的处理 有些药片为异形片，用刻有标记的冲头、冲模压制，这些标记是某厂或某个品牌的象征，为防止假冒，保护自己的产权，冲头在磨损报废时应毁坏处理，将它切断或磨去标记。废弃物的处理应有专门的标准操作规程，在垃圾处理厂或焚烧站焚烧时，应派专人进行监护，直到全部废弃物销毁为止。质保人员应定期对垃圾处理厂和焚烧站进行审核和检查。

知识拓展

药品被污染的途径

药品被污染的途径主要有三个方面。

(1) 由微生物引起的污染　空气中所含微生物引起的药品污染是主要的原因之一，当然微生物也可能来自工艺用水、物料、设备表面及人体等方面。

(2) 由微粒引起的污染　空气中的尘粒以及来源于人体及服装、设备表面等方面的微粒是主要污染源。一般微生物都附着在无活性的微粒上面成为生物微粒。

(3) 由原料或产品被另外的物料或产品引起的污染　例如，生产设备中的残留物。其危害性随不同污染物类型而异，危害最大的是高效低剂量物质、致敏物质、细胞毒素等。对于注射用药，大剂量、长效制剂的生产，尤其应该注意这类污染的发生。

任务五

根据生产或包装指令单检查核对物料

任务目标　认识理解物料管理混乱的危害
正确检查核对物料

活动 1　案例分析

案例 3-9

【异常情况】　某药厂生产清热解毒口服液,在原料提取加工时,发现领料量与收得率相差 100kg。质量部门检验未发现混药现象。

【调查改正】　提取车间领料不足,领料现场无 QA 监控。

> 议一议
> 根据案例 3-9,填表 3-15。

表 3-15　案例分析记录表

分析主题	分析结果
1. 事故形成的主要原因是什么?	
2. 你对这些事故有何感想?	
3. 能不能避免?怎样避免?	

药品生产前物料的检查核对如下。

① 生产管理部门按照企业的生产销售情况安排生产计划,并编制批生产指令发放到生产、物料及质量等相关部门。同时,将相应的批生产记录发放至操作车间。

② 生产车间按批生产指令、生产工艺规程及岗位标准操作规程,由车间工艺技术员向各工序分别下达生产计划,各工序根据计划向仓库领取物料,领料时必须由专人根据生产核料单仔细核对来料名称、代码、规格、批号、生产厂家、数量及检验合格报告单等,并填写

领料记录。

活动 2　附表分析

想一想
请同学们思考并设计，称量配料岗位生产前检查哪些内容呢？

练一练
阅读附表 3-16，学习企业是怎样执行药品生产前的复核制度的。

表 3-16　××制药有限公司

题　　目	复核制度		编　　码	共 2 页
制　　定		审　　核		批　　准	
制定日期	2012.7.25	审核日期	2012.8.20	批准日期	2012.8.25
颁发部门		颁发数量	12 份	生效日期	2012.10.1
分发单位	办公室、总工办、生产部、质保部、仓库、销售部				

1　目的　确保药品生产过程每一步准确可信，防止差错和混药事故的发生。

2　适用范围　适用于原辅料、包装材料、成品等入库、领用、发放，各工序生产过程及其交接。

3　责任者　生产部经理、副经理、班组长、QA 监督员、车间质检员、仓库保管员。

4　复核制度

4.1　接受物料的复核内容

4.1.1　原辅料：复核外包装标签与容器内合格证或盛装单上的品名、规格、批号、数量是否相符，称量好的原辅料与指令单上原辅料的名称、规格、批号、数量是否相符。

4.1.2　包装材料：复核品名、规格、数量、包装材料上所印刷的文字内容及尺寸大小与所要包装的药品是否相符。

4.1.3　产品中间体、半成品：首先逐桶检查容器内有无盛装单，将盛装单对照生产指令复核品名、规格、批号、数量。

4.1.4　检查化验报告书，证明所接受的物料为合格品。

4.2　称量复核

4.2.1　按 4.1 复核被称量物。

4.2.2　对磅秤的规格与砝码复核确认。

4.2.3　对磅秤或天平零点的校正复核确认。

4.2.4　复核皮重、毛重、净重，剩余料的净重。

4.3　计算的复核

4.3.1　计算包括配制指令的计算，投料（用料）的计算，片（粒）重的计算，原辅料、包装材料用量的复核。

4.3.2　各岗位物料平衡的计算必须经复核确认。

4.3.3 所有的计算复核要以原始记录为依据进行复核、计算确认。

4.4 工作的复核

4.4.1 铝塑包装机、双铝包装机以及标签、合格证、大中小盒所盖批号均要复核确认。

4.4.2 对生产所使用的各类模具领用、收回均要复核。

4.4.3 各工序清场清洁卫生工作结束后，QA监督员要复核确认是否合格。

4.5 各工序的复核人由班组长指定。

4.6 责任

4.6.1 复核者所发现的错误由被复核人纠正，如已造成损失，其责任由被复核人负责。

4.6.2 由于复核者的疏忽，该发现的错误未发现而造成损失，其责任由被复核人和复核人共同承担。

任务六

检查衡器、量具的状态

任务目标
能检查衡器、量具等状态是否完好
确认衡器、器具是否在计量校验合格有效期内

活动1　衡器、量具状态完好的重要性

议一议
- 一把塑料尺，冬天和夏天测的数据一样吗？
- 卖菜的小贩经常缺斤短两，他是怎么做到的？
- 量筒受外界环境因素影响（如火烤）后，量取药液，是多了还是少了？

想一想
根据上述内容或自己的生活经验，讨论"药品生产前检查确认衡器、量具等状态完好，并在计量校验合格有效期内"的重要性。填表3-17。

表3-17　衡器、量具校验讨论记录表

陈述观点	陈述理由
1.	
2.	
3.	
…	

活动2　计量器具和测试设备的控制

生产过程中所有的物资（包括原材料、外购外协件、半成品及成品）都需要应用计量器

具和测试设备，通过检测后，才能做出合格与否的判断。因此，对在用的计量器具和测试设备必须严格控制，确保测试的示值准确、统一和可靠。重点应控制量值传递的准确与统一，抓好周期检定，确保其准确度和精密度符合测试产品的要求。

为了加强管理，计量管理部门应按检定周期规定，及时通知使用部门按时送检。检定合格的应颁发合格证，并注明有效期，检定的结果应做好记录；检定不合格的应校准和修复，直至检定合格后才能继续使用。在使用中应采取控制措施，确保正确合理使用，严格禁止在生产中使用不合格的或超期未检的计量器具和测试设备。

检验、测量和试验设备的控制目的，就是要采取有效措施，使测试仪器设备处于完好的工作状态，符合计量测试的要求，确保测试数据准确、可靠，真实地反映出被检测对象的质量特性值。

活动 3　生产前检查衡器、量具的状态

通过对以上内容的讨论和学习，我们感受到了生产前检查衡器、器具是否完好，并确认是否在计量校验合格有效期内的重要性。故在药品生产前，需要确认以下内容。

① 计量器具与称量范围是否相符，清洁是否完好，有无"计量检定合格证"，并确认是否在计量检验合格有效期之内。

② 衡器、量具使用前应进行检查、校正，对生产上测定、测试用的仪器和仪表进行必要的调试。

在使用和维护方面，计量器具和测试设备的使用部门应设立专职或兼职管理员，建立本部门使用器具和测试设备的台账，落实使用保管人，做到账物相符。使用人必须按规定要求正确使用，做好维护保养工作，始终保持检定合格证完整无损。各类计量器具必须按规定时间送交计量管理部门进行周期检定，不得超期使用。对于精密的测试仪器和仪表使用部门应指定专人负责保管，无使用操作证者不得使用。

已经损坏、过载或误操作、显示不正常、功能出现了可疑、超过了规定的检定（校准）周期、封缄的完整性已被损坏等六种情况中的任何一种，均作不合格计量设备处理。不合格计量设备应立刻停止使用，隔离存放；由不合格设备测试的物料或产品也应隔离，并重新进行检测。不合格计量设备的处置可分为以下几种情况。

① 修理前可进行调试或校准。如经调整或校准能排除故障、恢复精度的，在检定（校准）合格后可继续使用。

② 经修理能恢复计量性能的计量器均须重新检定（校准）合格后方可正式投入使用。

③ 经修理、校准后无法达到原有精度要求，可降级使用。

④ 经修理、校准后无法恢复使用要求时，需报废处理。

附样例：

××制药有限公司

题　　目	计算与称量核对制度			编　码	共 1 页
制　　定		审　　核		批　准	
制定日期	20××.7.25	审核日期	20××.8.20	批准日期	20××.8.25
颁发部门		颁发数量	15 份	生效日期	20××.10.1
分发单位	办公室、总工办、生产部、质保部、仓库				

1　目的　为了防止人为差错或衡器、仪器、仪表误差造成差错，特制定计算与称量核对制度。

2　适用范围　仓库的计算与称量、生产岗位的计算与称量。

3　责任者　工艺员、质量监督员、班组长、操作工人、仓库保管员。

4　正文

4.1　为了加强药品生产管理，防止因计算称量时出现差错而造成质量事故，必须实行计算与称量核对制度。

4.2　仓库、车间各岗位在称量物料前应对衡器、计量容器进行检查、校准、调零。

4.3　在称量物料时要有称量人和复核人，不得是同一个人办，双方签字并做好记录。

4.4　对生产时的测定工具、仪器、仪表，需要在使用前要进行必要的检查和调试。

4.5　对药品生产的关键工序实行生产指令制度，指令中所有数据均由工艺员核算制定，生产部负责人审核后下发；对一般岗位的计算与称量应由计算与称量人和复核人签字，不得一个人包办，并有记录。

4.6　对精神药品、贵重药品在领料时不仅要专人称量核对，还必须有QA监督投料，并有记录。

知识拓展

计量器具的分类与校准

计量器具根据重要性按A、B、C三个等级分类，进行严格管理和统一编号建账，安排周期检定和巡校，确保计量器具始终处于合格受控状态。A、B类都是要有资质的单位才能检定的；起参考作用的仪表可以定为C类，企业自己校准即可，所以企业可以购买校验设备校准并进行记录。

用于贸易结算、医疗卫生、环境保护、安全四个方面的仪表属于A类强检计量器具，需要定点（固定的检测单位，基本是本地的计量测试所）、定周期的单位检测，一般公司这样的仪表比较少。

而质量、工艺中明确的需要数值控制或读数的仪表可以分为B类，需要有资质的单位定周期检定，检定单位可以是任意一个有资质的单位。

如果需要自主检定B类的仪表，则需申请计量授权，药厂中一般压力表、天平、温度计这几类的仪表较多。

取得授权需要以下几点：

① 人员必须有检定资质证书（一般需要3人），检定资质证书是分类的，如压力表、天平、温度计，一般市级计量测试所可以进行培训。一般压力表、天平检定设备的价格较低；温度计需要的检定设备比较多，价格也高。

② 在软硬件、人员齐备的情况下可以向市质量技术监督管理局申请授权，经现场审核通过后即可开展自主检定。

任务七

检查确认设备、器具状态完好

任务目标　正确检查设备、器具状态
　　　　　　确认设备、器具的清洁有效期
　　　　　　处理交接班出现的问题

　**案例分析**

案例 3-10

【异常情况】　某药厂在填充某胶囊时，胶囊充填机附属吸尘器出了故障，维修人员检修后能运转便交付操作人员使用，操作人员用了一段时间发现没有吸尘效果，原来是吸尘器反转，且将一些积累在吸尘器中的其他品种的药粉吹入充填的胶囊中。

【处理结果】　设备维修人员将反转的吸尘器改正后，继续生产，未发现对产品质量的影响。

【分析改进】

① 维修人员未能正确履行维修职责，修理完后没有进行认真检查，虽然吸尘器转动，却是反转！所以说并没修好。

② 机器维修之后没有验收程序，或者说有这个程序没有执行。机器的维修哪怕只是换一个插头（本案例就是插头接线反了），也应该有严谨的验收程序。

③ 机器维修好以后，重新开机时，监控的频次和范围应相当于新开机时。

④ 每批清场时要将吸尘器清理干净。

案例 3-11

国家食品药品监督管理局于 2006 年 8 月 4 日发出紧急通知，要求各省（区、市）食品药品监督管理部门，对辖区内所有药品经营企业、医疗机构销售和使用的由安徽××制药公司生产的"欣弗"制剂采取控制措施。同时责成安徽省食品药品监管局查明该产品的产量和销售去向，要对收回情况进行监督。

据了解，发生不良反应的"欣弗"涉及 5 个批号产品，分别是 06060801、06062301、06062601、06062602 和 06041302，这些产品均为 2006 年 6 月生产。

克林霉素磷酸酯葡萄糖注射液（即"欣弗"）不良反应事件发生后，经调查发现，公司的整个注射用水管道合格证上的有效期限是 2006 年 3 月 12 日。

注射液用水要求的纯净度极高，因为它会直接通过静脉注射到患者体内。"欣弗"的重要组成部分包括克林霉素磷酸酯葡萄糖和注射用水。生产这种注射用水的设备是否合格有效，直接关系到产品的质量问题。

活动 2　生产前设备、器具的检查确认

议一议

根据案例 3-10 和案例 3-11，讨论以上事故产生的原因及解决措施，填表 3-18。

表 3-18　事故产生原因及解决措施

分析主题	原因及措施
案例 3-9	
案例 3-10	

生产前检查设备、器具状态完好，确认是否在清洁有效期内。设备是企业生产的物质技术基础和必要条件（把原料变成产品）；反映了企业现代化程度和科技水平（决定了生产效率和质量）。但是任何一台设备投入使用后都有它的寿命周期。只有精心维护保养，才能更经济合理地使用，延长使用寿命，提高经济效益。

所以设备管理部门要制定设备维护保养规程，并培训操作工和维修工，合格后持证上岗，使他们做到四懂：懂结构、懂原理、懂性能、懂用途；三会：会使用、会维护保养、会排除故障。完好设备的标准一般说来有四条。

① 设备性能良好，机械设备能稳定地满足生产工艺要求，动力设备的功能达到原设计或规定标准，控制系统、计量代仪器、仪表和润滑系统工作正常。

② 设备运转正常，零部件齐全，安全防护装置良好，磨损、腐蚀程序不能超过规定的标准，控制系统计量器、仪表和润滑系统工作正常。

③ 原材料、燃料、润滑油、功能等消耗正常，基本无跑、冒、滴、漏现象，外表清洁、整齐。

④ 按照设备清洁规程，保持设备无污染、无腐蚀、无毒。

药厂人员在使用各种设备中，应该做到以下方面。

① 严格执行岗位责任制、巡回检查制，填写记录。

② 检查轴承有关部位的温度与润滑情况。

③ 检查有关部位的压力、是否有震动和杂音。

④ 检查传动带、链条等的紧固情况和平稳度。

⑤ 检查控制计量仪表与调节器的工作情况。

⑥ 检查冷、热交换系统的情况。

⑦ 检查真空泵、压缩空气系统的运转情况。

⑧ 检查各种阀门、仪表等装置是否良好。

⑨ 检查各紧固部位及安全保护装置是否符合要求。

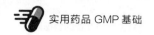

⑩ 检查各密封点有无泄漏等。

如传动设备启动前，必须认真检查紧固螺栓是否齐全牢靠，转动体上无异物，并确认能转动，检查安全装置是否完整、灵敏好用。总之，要贯彻以维护为主，检修为辅的原则。

活动 3　正确进行交接班

> **议一议**
> 表 3-19 是某公司的交接班文件，请认真阅读并讨论交接班的重要性及交接班需要注意的问题。填表 3-20。

表 3-19　××制药有限公司

题　　目	交接班管理制度		编　码	共 3 页
制　　定		审　核	批　准	
制定日期		审核日期	批准日期	
颁发部门		颁发数量	生效日期	
分发单位	办公室、总工办、仓库、生产部及各班组			

表 3-20　交接班的重要性及注意事项

交接班的重要性	交接班注意事项

1　目的　建立交接班管理制度，做到认真交接、责任清楚，防止混药、错药及安全事故的发生。

2　适用范围　适用于生产部各工序之间及上下班之间的工作交接，仓库发料岗位参照执行。

3　责任者　生产部班组长、操作工人、仓库管理员。

4　交接班管理制度

4.1　交接地点　在工作室现场进行交接，允许在其他场地进行口头交接。

4.2　交接内容

4.2.1　工作任务。

4.2.2　产品名称、批号、规格、重量、配制数量。

4.2.3　检验结果。

4.2.4　机器设备运行情况。

4.2.5　质量情况。

4.2.6　生产过程中发现异常情况及处理方法。

4.2.7　衡器使用情况。

4.2.8　清洁卫生状况。

4.2.9　其他事项。

4.3　交接方式

4.3.1　交班者交班前的准备。

4.3.1.1 做好工作室及机器设备的清洁卫生。
4.3.1.2 所有物料、工具、容器摆放整齐。
4.3.1.3 填好《交接班记录》。
4.3.2 交班者将生产指令（有关书面通知）、领发料记录、班记录及所填好的交接班记录一起给接班者审查。
4.3.3 接班者逐项检查，特别是按本制度 4.2 有关内容检查复核。
4.3.3.1 物料交接
接班者按照有关指令、交班记录、物料盛装单等逐项检查、复核，对物料要检查外观质量，发现异常及时提问。
4.3.3.2 生产设备及工具、容器、衡器交接
接班者除问清有关情况外，对设备应试运行，检查工具、容器数量、清洁卫生状况及是否有损坏，检查衡器的灵敏度及砝码等。
4.3.3.3 工人任务的交接
"指令"及书面通知原本、其他事项一律按书面形式进行，在交接记录中交班者写清楚。
4.3.4 精神药品交接时双方班长要在场并执行《特殊药品管理制度》的相关条款。
4.3.5 交班人需耐心解答接班人提出的问题；接班人所发现的问题应记录在《交接班记录》上（领发料岗位可在领发料记录中注明），以便考查。
4.3.6 交接结束后，交接双方要在交接记录上签字。
4.4 凡是开两班的工序，接班者宜提前 10min 进工作室接班。接班者未按时到达、交班者不得离开岗位，可向班组长或生产部负责人反映，由他们作出决定。
4.5 责任
4.5.1 交接时，接班人所发现的问题由交班人负责处理，所发生的事故由交班人负责。
4.5.2 接班后所发生的问题或事故由接班人负责。
操作人员必须认真把设备运行故障、隐患等情况写在交接班记录上，并与接班人交接清楚，接班人有以下权利：
① 对设备运行状况不清不接。
② 对设备故障及隐患记录不清不接。
③ 对岗位工作、器具不全的原因不清不接。
④ 对岗位工作无头无尾、器具堆放不整齐、设备及环境卫生不好不接。
⑤ 对已发生的事故原因不明，又无安全人员签字不接。
遇到上述情况者必须立即向当班车间领导反映。

活动 4　设备状态标识

议一议
　　××制药厂利用旋转式压片机生产了 111101 批产品后，做完清洁。进行 111102 批产品生产时设备发生故障，维修好后，等待清洁，清洁后又恢复生产。在此过程中，若没有明显标志，药品和设备可能发生什么样的风险？人员可能发生什么样的危险？请同学们阅读上述过程，设计车间和设备的挂牌顺序。

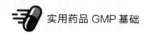

SRT-PM-209-00	SRT-PM-212-00
设备完好 准予使用	设备故障 严禁使用
设备名称_____ 设备型号_____ 设备编号_____ 房间编号_____	设备名称_____ 设备型号_____ 设备编号_____ 房间编号_____ 故障日期_____ 检修人_____ 检修日期_____
蓝字	红字
SRT-PM-210-00	SRT-PM-211-00
设备完好 正在运行	正在修理 禁止使用
设备名称_____ 设备型号_____ 设备编号_____ 房间编号_____ 操 作 者_____	设备名称_____ 设备型号_____ 设备编号_____ 修 理 人_____ 修理日期_____
绿字	黄字

活动 5　　状态标志管理程序

学一学

状态标志管理程序

1　适用范围　本标准适用于所有生产过程状态标志和设备、物料状态标志，包括 QC 的仪器、设备。

2　职责

带班长：悬挂各种生产状态标志及生产现场的设备状态标志。

设备动力科设备管理员：协同物控部定购设备状态标志牌；安装保养设备状态标志牌。

物料员、库管员：及时更换物料状态标志。

QA 现场监控员：监督各种状态标志是否正确悬挂。

3　内容

3.1　状态标志的分类

设备状态卡、计量器具状态标志、物料状态标志、清洁状态卡、生产状态卡等。

3.2　状态标志管理

3.2.1　设备状态卡管理

3.2.1.1　照《厂房、设备及计量器具编码程序》对设备进行统一编码，编码应标在各设备主体上。每一台设备设专人管理，责任到人。

3.2.1.2　每台设备都应挂有设备状态卡，设备状态卡分为以下几种。

- 维修：正在或待修理的设备；
- 备用：处于完好状态、随时等待进行生产操作的设备；
- 运行：设备正处于使用状态；
- 封存：处于闲置状态的设备。

3.2.1.3　主要管线按规定涂色，并应有介质名称、流向指示。

自来水管涂绿色，刷淡黄色色环；压缩空气管道（无缝钢管）刷淡蓝色；真空管道涂刷白色；冷却水管道刷绿色；消防管道刷红色；排污水管刷黑色；热水管刷橙色。

不锈钢管、蒸汽保温管、冷冻水保温管外壳均不涂颜色，但应刷基本识别色环，色环宽度为 50mm，再刷上与色环颜色一致的箭头符号标明流向，再用汉字符号标明管内流体名称；工艺物料管道刷黄色色环；饮用水管道刷淡绿色色环；蒸汽管道刷红色色环；压缩空气管道刷淡蓝色色环；纯化水管道刷深绿色色环；冷冻水管道刷草绿色色环；真空管道刷深蓝色色环；溶媒管道刷棕色色环；酸管道刷紫色色环；碱管道刷粉红色色环；电线套管刷红色色环。

3.2.1.4　当设备状态改变时，要及时换状态卡，以防发生使用错误。

3.2.1.5　所有设备状态卡应挂在设备醒目、不易脱落且不影响操作的部位。

3.2.1.6　各使用部门要做到计数领用。领用后的状态卡由各使用部门专人统一保管、发放使用。

3.2.1.7　各使用部门应对领用的设备状态卡妥善保管，若有损坏、遗失应及时上报设备动力科更换或重新领取。

3.2.2 计量状态标志管理

3.2.2.1 照《厂房、设备及计量器具编码程序》对计量器具进行统一编码，编码应标在各器具主体上。每一台设专人管理，责任到人。

3.2.2.2 工作现场的计量器具应张贴"合格""准用""限用""禁用"状态标志。

3.2.2.3 有标准检定规程并经检定合格的仪器张贴绿色"合格"标记；无检定规程但经校验合格的仪器张贴黄色"准用"标记；部分功能经校验合格的仪器张贴黄色"限用"标记；损坏的仪器张贴红色"禁用"标记。

3.2.2.4 衡量器及仪表，有检定部门出具的周检合格证，贴于衡量器及仪表可观察的部位，每批生产前复核其是否在校验期内。

3.2.3 物料状态标志

3.2.3.1 待验 黄色，其中印有"待验"字样，代表此物料未经检验不得发放使用。

3.2.3.2 合格 绿色，其中印有"合格"字样，代表此物料检验合格，可以流入下道工序，成品可发出的状态。

3.2.3.3 不合格 红色，其中印有"不合格"字样，代表此物料检验不合格，不可流入下道工序或出厂的状态。

3.2.3.4 盛装物料的容器必须悬挂所装物料的《物料标志卡》。

3.2.4 清洁状态卡管理 分为"清洁""待清洁"。

3.2.4.1 清洁 设备、容器等经过清洗处理，达到生产所需的状态。

3.2.4.2 待清洁 设备、容器等未经过清洗处理，未达到生产所需的状态。

3.2.4.3 所有生产场所（工作间）、设备等均应有识别其可否使用的清洁状态标志。

3.2.4.4 若为流水线生产设备，应将清洁状态卡悬挂在中间一台设备的显著位置。

3.2.4.5 容器使用完后及时放入器具清洁间悬挂有"待清洁"标牌的未清洁区。

3.2.4.6 容器清洗（消毒）后放入容器（器具）存放间，悬挂有"清洁"标牌的区域。

3.2.4.7 工具器具等使用后及时放入清洁间悬挂有"待清洁"标牌的未清洁区；经清洁后放入悬挂有"清洁"标牌的区域。

3.2.5 清场状态卡

3.2.5.1 生产某一阶段完成或生产结束后，通过对操作间、设备等的清洁及物料、文件的清理，经QA确认合格后发放《清场合格证》，工序带班人将《清场合格证》悬挂于操作间门上。

3.2.5.2 《清场合格证》纳入下一批产品的批生产记录中。

3.2.6 生产状态卡

经QA现场监控员确认允许生产后，生产状态卡悬挂在操作间门上，内容包括品名、批号、规格、数量、带班人、生产日期及班次。

3.3 状态卡的制作

3.3.1 统一印刷。

3.3.2 易于清洗、消毒或更换。
3.3.3 材料可采用不锈钢、铝板或无毒塑料材质制作。
3.4 签发
3.4.1 设备状态卡由设备动力科统一设计、统一编号，物控部统一制作。
3.4.2 清洁状态卡和生产状态卡由工序带班人签发。
3.4.3 计量器具标志由法定计量部门或设备动力科发放。
3.4.4 物料状态卡由库管员或车间物料员领用。

想一想

设备状态管理的程序主要内容有哪些？填表3-21。

表3-21 设备状态管理程序主要内容

分析主题	原因及措施
1.	
2.	
3.	
…	

知识拓展

设备标牌制作说明

1. 设备标牌（大）制作说明

（1）尺寸 长×宽×厚：130mm×80mm×1.0mm。

（2）字体与字号 "设备状态卡""清洁状态卡"：楷体，小初号字加粗。"维修""完好""运行""清洁""待清洁"：黑体，95号字加粗。

（3）边框 标牌四边围一宽度为2mm的边框。

（4）颜色 边框均为黑色；"备用""运行""清洁"字符为绿色；"维修""待清洁""封存"字符为红色。

[设备状态卡 完好]

[设备状态 运行]

(5) 挂孔　标牌上端中间打一直径为 5mm 的圆孔，其上缘距标牌上边缘 3mm。

2. 标牌（小）制作说明

(1) 尺寸　长×宽×厚：65mm×42mm×1.0mm。

(2) 字体与字号　"设备状态卡""清洁状态卡"：楷体，三号字加粗。

"维修""完好"：黑体，48 号字加粗。

(3) 边框　标牌四边围一宽度为 2mm 的边框。

(4) 颜色　边框均为黑色；"维修"字符为红色；"备用""运行"字符为绿色。

(5) 挂孔　标牌上端中间打一直径为 5mm 的圆孔，其上缘距标牌上边缘 3mm。

3. 设备编码卡样式

××公司　设备编码卡

设备编码

4. 清场状态标志

已清场

有效期至：　年月日时

5. 物料状态标志

待清场

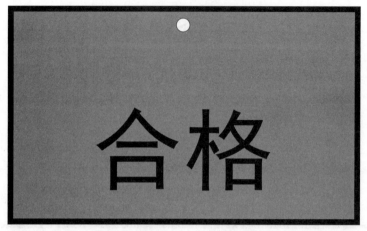
（底色为绿色，字体为黑色）

（底色为黄色，字体为黑色）

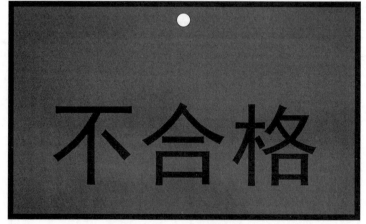
（底色为红色，字体为黑色）

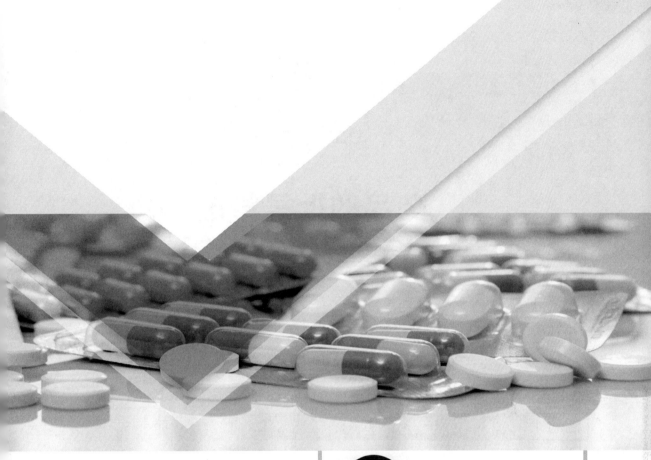

项目 4

药品生产过程的管理

项目说明

药品生产过程的管理是 GMP 管理中非常重要的环节，GMP 的精髓是在药品生产全过程中树立药品质量风险管理意识，设计一套行之有效的药品质量管理系统，并且严格按照 GMP 规范要求执行。药品质量产生于组织生产的全过程，而不是单纯检验出来的。因此深刻学习和理解药品生产全过程管理对于保证药品质量具有重要的意义。本项目通过十个任务引导学生深入理解药品生产过程管理的内涵，帮助学生掌握药品生产过程中管理的基本知识，并通过设计各种活动，提高学生在药品生产过程中的质量意识。

任务一

药品的批号管理

任务目标
认识药品的生产批号
感受药品生产批号的重要性
知晓药品批次的划分原则和方法

活动 1　识读药品的生产批号

学一学

观察药品包装，找出该药品的生产批号、生产日期与批准文号，填表 4-1。

表 4-1　药品的生产批号、生产日期与批准文号

项目	药品一	药品二	药品三
生产批号			
生产日期			
批准文号			

（1）**什么是药品的生产批号**　经一个或若干加工过程生产的、具有预期均一质量和特性的一定数量的原辅料、包装材料或成品称之为"批"。批号是用于识别一个特定批的、具有唯一性的数字和（或）字母的组合。由生产企业根据批号编制管理规程进行编制，用以追溯和审查该批药品的生产历史。药品管理法要求药品必须有相应的生产批号。

《药品生产质量管理规范（2010 年修订）》第 186 条规定，药品生产企业应当建立编制药品批号和确定生产日期的操作规程。每批药品均应当编制唯一的批号。除另有法定要求外，生产日期不得迟于产品成型或灌装（封）前经最后混合的操作开始日期，不得以产品包装日期作为生产日期。见图 4-1。

批号的编制依据企业的批号编制 SOP 进行。一般来说，液体制剂以配液的日期为定批号依据，固体制剂以颗粒总混日期为定批号依据，原料药以精制前一到三步的日期为定批号依据。

（2）**药品生产批号的重要性**　设定药品生产批号的主要目的是用来追溯和审查该批药品

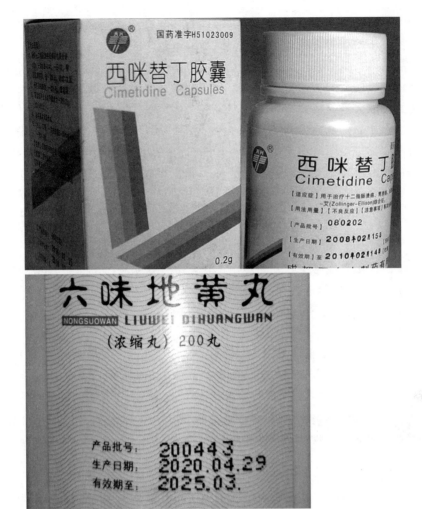

图 4-1　药品批准文号与生产日期

的生产历史。例如，如果顾客使用药品的过程中遇到质量问题，即可以通过药品的批号追查到该厂与此批药品生产的各项记录，从而进一步进行药品质量控制和质量检查，或召回该药品，保证人们用药安全有效。同时对于药品生产企业来说，设定药品生产批号是防止药物混淆、保证药品质量、降低自检和管理成本非常好的方法之一。在药品 GMP 认证检查评定标准中规定，药品应按规定划分生产批次，并编制生产批号，并作为关键项目。药品的生产批号管理是药品生产管理中重要的一环，它直接关系到药品质量。因此，在药品生产过程中，要高度重视药品的生产批号管理。

> **想一想**
> 药品的生产批号和药品的批准文号有什么区别？填表 4-2。

表 4-2　药品生产批号和批准文号的区别

项目	生产批号	批准文号
批准单位		
可否改变		
有无规定格式		

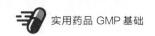

在日常的工作和学习中，有很多人认为批准文号就是批号。其实，两者存在着很大的差别：生产批号是由生产企业自行编制的，可以由一组数字或字母加数字组成，要易于识别和追溯，每批药品的生产批号是不同的；而批准文号是由生产企业提出申请，国家药品监督管理局经过严格审批后颁发的生产批准文件，是药品生产合法性的标志。

我国药品的批准文号的格式为：国药准字＋1位字母＋8位数字，其中字母H表示化学药品，字母Z表示中药药品，字母S表示生物药品。同一药品生产企业的同一品种、同一规格的药品的批准文号是固定不变的。

药品生产企业不得随意更改药品的批准文号和生产批号，否则，依据药品管理法规定，分别按假药和劣药处罚。

> **知识拓展**
>
> **药品生产批号的编制方法**
>
> 常用的编制方法是按照生产日期编制，使用者可以从中了解生产日期，如下。
>
> 正常批号：年-月-流水号，如071201，即2007年12月第一批生产的产品批号。
>
> 返工批号：年-月-流水号（代号）。返工后批号不变，只在原批号后面加一代号以示区别，代号由企业自定。
>
> 混合批号：年-月-流水号（代号），实例07042/24-26，表示所混合的批号为2007年4月第24批至第26批共3批，代号由企业自定，并由车间填写混合批号登记表。

活动2　药品生产批号的划分原则和方法

案例4-1

某药厂生产某一剂型的药品，有两种包装规格，在划分批号时出现了问题。这两种规格是应该分别建立自己的独立批号体系还是使用一种体系进行延续？比如第一种规格从071101批开始做了10批，接着包装第二种规格的，是直接顺延批号从071111批开始做还是另外从071101批的开始？

每个人对批号的认识不同，下面有几种意见。

A：批号与产品有关系，与规格没什么关系，建议采用一个产品一种体系。

B：按公司批号编写的SOP规定。如果规定以产品划分批号，那么两种规格的同一种药品的批号，均为071101-071110；如果规定每个月产品批号为流水号，那么前一规格生产10批，批号为071101-071110，另外一个规格的批号为071111，接下去。

C：批号的划分一般是根据产品的规格来定的，第一种包装规格从071101批开始做了10批，接着包装第二种包装规格时应直接顺延批号从071111批开始做。

D：分开编号更符合GMP受控的要求，从批号上很容易地区分每个规格的产品，对于管理和生产都有好处，不用再从记录上找。而且这也很容易操作，在文件中给每个产品的每个规格以不同的顺序号，照此执行，即可。

> **议一议**
>
> 结合案例4-1，你认为谁的观点正确？为什么？填表4-3。

表 4-3　某一剂型两种包装规格批次划分讨论表

你同意的观点	原因

《药品生产质量管理规范（2010年修订）》第185条规定，药品生产企业应当建立划分产品生产批次的操作规程，生产批次的划分应当能够确保同一批次产品质量和特性的均一性。

2010年版GMP规定，批是经一个或若干加工过程生产的、具有预期均一质量和特性的一定数量的原辅料、包装材料或成品。为完成某些生产操作步骤，可能有必要将一批产品分成若干亚批，最终合并成为一个均一的批。在连续生产情况下，批必须与生产中具有预期均一特性的确定数量的产品相对应，批量可以是固定数量或固定时间段内生产的产品量。批的划分原则见表4-4。

总之，划分出来的同一批次的药品的性质和质量从理论上说完全一样的。若检查发现某个药品有质量问题，就有理由怀疑同批号的其他药品也有存在质量问题的可能，需要检验同一批次的其他药品，从而确保药品的质量。如果经检验确定该批药品确实存在质量问题，那么，该批次的药品就需要全部销毁或返工。因此，要重视药品批次的划分，在生产过程中严格遵守药品的批号管理制度，保证药品生产的质量。

表 4-4　批次的划分原则

分类		批次划分
无菌药品	大、小容量注射剂	以同一配液罐一次配制的药液所生产的均质产品为一批,同一批产品如用不同的灭菌设备或同一灭菌设备分次灭菌的,应当可以追溯
	粉针剂	以同一批原料药在同一连续生产周期内生产的均质产品为一批
	冻干粉针剂	以同一批药液使用同一台冻干设备在同一生产周期内生产的均质产品为一批
	眼用制剂、软膏剂、乳剂和混悬剂等	以同一配液罐最终一次配制所生产的均质产品为一批
非无菌药品	固体、半固体制剂	在成型或分装前使用同一台混合设备一次混合量所生产的均质产品为一批
	液体制剂	以罐封(装)前经同一台混合设备最后一次混合的药液所生产的均质产品为一批
原料药	连续生产的原料药	在一定时间间隔内生产的在规定限度内的均质产品为一批
	间歇生产的原料药	由一定数量的产品经最后混合所得的在规定限度内的均质产品为一批

任务二

熟知制药用水的相关要求

任务目标
知晓制药用水的分类
知晓制药用水的应用范围
了解制药用水的质量标准

活动 1　初识制药用水

学一学

生命源于水，水是人类和一切生物赖以生存的物质基础。水质的好坏，对人体的机能状态和生长发育都有着一定的影响。饮用水中的一些微量元素应该控制在一定的范围内，如氟含量或高或低，长期饮用后都会引发疾病，含量高于 1.0mg/L 时易患氟斑牙甚至氟中毒，低于 0.5mg/L 时易患龋齿。同样，水质的好坏也会影响药品生产的质量。

议一议

水对药品生产质量的影响有哪些？填表 4-5。

表 4-5　水对药品生产质量的影响

分析主题	原因
1. 在药品生产中，对水质量是如何要求的？	
2. 你认为制备哪种剂型对水的要求最高，为什么？	
3. 你认为什么样的水是最洁净的？	

1. 制药用水的概念

水是药品生产中用量最大、使用最广泛的一种基本原辅料，经常用于生产过程及药物制剂的制备。我们把在药品生产工艺中使用的水称为制药用水，主要是指制剂生产中容器清洗、配料等工序以及原料药生产中的精制、洗涤等工序所用的水。

作为药品生产工艺用水的水源，有城市自来水和天然水（包括井水、深井水及江河湖泊水）。这些水源的水质受自然界地理环境影响及人为的"三废"排放污染的影响，往往含有悬浮杂质、细菌、有机物、热原、各种无机盐及溶解于水的各种气体等有害物质。水处理就是根据各种制药用水的水质要求，采取有效措施，除去相关的有害物质，制备符合标准的各种制药用水。《药品生产质量管理规范（2010年修订）》第五章第六节对企业的制药用水进行了全面规定。

2. 工艺用水的分类

在药品制备过程中很多工序都需要用水，但是由于药品剂型不同，工序要求也有区别，没有必要把所有工序用水都制成最高标准。比如用来煎煮中药材的水的标准可以低于用来配制注射液用水的标准，用来粗洗瓶子的水的标准可以低于用来精洗瓶子的用水标准，这样的做法既符合 GMP 的要求又能节省能源、降低成本。因此制药工业中的工艺用水根据药物剂型不同、工序不同，一般按水质不同分为饮用水、纯化水和注射用水三类。

（1）饮用水 通常为自来水公司供应的自来水或深井水，又称原水，其质量必须符合国家标准 GB 5749—2006《生活饮用水卫生标准》。

（2）纯化水 为原水经蒸馏法、离子交换法、反渗透法或其他适宜的方法制得的制药用水，不含任何添加剂。采用离子交换法、反渗透法、超滤法等非热处理制备的纯化水一般又称去离子水。采用特殊设计的蒸馏器用蒸馏法制备的纯化水一般又称蒸馏水。

（3）注射用水 是以纯化水作为原料，经特殊设计的蒸馏器蒸馏，冷凝后经膜过滤制备而得的水。

活动 2　选用制药用水

> **想一想**
> 表 4-6 所列主题内容都需要哪些制药用水？

表 4-6　水对药品生产质量的影响

主题内容	所需制药用水类型
提取中药材	
配制口服液	
安瓿的粗洗	
配制注射剂	
制备单糖浆	
……	

《药品生产质量管理规范（2010年修订）》第 96 条规定，制药用水应当适合其用途，并符合《中华人民共和国药典》的质量标准及相关要求。制药用水至少应当采用饮用水。

饮用水、纯化水和注射用水由于其洁净度级别不同，在制剂生产中的应用范围也不同。在实际生产中一定要严格按照要求使用相应级别的制药用水，切忌用低级别水代替高级别水使用或使用保存时间超限的制药用水。新版 GMP 附录 5 中药制剂第 31 条明确规定：中药材洗涤、浸润、提取用水的质量标准不得低于饮用水标准，无菌制剂的提取用水应当采用纯化水。

药品制药用水的应用范围参见表4-7。

表4-7 药品生产制药用水的应用范围

类别	应用范围
饮用水	1. 制备纯化水的水源 2. 非无菌药品的设备、容器和包装材料的初洗
纯化水	1. 制备注射用水的水源 2. 非无菌药品直接接触药品的设备、器具和包装材料最后一次洗涤用水 3. 注射剂、无菌药品瓶子的初洗 4. 非无菌药品的配料 5. 非无菌药品原料精制
注射用水	1. 注射剂、无菌冲洗剂最后洗瓶水（经孔径为0.45μm的滤膜过滤后使用） 2. 注射剂、无菌冲洗剂配料 3. 无菌原料药精制、直接接触无菌原料的包装材料的最后洗涤用水

活动3　制药用水的质量要求

1. 饮用水的质量要求

饮用水的水质要求应符合卫生部生活饮用水标准，见表4-8。

表4-8 生活用水水质标准（GB 5749—2006）

项目	标准
色	色度不超过15度,并不得呈现其它异色
臭、味	不得有异臭、异味
肉眼可见物	不得含有
pH值	6.5～8.5
总硬度（以碳酸钙计）	450mg/L
菌落总数/(MPN/100mL 或 cfu/100mL)	100
总大肠菌群/(MPN/100mL 或 cfu/100mL)	不得检出

2. 纯化水的质量要求

纯化水应符合《中国药典》的标准要求。

（1）**制法**　以饮用水为原料，以蒸馏法、离子交换法、反渗透法或其他适宜的方法制得的制药用水，不含任何添加剂。

（2）**性状**　本品为无色的澄清液体；无臭。

（3）**检查项目**　酸碱度；硝酸盐含量；亚硝酸盐含量；氨含量；电导率；总有机碳含量；易氧化物含量；不挥发物含量；重金属含量；微生物限度。

（4）纯化水的制备、贮存和分配要有防止微生物滋生和污染的措施，并在室温下宜用不锈钢贮罐贮存。

3. 注射用水的质量要求

注射用水应符合《中国药典》的标准要求。

（1）**制法**　以纯化水为水源，以蒸馏法制得。

（2）**性状**　本品为无色的澄明液体；无臭。

(3) 检查

① pH 值应为 5.0～7.0。

② 氨的检查方法同纯化水。

③ 硝酸盐与亚硝酸盐、电导率、总有机碳、不挥发物与重金属检查方法同纯化水，应符合规定。

④ 细菌内毒素检查应用鲎试验法、家兔发热试验法。

⑤ 微生物限度依通则1105。

(4) 注射用水的制备、贮存和分配要有防止微生物滋生和污染的措施，宜用优质低碳不锈钢贮罐贮存，贮罐的通气口安装不脱落纤维的疏水性除菌滤器，贮存应采用70℃以上保温杯。生物制品生产用注射用水应在制备后6h使用，制备后4h内灭菌、72h内使用。注射剂生产用注射用水应在制备后12h使用。

知识拓展

注射用水与纯化水的水质区别

将《美国药典》中纯化水与注射用水的水质标准作一比较，就可看出二者的主要区别。它们的理化指标相同，但注射用水对热原及微生物的要求高于纯化水。表4-9列出了《美国药典》中纯化水和注射用水对热原和微生物指标的区别。

表4-9 《美国药典》中纯化水与注射用水对热原和微生物指标的区别

项目	纯化水	注射用水
微生物	<100cfu/mL	10cfu/100mL
热原	不指定	<0.25EU/mL

纯化水与注射用水的制水工艺也有区别，纯化水的制备工艺可以有各种选择，比如蒸馏法、反渗透法、离子交换法等；但各国药典对注射用水的制备工艺均有限定条件，如《美国药典》明确规定注射用水的制备工艺只能是蒸馏法或反渗透法，《中国药典》则规定注射用水的生产工艺必须是蒸馏法。这些是各国根据本国的实际情况用以保证注射用水质量的必要条件。

无论是质量要求还是制备方法，注射用水的水质要求要远远高于纯化水，所以在生产过程中，要根据制剂和工序的要求选择使用。制备注射用水时一定要严格按照要求规程操作，保证药品的生产质量。

议一议

生产注射剂各工序所使用的工艺用水有何区别？填表4-10。

表4-10 注射剂各工序所使用的制药用水

工序	制药用水
安瓿粗洗	
安瓿精洗	
配液	
灭菌	
灌封机表面擦洗	

任务三

生产过程的状态标识管理

任务目标　知晓生产过程状态标识管理的目的、分类
正确识别生产过程状态标识
知晓生产过程状态标识管理的内容

活动 1　初识生产状态标识

1. 什么是状态标识

在制药生产过程中有很多和交通信号灯作用相似的状态标识：设备上悬挂的状态标识、管路上的内容物标识和箭头、物料的合格证等。把这些能够标识出生产中各个物料、生产过程、设备、管线、清洁、计量等状态的标识，称之为生产状态标识。

2. 为什么设置状态标识？

《药品生产质量管理规范（2010 年修订）》第 191 条和第 192 条规定，生产期间使用的所有物料、中间产品或待包装产品的容器及主要设备、必要的操作室应当贴签标识或以其他方式标明生产中的产品或物料名称、规格和批号，如有必要，还应当标明生产工序。容器、设备或设施所用标识应当清晰明了，标识的格式应当经企业相关部门批准。除在标识上使用文字说明外，还可采用不同的颜色区分被标识物的状态（如待验、合格、不合格或已清洁等）。

建立状态标识管理的主要目的有如下两个。

（1）**防止产品在生产过程中发生混淆、差错、污染等质量事故的发生**　配料工人都有这样的常识，片剂生产中需要的很多辅料都是白色粉末，很难从外观分辨。但每个盛装物料的器皿外都贴有相应的标签，帮助工人识别和取用。

（2）**保证对设备、仪器进行正确的操作，以防止不安全事故发生**　假如某台机器在白班时出现故障并未及时排除，这时就需要在机器上挂上故障标志，以防下个班次的人员在不知情况下使用而造成机器更大的故障。很多设备都需要蒸汽支持，而蒸汽的管道又经常和纯化水的管道并向行走，这时就需要在管道上画或贴上其内容物的名称和走向，给操作人员正确

的指示，降低事故发生的概率。

3. 生产状态标识的分类

生产状态标识分为六类，包括：物料标识、生产状态标识、设备标识、管线标识、清洁标识和计量标识。

物料标识又分为物料信息状态标识和物料质量情况状态标识二类，例如物料标签、库卡等。

设备的状态标识分为设备本身信息状态、使用状态和设备的清洁状态三大类。其中设备的清洁标识应归附于清洁标识。

活动 2　识别生产状态标识

1. 物料标识

（1）物料的质量情况状态标识　采用醒目的色标管理，分别为"待验""合格""不合格"，并采用黄、绿、红三种不同色标来进行醒目区分（图 4-2）。

"待验"：黄色色标，其中印有"待验"字样。其含义是物料在允许投料或出厂前所处的搁置、等待检验结果的状态。

"合格"：绿色色标，其中印有"合格"字样。其含义是物料、中间产品或成品可允许使用或批准放行的状态。

(黄色)　　　　　　　　(红色)　　　　　　　　(绿色)

图 4-2　物料质量状态标识

"不合格"：红色色标，其中印有"不合格"字样。其含义是物料、中间产品或成品不能使用或不准放行的状态。

（2）物料的信息状态标识　有物料标签和库卡两种。目的是避免物料在贮存、发放、使用过程中发生混淆和差错，并通过库卡的作用，使物料具有可追溯性（可参见项目 3 相关内容）。

2. 生产状态标识

① 每一生产操作间或岗位应悬挂在生产的产品信息（生产状态卡）或清场合格证，以明确标识生产操作间的生产状态。

② 生产状态卡应能正确地指示所生产的产品或物料的品名、批号、规格、数量、带班人、生产日期及班次等信息。

③ 清场合格证应能正确地指示岗位或生产操作间的清洁状态，内容应包括：岗位或操作间的名称、上批所生产的产品或物料及批号、拟下批所生产的产品或物料及批号、清场日期及有效期、发证人等信息。

3. 设备标识

① 设备的本身信息状态是企业对关键设备进行统一分类编号，并确定设备实行专人操作、专人维修管理的状态卡，标在设备的主体上并应在醒目的位置。

② 设备的使用状态标志分为四类，分别为："完好""运行""维修""封存"，可以采用色标管理。它能有效地预防设备在操作中安全事故的发生。

"完好"：其中印有"完好"字样，字体为绿色，其含义是指设备性能完好，可以正常使用的状态。

"运行"：其中印有"运行"字样，字体为绿色，其含义是指设备正处于使用的状态。

"维修"：其中印有"维修"字样，字体为红色，其含义是指设备正在或待修理的状态，严禁任何人使用。

"封存"：其中印有"封存"字样，字体为红色，其含义是指设备处于闲置状态。

4. 管线标识

① 与设备连接的主要固定管道应标明管内物料名称、流向，并应标识在醒目的位置，主要管线可以按国家规定《医药工业设备及管路涂色的规定》和《设备管线内容物标识管理规定》涂色实行色标管理。自来水管涂绿色，刷淡黄色色环；压缩空气管道（无缝钢管）刷淡蓝色；真空管道涂刷白色；冷却水管道刷绿色；消防管道刷红色；排污水管刷黑色；热水管刷橙色。

② 不锈钢管、蒸汽保温管、冷冻水保温管外壳和有色金属一般不刷颜色，但应刷基本识别色环，再刷上与色环颜色一致箭头符号标明流向，再用汉字符号标明管内流体名称。

注意：字体颜色仅为建议，GMP 未强制性规定。各企业按自己的实际情况自定。

5. 清洁标识

① 清洁标识是标志房间、设备、容器、生产工具、清洁工具等是否清洁可以使用的状态，分为"清洁""待清洁"二种。

"清洁"：其中印有"清洁"字样，其含义是房间、设备、容器、生产工具、清洁工具等经过清洁处理，达到洁净的状态，可以使用。

"待清洁"：其中印有"待清洁"字样，其含义是房间、设备、容器、生产工具、清洁工具等未经过清洗处理的状态，不可以使用。

② 所有生产场所（工作间）、设备等均应有识别其可否使用的清洁状态标识。若为流水线生产设备应将清洁状态卡悬挂在中间一台设备的显著位置。

③ 容器、工具、器具使用完后及时放入器具清洁间悬挂有"待清洁"标牌的未清洁区；容器清洗（消毒）后放入容器（器具）存放间悬挂有"清洁"标牌的区域。

6. 计量标识

① 计量器具必须要经过校验合格后才能使用，并应有明显的合格状态标识。任何未经过校验合格的计量器具不得使用。

② 计量器具的状态标识分为三类，分别为"合格""限用""禁用"，并实行色标管理。其目的是避免在生产、检验测量过程中的数据错误或不准确造成的损失。

"合格"：其中印有"合格"字样，绿色色标，其含义是计量器具经过校验合格，可以使用的状态。

"限用"：其中印有"限用"字样，黄色色标，其含义是计量器具部分功能经过校验合格，但要限制使用已校验合格的功能的状态。

"禁用"：其中印有"禁用"字样，红色色标，其含义是计量器具经过校验不合格或损坏，严禁使用的状态。

③ 计量器具合格、限用标识中应有有效期规定，到期应重新校验。

活动3　生产状态标识的使用

1. 物料签的使用

① 物料签只适用于原辅料、中间产品、包装材料三类，成品不使用物料签。

② 原辅料、中间产品、包装材料管理人员应确保各自管辖的原辅料、中间产品、包装材料每件都应贴有物料签。

③ 物料签只准贴在外包装或盛装的容器外表面上，严禁将物料签放在物料里面，以防混入产品中。

④ 每件物料使用完毕后，应对原有可回收使用的容器（如周转桶）贴有的原有物料签清除干净，以防带来差错。

2. 物料的"待验""合格""不合格"标识牌的使用

① 物料管理人员应根据物料的质量信息状态合理使用"待验""合格"和"不合格"标识牌。

② 任何物料只有经过质量管理部门授权的人根据物料检验和生产过程评价情况，确认物料是合格和不合格。

③ 任何物料在未经质量管理部门授权作出是否合格或不合格前，应处于待验状态，此时，物料管理人员应将物料移入待验区或挂上"待验"标识牌，并申请取样检验。

④ 物料经判定合格并贴上合格证后，物料管理人员应将该批物料移至合格区或挂上"合格"牌，应将"待验"牌清除。

⑤ 物料经判定不合格并贴上不合格证后，物料管理人员应将该批物料移至不合格区并挂上"不合格"牌，应将"待验"牌清除，并申请质量管理部门及时处理。

3. 生产状态卡的使用

① 当设备状态改变时，要及时换状态卡，以防发生使用错误。

② 所有设备状态卡应挂在设备醒目位置、不易脱落且不影响操作的部位。

4. 设备的设备卡、"完好""运行""维修""封存"标识牌的使用

① 设备卡应由设备科统一对分厂内的设备进行统一分类制作，应贴在各设备主体上。每一台设备设专人管理、操作、维护与保养，责任到人。

② 各岗位的设备性能完好，可以正常使用时，各岗位负责人应在设备的主体上挂上设备的"完好"标识牌，以指示岗位操作人员可以使用该设备。

③ 设备在完好状态下，操作人员在使用该设备时，应在设备的主体上挂上"运行"标识牌，以指示该设备正在运行的状态。设备使用完毕后，应清除"运行"标识牌，保留完好牌。

④ 设备由于发生故障，不能正常使用时，岗位操作人员应清除设备的"完好""运行"标识牌，并及时通知设备专职维修人员进行检修。设备专职维修人员应在设备的主体上挂上

"维修"标识牌，以指示该设备正在检修或待维修的状态，并严禁任何人使用。

⑤ 设备的故障维修并试运行合格后，专职维修人员应清除设备的"维修"牌，通知岗位操作人员该设备可以正常使用，岗位负责人应挂上设备的"完好"标识牌。

⑥ 不合格的设备如有可能应当搬出生产和质量控制区，未搬出前，应当有醒目的状态标识。设备处于长期闲置状态时，设备管理人员应在设备的主体上挂上设备"封存"牌，并严禁任何人使用。处于闲置状态的设备需要开启使用时，应由设备科启用后，才能使用。

⑦ 设备的"完好""运行""维修""封存"标识牌挂的位置应不影响设备的操作和便于醒目观察使用，并由各自人员负责按规定控制和使用。设备的状态发生改变时，应更换相应的状态卡，以防设备发生或对人发生不安全事故。

总之，在药品生产过程中，生产状态标识管理对于生产安全和质量的保障是十分必要的。药品 GMP 的认证检查评定标准中也进行了明确的要求，并列入了关键检查项目。在药品生产的过程中，一定要严格遵守生产状态标识管理的各项规定，保证药品质量、确保安全生产。

练一练

带领学生到药品生产的实训车间寻找已有的生产标识。

任务四

药品的生产过程管理

任务目标
熟知生产指令的下达
熟知生产文件的受控
正确进行物料的传递与配料
熟知物料平衡的计算、检查方法和重要性

活动 1　生产指令的下达

生产指令只能由物料管理部下达。生产指令的下达表现在文件上即是批生产记录和批包装记录的发放。通常提前一周物料管理部与生产部负责人协商拟定生产计划，物料部按此生产计划发放印有相应生产批号的批生产记录和批包装记录。车间应有专人负责接收批生产记录和批包装记录并对产品名称、规格、代号、批量、批号等进行核对。核对无误后下发各工段。各工段接收到批生产记录或批包装记录后，即按此生产。应使每位操作人员都清楚正在生产或将要生产的产品名称、规格、批量。

为防止差错，一般除质量保证部文件管理室保存一份存档外，只有物料管理部有批生产记录和批包装记录的空白稿，其他任何部门均不得保留此类文件。只有物料管理部才有权发出印有批号的批生产记录和批包装记录，即生产指令（表 4-11）。

表 4-11　批生产指令单

```
公司各有关部门：
    根据    年    月    日的"公司生产计划协调会议"精神,现决定：_____车间于    年    月    日□开始生
产;□继续生产;□开始转产(在决定事项的待选框"□"中打"√")下述品种：
    品种名称：
    批    号：
    规    格：
    计划批产量：
    其他事项：
    请各有关部门务必于计划生产日前做好与本部门有关的各项准备。
    发放人：
生产管理部(签章)：                           年    月    日
生产部部长(签字)：                           年    月    日
```

续表

物料理论消耗定额							
序号	物料编号	物料名称	规格	理论用量	规定损耗率/%	实际应领数量	备注
1							
2							
3							
4							
5							
6							
7							
8							
9							
10							
核定部门：			核定人：			时间：	

活动 2　生产文件的管理

想一想

生产管理文件有哪些？作用是什么？填表 4-12。

表 4-12　生产管理的文件

名称	作用
1.	
2.	
3.	
……	

生产文件的受控有两层含义：一是指确保操作人员所执行的必须是最新经批准的规程；二是指记录能反映出是否按现行规程进行。

对于第一点，需要有严格的文件管理程序和培训制度。严格的文件管理程序可保证使用者所拿到的是最新批准的规程，过期规程均已收回或销毁；培训制度是指车间管理人员在拿到规程后应立即对工人进行培训，使每一个人都掌握新规程。

对于第二点，需采用指令和记录合而为一的形式。即在规程中既包括指令也包括记录，指令后留出足够空白填写记录。这样，操作人员工作时就一目了然，知道应按什么进行操作，并记录下相应的结果。而评价人员也明确操作人员的记录是按何种规程操作得来的。

需要指出，有些指令所涉及的参数是有限度要求的，那么限度也应列在指令中，以便操作人员判断相应记录是否在范围之内，是否要采取措施。

活动 3　物料的传递与配料

物料的传递包括接收与发放，且不单指生产部门接收由物料部发来的原辅料，也指车间各工段之间半成品或成品的转移。接收与发放时，数额平衡是一个重要方面；另一重要方面是核对物料名称、代号、批号。必须做到物料名称、代号、批号、数量均准确无误，方可实现过程受控。

配料是物料接收与发放中最易出现差错的过程。2010 年版 GMP 对配料做了更细致的要求，配料应由指定人员按照操作规程进行配料，核对物料后，精确称量或计量，并作好标识；配制的每一物料及其重量或体积应由他人独立进行复核，并有复核记录；用于同一批药品生产的所有配料应集中存放，并作好标识。

在这一步骤中，复核数量是一方面，更重要的是复核物料代号、名称、批号。有些物料名称极其相近，或物料名称相同但质量标准不同，仅凭物料名称进行辨别极易混淆。为防止此类差错，有些单位把配料时所用的原辅材料清单分为两张：一张为配料单，一张为核料单。配料单为物料部配料人员配料称重时所用，上面规定了物料代号、数量，无名称。配料时，配料人员无需看名称，仅根据配料单上代号与物料标签上代号进行配料称量。配料完毕，物料交生产部配料人员，生产部配料人员再根据核料单（上面有物料名称、代号、数量）与物料标签上进行核对，以进一步确证无误。由于代号显著不同，故物料部配料人员在配料时可有效地防止差错的发生。

表 4-13 为某药品生产企业的领料单，一式三联：仓库、财务部门、车间存根各一份。

表 4-13　××药业有限公司领料单

车间：　　　　　　　　　　　　　　　　　　　　　　　　　　　年　月　日

编号	名称	规格	单位	数量	单价	金额	用途

车间负责人：　　　　　　仓库保管员：　　　　　　领料人：

活动 4　物料的数额平衡

案例 4-2

某厂在生产安瓿制剂时，灌装工段发现产量远远超过理论收率（因安瓿瓶是根据收率计算领取的，灌装时发现安瓿瓶全用完后仍有大量药液未灌装），故立即向经理汇报并进行调查。调查发现是由于配制过程中加水的阀门泄漏，加水量远远超过了处方量。

> **议一议**
> 以上事件的原因和解决措施是什么？填表 4-14。

表 4-14　物料平衡讨论表

原因	措施
1.	
2.	

1. 物料平衡的概念

2010 年版 GMP 第 187 条规定，每批产品应当检查产量和物料平衡，确保物料平衡符合设定的限度。如有差异，必须查明原因，确认无潜在质量风险后，方可按照正常产品处理。

那么什么是物料平衡呢？GMP 规定，物料平衡系指产品或物料的理论产量或理论用量与实际产量或用量之间的比较，并适当考虑可允许的正常偏差。

物料平衡包括两方面内容：一是指印刷包装材料（主要指标签）的数额平衡；二是指收率必须在规定限度内。

印刷包装材料的数额平衡可通过以下方法计算：

$$偏差 = (A-B-C-D)/(B+C) \times 100\%$$

式中　A——某印刷包装材料发放数量；

　　　B——产品使用数量；

　　　C——报废数量；

　　　D——退库数量。

若发放数量与产品实际使用数量、报废数量、退库数量之和相等，即偏差为 0，则数额平衡；反之，就有偏差百分数。理论上，只有偏差为零时方可认为是数额平衡。在实际操作中，由于技术上的原因（如计数器本身允许有一定的误差），允许有一定的偏差百分数存在。负偏差的存在可能是由漏贴标签引起的，故出现负偏差均需进行返工检查。具体做法可采用包装工段和仓库分别计算的方法，如包装工段计算出理论退库量（即 $E=A-B-C$），仓库清点实际退库量 D，那么偏差即为 $(E-D)/(B+C) \times 100\%$。

每个产品均应有一合理的收率范围，过高或过低的收率均说明生产异常，应进行调查。在没有合理解释之前，产品应谨慎放行，如案例 4-2。因此，收率的计算不仅仅是从经济方面考虑，也是考核生产过程是否受控的一个重要方面。

案例 4-3

某药品生产企业对一批注射用头孢曲松钠无菌粉进行分装，计算产品投入的理论产量为 10 000 瓶，分装后中间产品数为 9700 瓶，清场后得到产品的废料量为 600 瓶，同时进行收率和物料平衡的计算，得到收率为 97%，物料平衡为 103%。

议一议

你认为上述情况正常吗？生产的药品能投放市场吗？为什么？填表 4-15。

表 4-15　物料平衡的重要性讨论表

是否正常	能否销售	原因

2. 物料平衡计算与分析的重要性

实行 GMP 的重要目标之一是减少药品生产过程中可能存在的混淆和交叉污染，而物料平衡是生产管理中防止差错、混淆的一项重要管理措施。加强物料平衡管理有利于及时发现物料的误用和非正常流失，确保药品质量。

理论上说，正常的物料平衡值应该是零偏差。也就是说所有领来的物料都有合理的去向；但是如果物料平衡计算结果偏差大于所要求的，那就要作出分析报告，查明原因，确保产品质量。

由案例 4-3 的计算结果可看，产品的收率在正常范围内，而物料数额平衡大大超出 100%，出现了异常情况，那么该批产品在生产过程中可能出现差错，所以应对整个分装工序的每一个步骤进行认真查找，核对数据，检查出差错发生的原因，如可能是生产前投料量计算错误，或前批产品废品数未及时清除，或其他批号产品混入本批产品产生混批。如检查出的事故原因无质量问题，才能对该批产品进行外包装，发放产品。

GMP 规定物料平衡的限度可允许存在正常的偏差。当生产处于正常情况时，物料平衡的结果应在正常的偏差范围内，这个范围即是物料平衡限度。物料平衡限度应从生产经验中得出，取在正常情况下连续生产的几十批产品计算其物料平衡，根据数据所处的范围，制定出该产品的平衡限度。限度设置不宜过大，过大就会失去计算物料平衡的意义；限度设置也不能太小，不然少有偏失，则将面对大量的偏差处理报告或者调查，浪费人力物力。

3. 物料平衡的管理

① 物料平衡限度应列入工艺规程/批生产记录。
② 检查物料平衡是否按生产工序进行并符合规定的限度标准。
③ 应重点检查印刷包装材料的物料平衡情况。
④ 对物料平衡的确认，并由质量管理部门或车间主管人员审核。
⑤ 出现偏差时应保存当时的记录（表 4-16）、偏差情况的处理、分析和结论（表 4-17）。

表 4-16 物料平衡记录

品名		规格	
批号		投料量	
留样量		检验取样量	
成品数		理论支数	
损耗数			

计算 = $\dfrac{成品完工数+留样量+取样量+损耗数}{理论支数}$ =

| 结论：物料平衡在规定误差范围内 □ |
| 物料平衡超出误差范围：微小误差 □ 严重误差 □ |

填写人		审核人	

时间：

表 4-17　偏差通知单

品名		规格	
批号		批量	
地点		日期	
工序偏差内容			
发生过程及原因			
备注：			

填表人：

4. 物料平衡和收率

收率也称合格率，在药品生产过程中，产品（或中间产品）的合格产出数量与投入数量的比值称为收率（合格率）。

物料平衡与收率是两个不同的概念，在应用上是有区别的，收率的计算是为了取得批次产品（成品/中间品）的得率进行成本核算，收率有时会有很大的差别，因为生产过程/工艺控制受到多种因素的影响，如内包材质量、人员操作、机器原因或批量大小都会改变废品量，引起产量/产品的变化。物料平衡是指产品或物料的理论产量或理论用量与实际产量或用量之间的比较，并适当考虑可允许的正常偏差，是一个质量管理问题。

> **知识拓展**
>
> **洁净区动态环境限度标准**
>
> 表 4-18、表 4-19 为某制药公司根据历史数据制定的洁净区动态环境限度表，以供参考。
>
> 表 4-18　洁净区（室）动态环境内控警戒限度
>
> | 洁净级别 | | 浮游菌 | 沉降菌 (φ90mm) | 设施、设备表面微生物 | 操作人员卫生状况 | |
> |---|---|---|---|---|---|---|
> | | | | | | 手套表面 | 操作服表面 |
> | | | cfu/m³ | cfu/(4h·碟) | cfu/25cm² | cfu/手套 | cfu/25cm² |
> | A 级区 | 无菌工艺 | — | — | — | — | — |
> | | 非无菌工艺 | 7/5 | 4/3 | 3/2 地板 5/3 | 3/2 | 5/3 |
> | B 级区 | | 7/5 | 4/3 | 3/2 地板 5/3 | 3/2 | 5/3 |
> | C 级区 | | 40/30 | 30/15 | 关键 5/3 一般 15/7 地板 25/15 地漏 50/25 | 10/5 | — |
> | D 级区 | | 100/75 | 100/50 | 关键 10/5 一般 25/15 地板 50/25 地漏 100/50 | — | — |

表 4-19 洁净区（室）动态环境内控纠偏限度

洁净级别		浮游菌 cfu/m³	沉降菌 (ϕ90mm) cfu/(4h·碟)	设施、设备表面微生物 cfu/25cm²	操作人员卫生状况	
					手套表面 cfu/手套	操作服表面 cfu/25cm²
A级区	无菌工艺	<1/<1	<1/<1	<1/<1	<1/<1	—
A级区	非无菌工艺	10/7	5/4	5/3 地板 10/5	5/3	10/5
B级区		10/7	5/4	5/3 地板 10/5	5/3	10/5
C级区		80/60	50/30	关键 10/5 一般 25/10 地板 50/25 地漏 100/50	20/10	—
D级区		200/150	200/100	关键 20/10 一般 50/25 地板 100/50 地漏 200/100	—	—

注：
1. 通常情况下，无菌灌封间的 A 级区内不得检出微生物。
2. B 级区内一旦出现霉菌，即判定为超出警戒限度。
3. 数值形式表示"单个值／平均值"。
4. 数值前未加"＜（小于）"，则代表"≤（小于或等于）"该数值。
5. —表示不予规定。
6. 对于 A 级区的微生物监测标准，需要区分无菌生产工艺（B＋A）和非无菌生产工艺（C＋A）。

任务五

熟知液体制剂的时效性原则

任务目标　感受时效性原则的重要性
熟知制备液体制剂的时效性原则

活动1　时效性原则的重要性

学一学

对于超过保质期的抗菌类药物的处理绝不能手软。有些药物，一过期就应该丢掉。过了有效期的药品，有效成分可能会分解为别的产物，而这些分解的产物可能对身体产生副作用。如果吃了变质的内服药，不仅没有治疗效果，还会有细菌感染的危险。而像艾洛松等外用搽剂，如果超过有效期仍继续使用，很有可能导致皮肤过敏。氯霉素、利福平等消炎眼药水过期再使用，轻则造成眼睛干痒等局部不适，重则有可能引起角膜炎、结膜炎等眼部疾病。此外，像阿莫西林、诺氟沙星等抗菌类药品，药效减低的速度比较快，一过有效期，药效降低较大，服用后也没什么效果，不必为其惋惜。

质量管理理论告诉我们，生产企业的顾客分为外部顾客和内部顾客，其中的内部顾客就是指下个工序的操作者。相应地，内部顾客接受的中间品也可以被看作是产品，那么，同样需要在中间品的保质期内把它消耗或者加工完毕，才能保证最终产品的质量。

议一议

为了保证液体制剂药品的质量，在操作过程中如何注意药品的时效性？填表4-20。

表 4-20　液体制剂时效性讨论表

主题内容	注意问题
青霉素注射剂	
葡萄糖注射剂	
复方氨基比林注射剂	
氯霉素眼药水	
……	

活动 2　普通液体制剂和注射剂的时效性原则

1. 液体制剂的时效性原则

众所周知，液体制剂由于其自身含水量高容易被微生物大量污染和繁殖，所以对液体制剂的生产条件要求都比较高，其中大容量的注射剂和小容量的注射剂均要求在灌装后进行灭菌处理，并且要对灭菌条件进行验证。而有些液体制剂最终无法进行灭菌或者不要求进行灭菌，就要考虑它们在生产过程中工序之间的时间间隔限制，也就是制备非最终灭菌液体制剂的时效性原则。

2010 年版 GMP 第 197 条（十）规定，液体制剂的配制、过滤、灌封、灭菌等工序应当在规定时间内完成。

一般来说，对热不稳定的药品，在其配制及灌装的过程中应尽可能地缩短时间，去除不必要的耽搁。比如，配料时的温度和时间应控制，调 pH 也应尽快处理；在保证灭菌效果的前提下，灭菌温度尽可能低，灭菌时间尽可能短，经论证后要保证无菌；原料药在灭菌处理后投料，尽量减少生产过程中的药品被污染；另外，还应考虑药物本身对氧、金属离子、pH 的稳定性，保证最佳的 pH。

议一议

药液配制、过滤、灌封、灭菌等过程的时间间隔管理规程怎样？见表 4-21。

表 4-21　××××制药企业

	文件号：SC-SMP-18		药液配制、过滤、灌封、灭菌等过程的时间间隔管理规程	
起草	部　门：	审　核	部　门：	
	起草人：		审核人：	
批准	部　门：	版次	第 2 版	
	批准人：	生效日期	年　　月　　日	
修订原因	完善管理规程			

1　目的　建立本规程旨在为生产过程中各工序时间间隔提供标准。
2　适用范围　本 SMP 对配制、灌封、灭菌检漏岗位有效。
3　责任　配制、灌封、灭菌检漏、QA 人员对本规程实施负有责任。

4 规程内容

4.1 冻干粉针剂

4.1.1 从药液配制开始到药液除菌过滤结束不得超过 8h。

4.1.2 配制结束后,药液在 0～4℃贮存不得超过 24h。

4.1.3 过滤完成到药液灌装完毕入箱时间间隔不得超过 10h。

4.1.4 抽真空压塞后,开箱至压盖时间间隔不超过 24h。

4.2 小容量注射剂

4.2.1 从配制到药液过滤不超过 8h。

4.2.2 配制结束后,药液在 0～4℃贮存不得超过 24h。

4.2.3 从过滤开始至灌封结束不超过 8h,灌封后 4h 内必须灭菌。

4.3 口服液体制剂

4.3.1 从配制开始到药液过滤结束不超过 8h。

4.3.2 配制结束后,药液 0～8℃贮存不得超过 48h。

4.3.3 从过滤开始至灌封结束不超过 6h,灌封后 4h 内必须灭菌。

5 培训 与本规程有关的责任人应接受本规程的培训。

2. 非最终灭菌的液体制剂工序间的时间限制

GMP 规定,无菌药品生产用的直接接触药品的包装材料、设备和其他物品从清洗、干燥、灭菌到使用,使用时间间隔应有规定。无菌药品的药液从配制到灭菌或除菌过滤的时间间隔应有规定。由于药品生产的复杂性,GMP 无法给出具体时间要求,这就需要由生产企业经过系统验证来制定。虽然不必一个品种规定一个时间,但是要求所制定的药液配制、过滤、灌封、灭菌等工序的时限都要求由验证实验得来。一般来讲:

非最终灭菌无菌分装注射剂——洗净的瓶子应在 4h 内灭菌;处理后的胶塞应在 8h 内进行灭菌;

非最终灭菌无菌冻干粉注射剂——洗净的瓶子应在 4h 内灭菌;处理后的胶塞应在 8h 内进行灭菌;

总之,在生产过程中,为保证药品的质量,各个工序均应有时间间隔限制,并应在批生产记录中体现出来。时间限制的具体数据要由验证得来,以确保中间品在时限范围内质量不变,保证生产出合格的药品。

任务六

预防药品生产和包装过程中的污染和混淆

任务目标　知道药品生产过程中防止污染和混淆的措施
　　　　　　知道药品包装过程中防止污染和混淆的措施

活动 1　防止药品生产过程中的污染和混淆

学一学
　　防止药品生产过程中污染和混淆的措施有哪些？填表 4-22。

表 4-22　防止药品生产过程污染和混淆的措施讨论表

问题	措施
1.	
2.	
3.	
…	

1. 防止药品生产过程中污染和混淆的措施（条文规定）

2010 年版 GMP 第 197 条规定，药品生产过程中应当尽可能采取措施，防止污染和交叉污染，具体措施列举如下。

① 在分隔的区域内生产不同品种的药品。
② 采用阶段性生产方式。
③ 设置必要的气锁间和排风；空气洁净度级别不同的区域应当有压差控制。
④ 应当降低未经处理或未经充分处理的空气再次进入生产区导致污染的风险。
⑤ 在易产生交叉污染的生产区内，操作人员应当穿戴该区域专用的防护服。
⑥ 采用经过验证或已知有效的清洁和去污染操作规程进行设备清洁；必要时，应当对与物料直接接触的设备表面的残留物进行检测。

⑦ 采用密闭系统生产。

⑧ 干燥设备的进风应当有空气过滤器，排风应当有防止空气倒流装置。

⑨ 生产和清洁过程中应当避免使用易碎、易脱屑、易发霉器具；使用筛网时，应当有防止因筛网断裂而造成污染的措施。

⑩ 液体制剂的配制、过滤、灌封、灭菌等工序应当在规定时间内完成。

⑪ 软膏剂、乳膏剂、凝胶剂等半固体制剂以及栓剂的中间产品应当规定贮存期和贮存条件。

2. 按照生产流程的先后采取药品污染和混淆的措施

在生产过程中，防止污染和混淆的措施很多，也是实施药品 GMP 的主要目的之一，下面按照生产过程的顺序逐一介绍防止混批混药的措施。

(1) 生产准备 生产车间按批生产指令（表 4-11）、生产工艺规程及岗位标准操作规程，由车间工艺技术员向各工序分别下达生产计划，各工序根据计划向仓库限额领取物料，领料时需核对品名、规格、批号、生产厂家、数量及检验合格报告单等，并填写领料记录（表 4-13）。

(2) 人员 车间内操作人员（包括维修人员）均应定期接受培训。培训内容除应包括 GMP 观念的培训外，还应有 SOP 培训。应力图使 GMP 行为成为员工的自觉行为，确保员工熟悉 SOP 并严格执行。使员工养成按规程办事、按规定如实填写记录、遇事及时汇报上级等习惯。从而最大限度地防止发生混药、混批的人为因素。

外来人员必须经过批准并在指定人员的陪同及指导下方可进入车间。

任何私人物品均不得带入车间。

严格要求个人卫生并按规定穿戴工作服。

生产操作开始前，操作人员必须对工艺卫生、设备状况等进行检查。

(3) 生产过程 按 GMP 规定，生产过程中物料的投料、称量、计算等操作，都必须要有人复核，操作人、复核人应在操作记录上签名，车间工艺技术员、质量员均应对此关键操作进行监督。生产过程必须严格按照 SOP 进行，并认真如实填写批生产记录。如发现偏差，应立即汇报并记录。

不同产品的生产不得在同一房间内进行，除非有有效的物理隔断加以分离。

未贴标签的产品拿离生产线后，一般不得返回。若经拿离生产线后立即送回，则需经第二人核查无误后方可返回生产线，并记录。

生产过程中所抽取的样品，应立即贴上取样标签，并存放在单独的房间内。

贴签工序应紧接着上一道工序进行，若两道工序不能有效连接，则必须有防止混淆的书面规程。

对于麻醉药品、精神药品、毒性药品和放射性药品等，应按国家有关规定严格执行，使用后剩余的散装物料应及时密封，由操作人在容器上注明启封日期、剩余数量、使用者、复核者签字后，由专人办理退库手续。再次启封使用过的原辅料时，应核对记录，检查外观性状，如发现有异常情况或性质不稳定时，应再次送检，合格后方可使用。

(4) 中转站的管理

① 车间生产的中间产品，应存放在中间站内，不得长时间存放于操作间内。

② 存放内容。中间产品、待重新加工的产品、清洁的周转容器等，除上述范围以外的物品不得存放于中间站，中间站应随时保持清洁，不得有散落的物料，地上散落的物料不得回收。

③ 存放要求。进入中间站的物品其外包装必须清洁，无浮尘。中间产品在中间站应有明显的状态标志，注明品名、批号、规格、数量，并按品种、批号码放整齐，不同品种、不同批号、不同规格的产品之间应有一定的距离，物料应加盖密封保存。以"红色牌"表示"不合格"，以"黄色牌"表示"待验"，以"绿色牌"表示"合格"，以"白色牌"表示"待重新加工"，并且分堆存放。中间站存放的物料要求账、卡、物一致。

④ 人员要求。操作人员每天及时将物料存放入中间站，并填写中间站进站记录［表4-23(a)］，中间站管理员核对品名、规格、批号、重量（数量）容器数、工序名称、加工状态等，无误后检查外包装清洁情况，并由送料人及中间站管理员共同签字，填写进站日期，并将物料按规定堆放整齐。中间站管理员填写中间产品台账及中间站物料卡，中间站进站记录应附于批生产记录上［表4-23(b)］。

表4-23(a) 中间站台账

日期	中间产品名称	批号	入站		出站		操作人	复核人
			件数	数量	件数	数量		

表4-23(b) 中间站记录

	工序					站名					
进站记录	桶号	进站日期	品名	规格	批号	重量	件数	进站者	收货人	备注	
	工序					站名					
出站记录	桶号	进站日期	品名	规格	批号	检验单号	重量	件数	进货者	收货人	备注

⑤ 请验。中间站管理员对中间产品进行请验,此时物料应挂待验状态标志,只有经检验合格后,才能挂"合格"状态标志,由质量管理部门发放中间产品合格证。

⑥ 发放。根据车间下达的工序生产指令,中间站管理员可向下一工序发放合格的中间产品,并填写中间产品出站记录,由下一工序的领料人员复核品名等,在中间站出站记录上共同签字,同时填写中间站台账及库卡。中间站应上锁管理。管理人员离开时应上锁后方可离开。

(5) 生产结束 每批产品生产结束后,应进行清场。剩余物料操作人员应及时退库,车间不得存放未使用完的剩余物料,但中间站存放的中间产品除外。

(6) 定置管理 为了养成良好的生产习惯,减少发生差错的可能性,车间应进行定置管理。操作间内的定置管理是指严格规定操作间的设备、各种物料及容器、操作台等的摆设位置。生产中所使用的工器具,在使用完毕后都应放回原位,不能到处丢放或放在设备里面,以免发生生产事故。中间站等其他房间也应进行定置管理,如洁具间应规定各种清洁工具的存放位置,并严格执行制定的定置管理制度。

活动 2　防止包装过程中的污染和混淆

> **想一想**
> 通过生产过程中防止污染和混淆的学习,你认为防止药品包装过程中污染和混淆的措施有哪些?填表 4-24。

表 4-24　防止药品包装过程污染和混淆的措施讨论表

问题	措施
1.	
2.	
3.	
…	

1. 防止药品包装过程中污染和混淆的措施

包装作业比其他工段而言更容易发生混批和混药,因此对包装作业的管理一直是生产管理的重要部分。

(1) 包装管理的基本要求

① 包装开始前应当进行检查,确保工作场所、包装生产线、印刷机及其他设备已处于清洁或待用状态,无上批遗留的产品、文件或与本批产品包装无关的物料。检查结果应当有记录。按批包装指令(表 4-25)进行包装。

② 包装操作前,还应当检查所领用的包装材料正确无误,核对待包装产品和所用包装材料的名称、规格、数量、质量状态,且与工艺规程相符。

③ 每一包装操作场所或包装生产线,应当有标识标明包装中的产品名称、规格、批号和批量的生产状态。

④ 有数条包装线同时进行包装时,应当采取隔离或其他有效防止污染、交叉污染或混

淆的措施。

⑤ 待用分装容器在分装前应当保持清洁，避免容器中有玻璃碎屑、金属颗粒等污染物。

⑥ 产品分装、封口后应当及时贴签。未能及时贴签时，应当按照相关的操作规程操作，避免发生混淆或贴错标签等差错。

⑦ 单独打印或包装过程中在线打印的信息（如产品批号或有效期）均应当进行检查，确保其正确无误，并予以记录。如手工打印，应当增加检查频次。

⑧ 使用切割式标签或在包装线以外单独打印标签，应当采取专门措施，防止混淆。

⑨ 应当对电子读码机、标签计数器或其他类似装置的功能进行检查，确保其准确运行。检查应当有记录。

⑩ 包装材料上印刷或模压的内容应当清晰，不易褪色和擦除。

表 4-25 批包装指令单

编号：

各有关部门：
根据_____车间生产的下述品种于_____年_____月_____日可以进入包装程序：
  品种名称：
  规格：
  批号：
  计划批产量：
  实际待包装数量：
  其他事项：

请接到此包装指令的各有关部门即作出相应安排。

质量管理部（签章）：
指令日期： 年 月 日

备料与领取					
序号	物料代号	物料名称	规格	数量	备注
1					
2					
3					
4					
5					
6					

发放人：_____ 日期：_____ 年_____月_____日
收到人：_____ 日期：_____ 年_____月_____日
收到人：_____ 日期：_____ 年_____月_____日
收到人：_____ 日期：_____ 年_____月_____日

(2) 包装操作

① 待清场检查完毕，根据批包装指令检查核对包装材料。

② 把印刷包装材料的条形码输入条码识别器进行核对，调整打印批号及有效期的设备，并打印一张，检查内容是否正确、位置是否符合要求。有另一人对以上操作进行复核。

③ 检查待包装产品的名称、数量、批号、生产日期是否与生产指令一致。

④ 按照 SOP 完成每一步的包装作业。

⑤ 包装过程中由授权人定时抽查标签、打印、包装是否完好、标准。装箱人员应确保所有产品均贴有标签，标签上均印有批号和有效期，且打印位置符合要求。

⑥ 对贴签不符合要求者，应撕下标签重新贴签。对于报废的标签必须将其代码撕下贴在批生产记录上，对于无法撕下的标签，必须在批生产记录中加以说明，并经授权人复核签字。

⑦ 包装结束时应检查零箱的产品，确保外纸箱上所表示的瓶数与实际一致，并检查合格证、瓶标签及外纸箱上的批号、有效期清晰、一致。

⑧ 若中途停止包装，必须空出包装线，将未贴签的产品放入专门的容器中，并在此容器上标明产品的名称、规格、批号、生产日期和数量。因包装过程产生异常情况而需要重新包装产品的，必须经专门检查、调查，并由指定人员批准。重新包装应当有详细记录。

⑨ 每批产品均应进行标签物料平衡的确认，并由质量管理部门或车间主管人员审核。出现偏差时应保存当时的记录、偏差情况的处理、分析和结论。在物料平衡检查中，发现待包装产品、印刷包装材料以及成品数量有显著差异时，应当进行调查，未得出结论前，成品不得放行。

⑩ 包装期间，产品的中间控制检查应当至少包括包装外观、包装是否完整、产品和包装材料是否正确、打印信息是否正确、在线监控装置的功能是否正常。

样品从包装生产线取走后不应当再返还，以防止产品混淆或污染。

(3) 包装材料的增补及退库

① 包装过程中由于损耗引起包装材料不足时，应及时填写"增补领料单"，注明所需包装材料的名称、代码、数量，经授权人签字后到仓库领取。

② 包装结束后多余的包装材料若已打印了批号，做报废处理；未打印批号的，则分别放入专门容器中，封口，并贴上标签，注明名称、代码、数量，连同填好的"回单"一同返回仓库。

(4) 包装操作规程应当规定降低污染和交叉污染、混淆或差错风险的措施。

2. 某药品生产企业的外包装标准操作规程样例

××××药业公司

名　　称		颁发部门	
外包装标准操作程序		接收部门	
		生效日期	
操作标准——生产		制定人		制定日期	
文件编号		审核人		审核日期	
文件页数	共 2 页	批准人		批准日期	
分发部门					

1 目的　建立外包装标准操作程序，避免产生人为误差。

2 范围　固体制剂车间外包装岗位。

3 责任

3.1 包装班长负责组织包装岗操作人员正确实施具体操作。

3.2 包装班长、质监员负责监督与检查，确保本工序的正确有效运行，确保产品包装质量。

3.3 外包装操作人员应按本程序正确实施操作。

4 内容

4.1 检查工房、用具、容器具及工作台面的清洁状况，检查清场合格证，核对有效期，取下标示牌，按生产部门标识管理规定定置管理。

4.2 包装班长按生产指令填写工作状态，挂生产标识牌于指定位置。

4.3 根据生产指令，班长或其指定人员领取包装材料，并核对数量，检查包装材料质量，整齐码放在包装材料存放区。

4.4 根据生产指令，需打批号、有效期的包装材料由专人负责打印、保管及下发，并记录打签数。

4.5 根据生产指令，自中间站按中间产品交接程序领取内包合格的中间产品，逐桶核对标签与实物是否相符，核对分装合格的铝塑板批号与包材是否相符，片子是否符合质量标准，按批号包装，不得混批。

4.6 包装过程中发现药品、包装材料及分装质量不合格时，随时挑出放于操作台下废品盒内，统一处理，并记录数量，填写在生产记录内，按不合格品管理规定进行处理。

4.7 根据产品包装规格要求将规定数量的药品放在小彩盒中，小彩盒内放一张折叠好的说明书，同时核对小盒上的批号。注意不可与未装半成品的小盒混淆。

4.8 根据不同产品要求，将规定数量的小盒装入中盒，并用封口签将开口处封严。

4.9 大包装按生产指令的数量装箱，放装箱单一张，装箱单所列项目由包装人填写齐全，装箱人负责复核。

4.10 大包装箱皮打印时，应按照生产指令，并进行二人核对，打印清楚、正确、位置适中，混箱时需注明混箱批号与数量。

4.11 将箱皮按折叠线将底部折好，用胶纸封口，翻正后，放入箱垫，按包装规格将中盒放入包装箱内，装入装箱单与箱垫，按箱皮折叠，胶纸封口，打包装带。混箱时，一箱只能有两个不同的批号，并全部标明在中盒或外箱上，两个批号之间间隔不能超过三个月。

4.12 生产出的产品，码放整齐，每日生产结束后，由综合员依据产品寄库标准操作程序办理产品寄库。中间站管理员填写产品请验单，送质监科请验。

4.13 批生产完毕，填写生产记录。

4.14 生产结束后，取下生产标识牌，挂清场牌，依据清场标准操作程序、生产用容器具清洁标准操作程序、一般生产区清洁标准操作程序进行清场、清洁。

4.15 清场后，填写清场记录，报质监员检查，合格后，持清场合格证。

5 记录

记录名称

外包装生产记录

车间包装材料收支记录台账

车间标签、说明书收支记录台账

车间标签、说明书退库记录

一般生产区清洁记录

6 培训

6.1 培训对象：包装班长、操作人员。

6.2 培训时间：2h。

任务七

填写与保管批生产记录和批包装记录

任务目标　知道批生产记录的内容、保管要求
正确填写批生产记录和批包装记录

活动1　认识批生产记录

《药品生产质量管理规范（2010年修订）》第171条规定，每批产品均应当有相应的批生产记录，可追溯该批产品的生产历史以及与质量有关的情况。

批生产记录是一批药品生产各工序全过程（包括中间控制）的完整记录，应具有质量的可追踪性。一个批次的待包装品或成品的所有生产记录称为批生产记录。批生产记录应能提供该批产品的生产历史以及与质量有关的情况。

表 4-26 和表 4-27 是某药品生产企业片剂的批生产记录样例。

表 4-26　固体制剂批生产记录目录

序号	编号	记录名称	备注
1	SC-JL-11	批生产指令单	1.
2	SC-JL-58	原辅料领料单	2.
3 称量		清场合格证（前次副本、本次正本）	3.
3.1	SC-JL-38	称量岗位操作记录	4.
3.2	SC-JL-01	称量岗位清场与清洁检查记录	5.
4 粉碎		清场合格证（前次副本、本次正本）	6.
4.1	SC-JL-40	粉碎岗位操作记录	7.
4.2	SC-JL-01	粉碎岗位清场与清洁检查记录	8.
5 制粒		清场合格证（前次副本、本次正本）	9.
5.1	SC-JL-39	制粒岗位操作记录	10.
5.2	SC-JL-01	制粒岗位清场与清洁检查记录	11.

续表

序号	编号	记录名称	备注
5.3		请验单	12.
5.4		传递卡	13.
6 压片		半成品检验报告书	14.
6.1		清场合格证(前次副本、本次正本)	15.
6.2	SC-JL-59	片重通知单	16.
6.3		传递卡	17.
6.4	SC-JL-41	压片岗位操作记录	18.
6.5	SC-JL-01	压片岗位清场与清洁检查记录	19.
6.6		请验单	20.
6.7		传递卡	21.
7 包衣		半成品检验报告书	22.
7.1		清场合格证(前次副本、本次正本)	23.
7.2		传递卡	24.
7.3	SC-JL-42	包衣岗位操作记录	25.
7.4	SC-JL-01	包衣岗位清场与清洁检查记录	26.
7.5		请验单	27.
7.6		传递卡	28.
8 内包		半成品检验报告书	29.
8.1	SC-JL-13	批包装指令单	30.
8.2		清场合格证(前次副本、本次正本)	31.
8.3		传递卡	32.
8.4	SC-JL-43	塑瓶包装岗位操作记录	33.
8.5	SC-JL-01	塑瓶包装岗位清场与清洁检查记录	34.
8.6		请验单	35.
8.7	SC-JL-018	取样指令单	36.
9		与本批产品相符的标签或包装盒一份	37.
10	SC-JL-44	铝塑包装岗位操作记录	38.
11	SC-JL-01	铝塑泡罩包装岗位清场与清洁检查记录	39.
12	SC-JL-45	复合膜袋包装岗位操作记录	40.
13	SC-JL-01	复合膜包装岗位清场与清洁检查记录	41.

注:1."编号"列空白项表示无编号信息。
2."备注"列表示目录的序号。

表4-27 固体制剂物料批生产记录目录

序号	编号	凭证名称	备注
1	SC-JL-14	传递卡、灯检卡、灌封卡、灭菌检漏卡	
2	SC-JL-52	中转站进出站台账	
3	WL-JL-07	请验单	

续表

序号	编号	凭证名称	备注
4	SC-JL-59	片重通知单	
5	WL-JL-21	标签、说明书发放、领用、退库和销毁记录	
6	WL-JL-28	退料申请单	
7	SC-JL-30	包装材料申请销毁单	
8	SC-JL-60	容器状态标识	
9	SC-JL-57	模具发放使用记录	
10	SC-JL-56	暂存间进出记录	

从上面的样例可以看出，批生产记录是一套文件，是由各个岗位的工作人员共同填写的，它是用来追溯产品生产过程的。批生产记录是一批药品生产工序全过程（包括生产过程质量控制）的完整记录，包括一切与该批药品生产过程有关的原始操作记录及报告单、卡片等有关凭证。

活动 2　填写批生产记录和批包装记录

1. 填写人员要求

① 岗位操作记录由岗位操作人员填写，岗位负责人、工艺员审核并签字。

② 批生产记录由车间管理人员汇总，车间技术主任或车间专职工程师审核签字，跨车间生产的产品由各车间分别填写，并由厂生产技术部门指定专人汇总审核并签字。成品发放前，厂质量管理部门审核批生产记录并签字，决定产品的最后放行。

2. 填写要求

① 内容真实，数据可靠，计算准确，能真实反映生产、检验实际情况，严禁弄虚作假，伪造数据。

② 记录填写应及时，不得事前填写，也不得转誊或事后凭记忆补记。

③ 内容完整，按表格内容填全，不得留有空格，如果某项无内容填写时，一律以"/"占格，内容与上项内容相同时，应重复抄写，不得用"··"或"同上"表示，其他另需说明的事项，可在备注栏中注明。

④ 字迹清晰端正，不得用草书、行书或艺术字填写。书写禁用铅笔填写。

⑤ 记录应当保持整洁，不得撕毁和任意涂改，生产记录及其背面不得涂画与生产记录无关的内容，也不得作为计算的草稿纸使用。

⑥ 记录填写的任何更改都应当签注姓名和日期，并使原有信息仍清晰可辨。必要时，应当说明更改的理由。记录如需重新誊写，则原有记录不得销毁，应当作为重新誊写记录的附件保存。

⑦ 批生产、批检验记录要由操作者、复核者签署全名。

⑧ 生产品种和所用物料的名称应用法定中文名称，不得简写或用代号。

⑨ 日期填写采用数字记年法，如"2000.5.12"；或数字加汉字记年法，如"2000 年 5 月 12 日"。不得简写，如"00/05/12"或"00/5/12"。

⑩ 仪表或其他计量器具的读数要求读至最小分度，计算结果应按数字修约规则修约，并保留相应位数的有效数字。

⑪ 批生产、检验记录中的计量单位一律采用现行法定国际计量单位，单位可用现行法定国际计量单位的字母符号表示，如"kg"，也可用汉字表示如"千克"。不得使用非法定计量单位。

3. 使用电子数据处理系统的要求

《药品生产质量管理规范（2010年版）》第160条规定，应当尽可能采用生产和检验设备自动打印的记录、图谱和曲线图等，并标明产品或样品的名称、批号和记录设备的信息，操作人应当签注姓名和日期。

《药品生产质量管理规范（2010年版）》第163条规定，如使用电子数据处理系统、照相技术或其他可靠方式记录数据资料，应当有所用系统的操作规程；记录的准确性应当经过核对。

使用电子数据处理系统的，只有经授权的人员方可输入或更改数据，更改和删除情况应当有记录；应当使用密码或其他方式来控制系统的登录；关键数据输入后，应当由他人独立进行复核。

用电子方法保存的批记录，应当采用磁带、微缩胶卷、纸质副本或其他方法进行备份，以确保记录的安全，且数据资料在保存期内便于查阅。

4. 复核要求

① 批生产记录由车间管理员按批整理，将每个岗位操作记录串联并对照工艺规程进行复核。有疑问处与各岗位联系核实，不符合要求的填写方法必须由填写者本人更正并签名。最后由车间管理员按规定装订成册，交于车间主任审核。

② 车间主任审核注意上下工序记录中物料的数量、质量、批号、容器号等的前后一致性，重点是物料平衡、质量疑问和异常情况的处理措施，审核后交于生产部经理审核签字。

③ 生产部门复核、审核完毕，复核和审核者应在生产记录上签字，并及时转交于质量管理部的QA作最后审核。

④ QA应对生产记录和相关的检验记录做全面的审查，重点放在物料平衡、质量疑点和异常情况的处理。如有疑问，报请质管部部长，及时与生产部门联系查实。如无疑问，质量管理部部长及时作出该批药品是否放行的结论。

总之，批生产记录和批包装记录是企业生产非常重要的原始文件，填写时应态度认真，所有的填写和复核人员应对自己的签名负责。

5. 批生产记录的保管

批生产记录是记录生产的原始凭证和第一手材料，是进行质量追踪的主要依据，必须妥善保管，慎防遗失。

批记录应当由质量管理部门负责管理。各种批生产、检验记录必须按产品、批号、种类等分类保管，以便查找。批生产、检验记录由文档室专人、专柜妥善保管，保存区域不经保管人允许，不得随意开启、进入，确保记录不被篡改或丢失。各种批生产、检验记录应按产品种类按批归档保存，保存时间至少至药品有效期后一年。凡超过保存期限的批生产记录，应由档案人员造册，填写报废申请单，经质管部部长及生产主管副总经理批准签字后方可销毁。非授权人不得随意调阅。

6. 课后活动

请同学们在制备胶囊剂实训时,填写检查记录(表 4-28)。

表 4-28　胶囊填充检查记录

产品名称		规格		批号	
A　填充工序需执行的操作 SOP					
1.胶囊填充岗位操作及清洁 SOP					
2.ZJT-20 型全自动胶囊填充机操作及清洁 SOP					
3.JMJ-2 型胶囊抛光机操作及清洁 SOP					
B　填充前检查项目					
项　目				有	否
1.有否上批产品清场合格证					
2.调节工房内温度 18～26℃,相对湿度 45%～65%					
3.填充机、吸尘器是否正常,并已清洁、干燥					
4.领用颗粒、空心胶囊是否有检验合格单					
5.工具、器具是否齐备,并已清洁、干燥					
6.水、电、空压、稳压是否正常					
7.有否调节天平零点					
日期:　　年　　月　　日　　操作人:　　　　　检查人:					
C　填充后检查项目					
1.有否将所有物料清场					
2.有否填写生产原始记录,交接班记录					
3.有否清洁设备、工具、容器					
4.有否清洁吸尘器					
5.有否清洁工房					
6.有否关闭水、电、空压					
日期:　　年　　月　　日　　操作人:　　　　　检查人:					
备注:					

任务八

药品 GMP 的验证

任务目标
正确阅读和理解验证方案
知道药品生产过程中的验证内容
正确按验证方案参与验证工作

活动1　正确理解药品验证

1. 什么是验证

确认与验证是 GMP 的重要组成部分。确认是证明厂房、设施、设备能正确运行并可达到预期结果的一系列活动。验证是证明任何操作规程（或方法）、生产工艺或系统能够达到预期结果的一系列活动。

验证和确认本质上是相同的概念，确认通常用于厂房、设施、设备和检验仪器，验证则用于操作规程（或方法）、生产工艺或系统，在此意义上，确认是验证的一部分，单纯的确认不能认为是验证。

2. 验证的目的

2010 年版 GMP 第 138 条和第 139 条规定，企业应当确定需要进行的确认或验证工作，以证明有关操作的关键要素能够得到有效控制。确认或验证的范围和程度应当经过风险评估来确定。企业的厂房、设施、设备和检验仪器应当经过确认，应当采用经过验证的生产工艺、操作规程和检验方法进行生产、操作和检验，并保持持续的验证状态。具体措施如采取预防性维护保养、校验、变更控制、偏差处理、纠正和预防措施、生产过程控制、产品年度回顾、再验证管理等。

验证是 GMP 的基石。验证这一观念的引入，改变了人们工作的思维方式，对于质量的控制不再是"出现问题→解决问题"，而是从保证产品质量入手，对生产所需的厂房、设施、清洁方法、生产工艺、检验方法、设备、计算机系统等进行风险评估，找到影响产品质量的关键因素，设置这些关键因素的可以接受的标准，并进行验证，证明在生产中的一切活动都是可靠的，确保所生产的产品是达到标准。也就说控制产品质量从"治标"转移到"治本"

上来。验证本身并不能改善生产工艺,它只能证明生产工艺是用科学方法开发出来的并处于受控状态。

3. 验证文件

验证文件是有效实施 GMP 的重要证据。验证文件包括验证总计划、验证方案、验证记录、验证报告（结果、结论、记录、存档）、验证合格证书、年度验证总结报告及其他（验证标准操作规程、验证管理规程等）。

验证总计划又称验证规划,是项目工程整个验证计划的概述,是指导企业进行验证的纲领性文件;是为公司的整个验证工作的实施提供政策、导向以及公司生产、设施、系统和质量计划的总体情况;阐述企业应进行验证的各个系统、验证所遵循的规范、各系统验证应达到的目标,即验证合格标准和实施计划。

验证方案应该能够清楚地描述出验证程序。内容至少应该包括：重要的背景信息,验证目的;负责人员,SOP 的描述;设备（包括验证前后的校验）;相关产品和工艺的标准,验证类型和频率;应该清楚地确定需要验证的工艺和/或参数;验证方案应在审核并得到批准后实施。

验证报告应反映验证方案的要素。内容至少包括：简介验证总结的内容和目的;对所验证的系统进行简要描述,包括其组成、功能以及在线的仪器仪表等情况;相关的验证文件索引,以便必要时进行追溯调查;说明参加验证的人员及各自的职责,特别是外部资源的使用情况;验证的实施情况;验证合格的标准;验证实施的结果;阐述验证实施过程中所发现的偏差情况以及所采取的措施;验证的结论,明确说明被验证的子系统是否通过验证并能否交付使用。

4. 验证的分类

验证按照时间可以分为：前验证、回顾性验证、再验证、同步验证。

(1) 前验证 指一项工艺、一个过程、一个系统、一个设备或一种材料在正式投入使用前按照设定的验证方案进行的验证。这一方式通常用于产品要求高,但没有历史资料或缺乏历史资料,靠生产控制及成品检查不足以确保重现性及产品质量的生产工艺或过程。

必须进行前验证的工序：无菌产品生产中所采用的灭菌工艺,如蒸汽灭菌、干热灭菌以及无菌过滤;氨基酸以及葡萄糖类输液产品生产中采用的配制系统及灌装系统的再现灭菌程序;冻干剂生产用的中小型配制设备的灭菌,灌装用具、工作服、手套、过滤器、玻璃瓶、胶塞的灭菌以及最终可以灭菌产品的灭菌,冻干剂生产相应的无菌灌装工艺。

(2) 回顾性验证 指以历史数据的统计分析为基础,旨在证实正式生产工艺条件适用性的验证。当有充分的历史数据可以利用时,可以采用这种验证方式进行验证。同前验证的几个批的数据相比,其优点是积累的资料比较丰富,从对大量历史数据的回顾分析更可以看出工艺控制状况的全貌,因而其可靠性也更好。

(3) 再验证 指一项工艺、过程、系统、设备或材料等经过验证并在使用一个阶段以后进行的,旨在证实已验证状态没有发生漂移而进行的验证。关键工艺往往需要定期进行再验证。根据再验证的原因,可以将再验证分为下述三种类型：

① 药监部门或法规要求的强制性再验证;

② 发生变更时的"改变"性再验证;

③ 每隔一段时间进行的"定期"再验证。

（4）同步验证　指生产中在某项工艺运行的同时进行的验证，即从工艺实际运行过程中获得的数据来确立文件的依据，以证明某项工艺达到预定要求的一系列活动。

5. 验证的组织机构

企业应该成立由不同部门的相关人员组成的验证委员会，再分设验证小组，分工协作，共同完成验证的实施。见图4-3。但方案的起草可根据验证性质的不同来确定人员，比如公用工程由工程部起草，关键设备由生产人员和工程部人员共同起草，工艺验证由生产部人员起草，基本原则就是谁用谁起草，谁最专长谁起草，这样更切合实际。QA则需负责验证方案的审核，并组织验证的实施，出具验证报告。

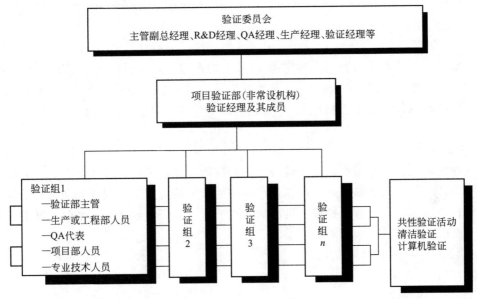

图4-3　验证组织机构

验证组织机构中，企业主管生产和质量的负责人及质量管理部门负责人必须对验证负责，但验证小组的形式可以是专职的，也可以是兼职的。供货商及咨询公司参与的验证文件须本公司质量管理部门签名认可。

6. 验证实施的步骤（图4-4）

图4-4　验证的步骤

活动2　阅读验证方案与实施

1. 阅读某企业卡托普利片生产工艺验证方案要点

1　概述

1.1 品种基本情况
1.2 卡托普利片工艺流程图

题目	2011年卡托普利片生产工艺验证方案					
编号						
起草人		起草日期	年 月 日	起草部门		
审核会签				审核日期		年 月 日
批准人		批准日期	年 月 日	实施日期		年 月 日
参与部门	质量管理部、质量控制中心、生产管理部、口服固体制剂车间					

1.3 生产过程质量控制点
2 验证目的
通过对产品工艺参数的验证，确定岗位 SOP 的合理性，分析影响产品质量的关键因素，纠正偏差，建立生产全过程的运行标准和监控标准，确保产品质量安全有效、稳定均一。
同时证明在执行《卡托普利片生产工艺规程》（草案）的情况下，生产的产品质量可控，工艺稳定。
3 验证前提条件
空气净化系统、工艺用水、生产设备、检验仪器等经过了验证或校验；分析方法经过验证；参与验证的相关人员都经过了培训；严格按照拟定的生产工艺规程和岗位标准操作规程进行操作；所有取样、检验严格按照批准的规程进行；验证记录真实、及时、准确。
4 验证组织
5 验证准备
5.1 验证所需文件
5.2 验证物料确认
5.3 计量器具校验确认
5.4 设施、设备验证情况
5.5 验证人员培训
6 验证过程
6.1 验证时间（略）
6.2 验证要求
6.2.1 称量配料工序验证（略）
6.2.2 制粒工序工艺验证（略）
6.2.2.1 制粒工艺（略）
6.2.2.2 验证目的（略）
6.2.2.3 合格标准（略）
6.2.2.4 取样计划（略）
6.2.2.5 结果评价（略）
6.2.2.6 颗粒存放时限验证（略）
6.2.3 总混工序验证（略）
6.2.4 装瓶工序验证（略）
6.2.5 包装工序验证（略）

6.2.6　成品检验结果（略）
7　验证总评价与结论
8　再验证
9　验证合格证书

2. 分组模拟参与该验证方案的实施

3. 各小组讨论验证实施结果

各小组讨论验证实施结果，填写表 4-29。

表 4-29　制粒工序验证监控项目记录

项目	标准	监控结果		
		批号：	批号：	批号：
干混时间	30min			
搅拌频率	25Hz			
制软材搅拌时间	10min			
搅拌频率	50Hz			
颗粒机筛网目数	18目			
烘箱温度	60～80℃			
整粒筛网目数	18目			
颗粒水分	3.0%～4.0%			
检查人				
复核人				
评价与结论	通过对监控数据分析，制粒工艺参数是否符合要求，能否保证颗粒质量			

任务九

药品生产过程中异常情况的处理

任务目标　树立劳动生产过程中的安全意识
正确处理药品生产过程中出现的异常情况

活动1　提高安全生产意识

案例 4-4

××车间安全事故通报

1997年4月26日，唐某在包装岗位封蜡操作中手持蜡包滑倒，造成手面、足面烫伤。

2002年8月14日，孔某在搬运铝塑机吸塑辊时滑倒，吸塑辊砸在手臂上，造成手臂砸伤事故。

2008年11月16日，程某在溶糖岗位操作时不慎滑倒，手臂插入糖浆桶中，造成手臂烫伤事故。

2012年5月29日，史某在压片岗位操作时手伸入开启的压片机大盘中，造成挤手事故。

事故教训：人员在工作中不精心、不能认真遵守有关安全管理规定及违章操作是造成以上事故发生的根本原因。在实际生产中必须认真遵守各项安全管理规定，精操细作，将安全生产放在第一位，确保安全生产。

××车间
2013年3月

想一想

思考引起以上生产事故的原因，操作中应注意哪些问题？填表4-30。

表 4-30 ××车间安全事故的原因及应注意问题讨论表

原因	应注意问题
1.	
2.	
3.	
…	

在日常工作中，每时每刻都有异常情况发生的可能，这些异常情况有时会引起事故，又应如何防范呢？事故来自思想麻痹，来自安全意识淡薄。事故的确有其不可避免的偶然性，但如果我们事先以一万的准备来预防万一的事故，那么事故发生率就可以大大降低。

在药品生产过程中，对安全生产操作有如下要求。

① 严格按照工艺规程规定进行生产，熟练掌握标准操作规程的每个操作要领，不得任意更改。

② 新产品投产时，技术质管部门负责人应在场对关键岗位进行指导和监督生产人员的操作，车间负责人和技术负责人参加全过程的操作，并对监控点进行核对。

③ 生产设备在使用前应先检查，必要时作空机试验，正常后再进行生产，生产结束后，要把设备清洁干净，摩擦部件要按规定加油。

④ 压力容器、管道、阀门要小心操作，不可使压力超过规定，要按规定定期检查容器，进行耐压测试，并记录。

⑤ 操作室内严禁烟火。

⑥ 机器旋转部位应有防护罩。

⑦ 电器设备要定期检查，电线开关不得裸露，管道破损时要及时修理或更换，不得受潮，不得用湿手去碰电器开关。

⑧ 易燃易爆物品存放在操作室时，不得超过二次的用量，使用完后及时清理退库。

⑨ 加热容器，管道要有隔热保温设施，防止烫伤。

⑩ 严禁用手直接接触浓酸、浓碱等腐蚀性物品，应在通风处操作。

⑪ 发生安全事故后，要立即报告有关领导，事后写出详细的事故报告。

⑫ 新工人上岗位操作前要经过培训，并有上岗证。

总之，生命是人类最宝贵的财富，安全生产是人类生命的基础保障之一，物的状态是被动的，人的行为是主动的，物的状态直接取决于人的行为，从物的状态讲，安全投入力度的加大，有效地改善了人的不安全意识和行为，因此消除大家思想根源上的安全隐患，提高职工的安全意识是确保安全生产的根本所在。而我们要认真对待企业制定的各项安全操作规定，自觉提高安全意识，安全进行生产操作。

活动 2　处理生产过程中出现的异常情况

1. 常见的生产异常情况分类

常见的生产异常情况大致可分为以下四种。

① 原辅料引起的。如原辅料供应厂家工艺的变更，而没有做相应的验证。

② 忽发性的设备故障、停水、停电、停燃气引起的异常情况。

③ 生产操作工按操作规程操作，但操作规程不符合实际情况而引起的。

④ 生产操作工没有严格按操作规程操作，培训不到位，操作人员误操作引起的。

2. 正确处理生产区内的异常情况

生产过程中很可能会发生意外情况，如设备、层流台、通风系统出现故障或停电，而这些情况的发生很可能就会直接影响药品的质量。所以必须在异常情况下采取应急措施，以确保生产仍然处于受控状态。

应当对员工进行培训，确保每个员工都知道在异常情况下的应急措施。车间主任以及维修经理应将联系方式通告当班负责人，以便出现问题时及时联系。

(1) 常见的应急措施
① 对于设备故障，应立即通知维修人员进行维修。
② 若出现停电或层流台、通风系统故障，则应按照以下原则要求进行：
a. 不要打开层流罩门；
b. 不要打开通往低级别卫生级区的门或传递窗；
c. 除立即向上级汇报外，应尽可能减少人员的走动；
d. 如系短时间内的计划停电（如 5min 内），操作人员应在原地静候；
e. 对于注射剂生产，如灌装作业已经开始，应立即停止灌装；若故障时间长，人员则应慢慢离开灌装区，切忌跑动，开门关门均须轻手轻脚。

(2) 故障排除后的处理　若故障造成不同级别区间压差下跌甚至出现负压，则必须待压差正常后再运转一段时间（具体时间应根据 HVAC 系统的能力由验证数据确定），或由环境监控人员对环境进行检测，符合要求后方可开始生产。

对于注射剂生产，此种情况下灌装线上的空瓶及胶塞要全部做废品处理，灌装线及灌装罐内的产品需作为一单独批号，增加 2 瓶灭菌前微生物取样，为是否返工该批药品提供依据。同时应对灌装设备进行在线清洁以及在线灭菌，对环境进行清洁及消毒。

当班负责人应填写偏差报告交评价人员。偏差报告应详细叙述故障原因、故障时间、所采取的措施。

3. 某药品生产企业处理事故的条例样例

安全生产和事故处理规定

1　全体员工必须牢固树立"安全第一"的思想，坚持预防为主的方针。
1.1　每年均要进行安全教育。
1.2　新到职工，所在部门要对其进行上岗前安全教育培训后才能分派到有关班组。
新职工所在班组的班组长要对其安全教育考核合格后才能上岗。
1.3　各部门布置生产工作任务时要同时布置安全工作。
1.4　严格要求操作者认真、严格执行产品工艺规程与标准岗位操作法，严禁违章操作。
1.5　每月进行安全检查，对安全隐患制定整改措施。
2　防止设备事故的发生。
2.1　操作人员严格按设备安全操作规程进行操作。
2.2　机器运行中，操作人员不得离开。
2.3　机器上的安全防护设备必须按要求安装，否则不得开机。
2.4　发现异常现象应停机检查。
2.5　在运行中的设备万一发生故障，必须立即关闭总电闸，防止故障蔓延。

2.6 电器出现问题时必须找电工来检查维修，非专业人员不得从事电器维修。
3 消防安全要求。
3.1 严禁明火，各部门如必须用火，需经批准。
3.2 生产区严禁吸烟。
3.3 生产用电炉要专人管理，严禁用电炉烧水、烤火。
3.4 中途停产或法定休息日，各部门均要关闭总电闸。
3.5 消防器材不得移作他用，万一发现火警要立即关闭电闸，采取有效灭火措施，必要时立即打119报火警。
4 事故的处理程序。
4.1 生产或工作现场发生事故。
4.1.1 在场人员必须立即采取有效措施，防止事故蔓延造成更大损失。
4.1.2 在事故停止后，要保护现场，以便查找原因。
4.1.3 事故所在部门要立即报告事故情况。安全部门负责人立即了解事故情况后，一般事故由事故所在部门处理，重大事故必须报主管生产的副总经理组织处理，同时报上级主管部门及省医药监督管理局。
4.2 不论大小事故均要召开分析会。
4.2.1 一般事故由所在部门或当事人写出书面报告，报安全部门，由安全部门组织有关人员开会。
4.2.2 重大事故由事故发生的主管部门调查后向分管副总经理写出书面报告，由质量管理部组织召开分析会。
4.2.3 无论大小事故发生都要做到"三不放过"的原则：事故原因不清不放过；当事人和其他人员没有受到教育不放过；没有制定整改措施不放过。
4.2.4 事故分析会要做好记录，以便备查。

4. 重大化学事故的应急救援程序

① 重大化学事故发生后，事故发生部门必须立即向厂长、生产处、消防队和部门领导报告，同时立即组织自救，采取一切措施切断事故源，尽最大可能防止事故的扩大和蔓延。

② 生产处接到报警后，立即协助应急救援指挥部，迅速通知各专业救援队伍参加现场救援，现时根据事故性质及发展趋势，以尽可能缩小事故影响面及损失为原则，及时决定对生产系统的开停车处置，同时在整个事故扑救过程中，负责现场通讯和对外联系。

③ 应急救援指挥部根据事故的性质及趋势，立即向有关上级汇报，寻求社会紧急救援，同时通知各有关专业处（科）室迅速向主管上级公安、劳动、环保、卫生等部门报告事故情况。

④ 分区应急救援指挥小组指挥（按指挥人员名单排序，依次递补）必须立即赶赴现场，担任现场抢救总指挥，组织车间一切力量实施扑救。

⑤ 事故发生部门经自救仍不能控制事故的进一步扩大，应向现场指挥部报告并提出堵漏、抢修、灭火的具体措施。

⑥ 消防队到达事故现场后，首先查明现场有无伤亡和中毒人员，并以最快速度使他们脱离现场，交由医疗救护队救治或急送医院抢救，同时立即进行现场扑救。

⑦ 治安队到达现场后，担负治安和交通指挥，组织警戒和巡回检查。

⑧ 抢险抢修队根据现场总指挥下达的指令，迅速进行抢修设备，控制事故的进一步

发展。

⑨ 如扑救需要，厂指挥部立即在全厂范围内进一步组织力量，包括抢救人员、消防器材、防护用具、抢险工具等，最大限度地加强现场救援力量。

⑩ 如事故影响范围扩大，波及厂外人民生命安全，厂指挥部应紧急通过电讯和新闻媒体并组织相应力量疏散周围群众和过往人员，积极收治伤员，尽可能减少事故对社会的危害。

⑪ 事故控制后，车间立即组织力量进行抢修，及早恢复生产，同时按有关要求逐级向上汇报事故伤亡及损失情况，组织一定力量慰问和照顾受伤人员。

⑫ 由公司组织有关人员处理受灾外单位的善后赔偿。

⑬ 成立由各专业处室人员组成的事故调查组，查清事故原因，对事故有关责任人进行必要的处理。

⑭ 夜间发生事故，由区域值班调度及值班人员立即报告车间主任，车间主任根据情况，必要时按应急救援预案处理。

⑮ 注意事项

a. 溶煤、油类等化学品极易燃烧，与助燃剂混合达到一定比例的时候容易引发爆炸，该类物品引发火灾扑救时一定要注意，先把附近的易燃物隔离，并用大量水给其周围降温，防止进一步蔓延，扑救时人员必须穿戴好防护用品，以防烧伤或中毒。

b. 用电器出现火灾后，要首先切断相关电源再进行扑救，防止触电事故发生，而且扑救过程中要严禁用水，要用干粉灭火器等非水性灭火器材。

c. 如果灾情无法控制，要立即向消防队进行报告，要求紧急支援。

d. 对现场的伤员必须及时救离现场，立即抢救。

e. 化学事故发生后，要先进行必要处理后，再送医院或医务室进行抢救。

总之，在遇到异常情况时，应有条不紊，冷静处事，争取把对产品和人员损失降到最低点。

任务十

药品的回收、返工与重新加工

任务目标 理解回收、返工与重新加工的含义
知晓回收、返工与重新加工的内容

活动 1　理解药品回收、返工与重新加工的含义

学一学

　　A：现生产某一中药片剂，提取油占总量的20%左右，用微粉硅胶作吸收剂（30%用量），少量微晶纤维素作填充剂。在车间生产时，制成的颗粒用高速压片机压片出现裂片，但用单冲压片机可使片子硬度到8+以上，现把片子打碎重新压片。

　　B：从仓库领出过期、产品质量不合格的药品，并分配给每个工人。工人们剪破外包装和内包装，取出胶囊板，并一粒一粒地摘掉胶囊帽，把胶囊中的药粉抖到塑料袋或者铁盘中。然后，再把这些药粉送到制剂车间，混合一定数量的新药粉做成新药，打上批号后重新投入市场。

　　C：公司刚报批了一个新品种，投产后中间体检验溶化性不合格，有一些沉淀类似焦屑的东西，现在拟返工。

　　D：现有一批从经销商处退回的药品，退货原因是外包装被挤压，现拟定对外包装重新更换，批号不更换。

想一想

　　上述几种情况哪一种是合法的返工处理，为什么？如果是你遇到类似情况，该怎么处理？填表 4-31。

表 4-31　回收、返工与重新加工处理讨论表

项目	（1）	（2）	（3）	（4）
属于回收处理				
属于返工处理				
属于重新加工				

活动 2　什么是药品的回收、返工与重新加工

1. 回收、返工与重新加工

《药品生产质量管理规范（2010 年修订）》对返工、回收与重新加工进行了进一步明确的区分和要求，以规范药品的回收、返工和重新加工。

回收是指在某一特定的生产阶段，将以前生产的一批或数批符合相应质量要求的产品的一部分或全部，加入到另一批次中的操作。返工是指将某一生产工序生产的不符合质量标准的一批中间产品或待包装产品、成品的一部分或全部返回到之前的工序，采用相同的生产工艺进行再加工，以符合预定的质量标准。重新加工是指将某一生产工序生产的不符合质量标准的一批中间产品或待包装产品的一部分或全部，采用不同的生产工艺进行再加工，以符合预定的质量标准。三者有明显的区别。只有不影响产品质量、符合相应质量标准，且根据预定、经批准的操作规程以及对相关风险充分评估后，才允许返工处理。但是无论哪种处理方式，确保再生产品符合质量要求是核心要求。

2. 回收、返工与重新加工的区别（表 4-32）

表 4-32　回收、返工与重新加工的区别

适用范围	产品类别	质量	生产工艺	风险程度
回收	制剂	合格	同一工艺	低
返工	中间品、待包装品	不合格	相同工艺	中
重新加工	中间品、待包装品	不合格	不同工艺	高

活动 3　药品的回收、返工与重新加工的生产管理

1. 药品回收、返工与重新加工生产管理的要求

① 2010 年版 GMP 规定，制剂产品不得进行重新加工。不合格的制剂中间产品、待包装产品和成品一般不得进行返工。只有不影响产品质量、符合相应质量标准，且根据预定、经批准的操作规程以及对相关风险充分评估后，才允许返工处理。返工应当有相应记录。

② 必须对导致返工的原因进行调查，以决定返工步骤并预防下次再犯。所进行的返工步骤必须进行验证。

③ 只有经预先批准，方可将以前生产的所有或部分批次合格的中间产品、待包装产品和成品，在某一确定的生产工序合并到同一产品的一个批次中予以回收。应对相关的质量风险（包括可能对药品有效期的影响）进行适当评估后，方可按预定的规程进行回收处理。回收应有相应记录。

④ 超过有效期的药品不得返工。大容量注射剂由于剂型的特殊性,一般不允许返工。

⑤ 对返工或重新加工或回收合并后生产的成品,质量管理部门应当考虑需要进行额外相关项目的检验和稳定性考察。

⑥ 返工或重新加工应有相应记录。返工原因调查、返工记录、验证资料、稳定性考察数据等必须归档,以备查用。

2. 某药品生产企业与返工有关的管理规程样例

××药业有限公司

文件号:SC-SMP-17		异常情况的处理,排除故障返工、报废报告及记录归档管理规程	
起草	部门:	审核	部门:
	起草人:		审核人:
批准	部门:	版次	第2版
	批准人:	生效日期	年 月 日
修订原因	企业更名		

1　目的　建立本规程旨在阐述发现或怀疑有严重偏差时所必须遵循的处理规程。

2　适用范围　本 SMP 对××药业有限公司有效。

3　责任　车间负责人、工序负责人、QA 检查员、工序操作人员对本规程负责任。

4　规程内容

4.1　对发生的问题所采取的措施以及所取得的结果都必须做好记录。

4.2　一般情况的处理由班长直接指导操作工,如果认为有可能影响产品质量,则必须通知车间主任和质量管理部。

4.3　质量管理部和车间负责人共同作出纠正步骤,以书面形式报送生产部或生产经理,并归入批生产记录中。如果出现的是新问题,因资料和经验不足则应进行调查,直至问题得到解决。

4.4　车间主任应对异常情况处理结果作出报告并附入批生产记录中,报告内容应包括所采取的措施。报告的复印件将送给质量管理部负责人。

4.5　严重异常情况（如造成整批产品或部分产品报废）应由质量管理部发出报废报告,报告中应列出所发生的事故、调查结果、采取的步骤和经济损失。

4.6　完整的报告送交生产质量副总,同时附入批生产记录中。

4.7　根据生产步骤和产品类型、质量管理部应制订异常情况的季度总结,这些总结可为将来的生产计划、工艺设计、记录归档、生产设施的改造等提供依据。

5　培训　与本规程有关的责任人应接受本规程的培训。

总之,返工情况在药品生产企业中经常会出现,在处理返工问题时一定要把握 GMP 的精髓,做到返工的方案是经过验证的,对返工后的中间品进行全面质量检验,确保返工不能对最终产品产生影响。不能为图小利盲目返工,影响药品的质量。

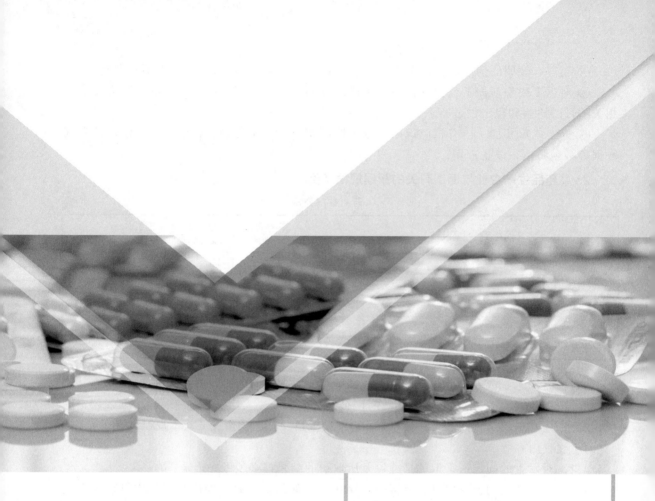

项目 5

药品生产结束的管理

项目说明

本项目共完成七个任务，任务一让同学们知道药品生产结束的管理项目内容；任务二使同学们知晓设备清洁和工作场所清场的内容和要求；任务三能及时完整地填写清场记录；任务四知晓洁净区的消毒，清洁工具的管理；任务五使学生知晓工作服装的清洁管理；任务六了解批生产记录、批包装记录、批检验记录的审核；任务七了解药品放行前的审核等。

任务一

认知药品生产结束的管理内容

任务目标　感受药品生产结束的管理的重要性
　　　　　　知晓药品生产结束的管理的项目内容

活动 1　药品生产结束管理的重要性

对案例 3-6 和案例 3-7 再分析。

> **想一想**
> 叙述药品生产结束管理的重要性，药品生产结束应该做哪些工作？填表 5-1。

表 5-1　药品生产结束管理的重要性

药品生产结束管理的重要性	药品生产结束管理的项目内容
1. 2. 3. …	

活动 2　药品生产结束管理的主要内容

通过讨论，提出了多种药品生产结束的管理内容，可见药品生产企业在药品生产结束后的工作项目内容是很多的。如果不做这些工作，就会造成药品污染和交叉污染、药品混淆和差错等事故的发生，不能保证药品的质量和人民群众的用药安全。因此，药品生产结束的管理在确保药品质量和人民群众用药安全有效方面是非常重要的。

药品生产结束的管理项目内容主要有：

① 设备、场地的清洁、清场；

② 清场记录的填写；
③ 洁净区的消毒，清洁工具的管理；
④ 工作服装的清洁管理；
⑤ 生产批记录、包装批记录、检验批记录的审核；
⑥ 药品放行前的审核等。

任务二

设备、工作场地的清洁、清场

任务目标　知晓洁净区设备清洁的内容要求
　　　　　　知晓一般生产区设备清洁的内容要求
　　　　　　知晓工作场地清场的内容要求

活动 1　一般生产区、洁净区、制药设备的清洁管理

学一学

通过图片或播放多媒体课件，让同学们观看各种剂型的制药环境与设备。

通过观看与学习，我们看到，不同设备所在的区域是在洁净区或一般生产区域。洁净区制药设备是指 A 级、B 级、C 级、D 级无菌区的设备、部件及容器具。除此以外为一般生产区域的设备、部件及容器具。

药品 GMP 规定，药品生产车间、工序、岗位应按生产和空气洁净度等级的要求制定厂房、设备、容器清洁规程，内容应包括：清洁方法、程序、间隔时间、使用的清洁剂或消毒剂，清洁工具的清洁方法和存放地点等。

议一议

一般生产区域和洁净区制药设备、容器具是如何清洁的呢？填表 5-2。

表 5-2　不同区域制药设备、容器的清洁方法

洁净区	非洁净区
1.	1.
2.	2.
3.	3.
…	…

活动 2　洁净区设备、容器具的清洁管理

A. 清洁剂　专用（餐具）洗洁剂、纯化水、注射用水。

B. 消毒剂

臭氧：随房间消毒时同时用于设备部件、容器具的全面消毒。

75％乙醇溶液：用于设备部件表面的喷洒消毒。

稀 NaOH 溶液：用于容器具内、外壁的清洗消毒。

0.1％新洁尔灭溶液：用于洁净区人员手部、洁净室生产用具、物料外表皮和设备及设施的清洗和消毒灭菌。不能用于污水和饮料水的消毒。

紫外线灯：用于设备（如取样车等）、设施外部消毒等。

C. 清洁、消毒程序和方法

- 连接纯化水进行冲洗或擦拭设备、部件、容器具内外表面。
- 设备、部件、容器具等上面沾有油渍、污渍应先用洁净的抹布蘸配制好的餐具洗洁剂擦洗至洁净，再用纯化水冲洗或擦洗至洁净。
- A 级区设备、部件（包括百级层流罩等）、容器具再用注射用水冲洗或擦洗一遍。
- 用清洁干燥的专用抹布擦干设备及部件或自然干燥。
- 设备及部件为在线清洁，容器具送至容器具清洗间清洗，清洗后送至容器具存放间的不锈钢案子上备用，需灭菌的经高压蒸汽 121℃、30min 灭菌。
- 必要时开启紫外线灯，照射 1～2h。
- 对已清洁干净的设备上挂上设备状态卡、注明"已清洁"字样。

D. 清洗、消毒灭菌后的设备、容器具应在 48h 内使用，超过 48h 应重新消毒或灭菌。

E. 清洁完毕，清洁工具送至洁净区洁具间，按照洁净区规定进行清洗和存放。

F. 清洁周期　每班一次。

活动 3　一般生产区设备、容器具的清洁管理

A. 清洁剂　饮用水、餐具洗洁精、无磷洗衣膏。用完后放置在洁具间。

B. 清洁程序和方法

- 连接饮用水冲洗或用抹布擦洗设备及部件、容器具的内外表面。
- 设备、部件、容器具上面的污渍、油渍，应先用干净的抹布蘸配制好的餐具洗洁精或无磷洗衣膏擦洗至净，再用饮用水冲洗或擦洗至净。
- 用清洁干燥的抹布擦干设备及部件或自然干燥。
- 设备及部件器具为在线清洗，容器送至洁具间清洗存放。
- 洁具的清洁方法及存放：拖把、抹布清洁后悬挂晾干，容器具应倒置。洁具用后送至洁具间。

C. 清洁周期　每班一次。

活动 4　药品生产结束的清场管理

> **想一想**
> 药品生产结束清场管理的内容和要求有哪些？填表 5-3。

表 5-3　药品生产结束清场管理的内容和要求

分析主题	原因
1. 生产结束为什么要清场？	
2. 具体的项目清理有什么要求？	

1. 清场管理的内容和要求

按照 GMP 的要求，生产车间各个岗位、工序药品生产结束，都要进行清场，目的是防止药品污染、交叉污染、药品混淆和差错事故的发生。为了规范生产各工序的清场操作，都要建立清场 SOP。具体的内容和要求如下。

（1）清场时间　各生产工序在生产结束、转移场地、更换品种或规格以及换批次前，应彻底清理作业场所；根据生产实际在中断操作一定时间后，也必须对该场所清场；清场后超过 24h 不用，再用时要重新清场。

（2）清场范围　各岗位的物料、书面文字材料、设备、设施、场地、生产状态标识等。

（3）清场程序和方法

① 清理工作场所，把本工序生产的合格的中间产品传入下工序（成品及时入库），不合格的中间产品进行回收或销毁，查明原因并记录。

② 本批生产用的原辅料、产品尾料、产品使用的包装材料、标签等要一一清理，按规定进行退库并登记。

③ 与上批有关的废包装材料（含标签）要全部清理，分别计数后，按规定进行销毁，并填写销毁记录。

④ 不够整箱的药品包装零头，点清数目，按规定进行相应的操作。

⑤ 生产场地、设备、设施和辅助性生产区域的清洁、检查。

⑥ 生产状态标识的检查。

⑦ 书面文字材料（生产、包装、设备清洁、清场等记录）的填写、检查与移交。

（4）清场要求

① 室内不得存放前次生产遗留的药品及与生产无关的杂品。

② 地面无积水、无异物、无积灰，门窗、室内照明灯、风口、墙面、开关箱外壳无积灰。

③ 使用的工具盛器清洁无异物，管道内外清洁，无黏液、无异物。

④ 设备内外无浆块，要求物见本色。

⑤ 有关的生产设施、环境等均要干净整洁，并要物放有序。

（5）每批药品随着各工序环节的完成，随时清场　清场完成由工序负责人自检合格后，方可报质量监控员进行实地检查。若检查合格，质量监控员签发清场合格证正副本，正本纳入本批生产记录内，副本留存。待下批生产时，纳入下批生产记录，作为下批生产的凭证。若检查不合格，则有岗位人员继续清场，直至合格。无清场合格证，不得进行下批生产操作。

（6） 清场结束后，如果不立即生产，应挂上"已清洁"字样的标识。同时，已清洁的区域不经授权不准进入。

2. 清场完毕，填写清场合格证（图 5-1）

```
原生产品名：_____  批号：_____
调换品名：_____    批号：_____

              清场合格证

清场班组：_____   清场者签名：_____
清场日期：_____   检查者签名：_____
```

图 5-1 清场合格证

3. 某药品生产企业包装岗位清场与清场检查记录样例（表 5-4）

表 5-4 包装岗位清场与清场检查记录

岗位名称		清场前品种名称	
清场日期		批号	
清场要求：标签打印区容器及设备应清洁干净。剩余未打印的合格标签应纳入标签柜			
废弃物		检查情况	
废弃物贮器		□合格　□未合格　□重新清场	
标签打印机		□合格　□未合格　□重新清场	
室内卫生		□合格　□未合格　□重新清场	
清场人：_____		QA 检查结论：_____	
日期：_____		日期：_____	

任务三

及时完整地填写清场记录

任务目标　知晓清场的项目内容
及时完整地填写清场记录

活动 1　生产结束清场的项目内容

每批药品的每一生产阶段完成后，应由生产操作人员及时清场，重要的是清场时需要检查的项目内容，包括：①设备；②设施；③场地；④各岗位的物料；⑤书面文字材料；⑥生产状态标识等。

为了防止混淆和差错事故，各生产工序在生产结束前，在转换品种、规格或批号前，均应进行清场。清场必须严格按照岗位与设备等的清洁规程进行操作，车间工艺技术员、质量员及质量管理部门的质监员应对清场工作进行监督。

① 检查地面有无积灰、结垢，门窗、室内照明灯、风管、墙面、开关箱等外壳有无积尘，室内有无存放与下次生产有关的物品（包括物料、文件、记录和个人杂物）。

② 使用的设施器具是否清洁，如管道、工具、容器有无异物、油垢；是否按规定拆洗或灭菌处理。

③ 设备内外是否清理清洁，有无生产遗留的物料、油垢；凡直接接触药品的设备、管道应按照设备 SOP 每天或每批清理清洁。

④ 岗位的原辅料、尾料、产品、产品使用的包装材料、标签等是否清理；包装工序清场时，多余的标签及使用说明书等包装材料是否按规定处理。

⑤ 生产、清场记录等文件是否按规定填写、转交、留存。

⑥ 看清场合格证规定的有效期，超过有效期的应重新进行检查。

⑦ 更换批号品种及规格前要有上一批产品的"清场合格证副本"，未取得"清场合格证副本"不得进行另一个品种或同品种不同规格或不同批号产品的生产。

活动 2　填写清场记录

1. 清场完毕，根据清场的内容和要求，及时完整地填写清场记录

清场记录除了填写清场的项目内容外，还要填写以下有关内容，如岗位或工序、品名、生产批号、清场日期、检查项目及结果、清场负责人及复查人签名等。清场记录应纳入批生产记录。

2. 理解药品生产清场工作记录

表 5-5 是一例常用的药品生产清场工作记录样表，请同学们仔细阅读并理解样表的内容和要求。

表 5-5　药品生产清场工作记录表

工序	清场前产品		清场日期	清场项目	检查情况		清场人	复核人	检查意见
	品名	批号			已清	未清			
				生产设备是否清洁干净					
				上次生产用的原辅料是否清除					
				上次产品多余尾子是否清除					
				上次产品使用的包装材料是否清除					
				上次使用的标签是否清除					
				地面、门窗、内墙是否清扫					
				工具、器具、容器是否清洗					
				文件、记录是否填写完全、清楚					
				各种标志是否符合要求					
				（以下根据不同剂型要求的清场项目填写）					

练一练

请同学们到药品生产实训车间参观，分组到各个岗位检查清场情况，并按照表 5-5 要求，填写药品生产清场记录表。

任务四

熟知洁净区的消毒原则和方法

任务目标 知晓洁净区的定期消毒原则和消毒方法
熟悉常用的消毒剂和用途

活动1　洁净区的定期消毒原则和方法

车间洁净区要根据洁净级别的不同要求进行定期消毒,以控制洁净区的微生物限度,减少对药品污染的可能。

1. 消毒原则

洁净室（区）消毒为定期消毒原则。

GMP 要求,对洁净区域表面和操作人员的监测,应在关键操作完成后进行。在正常的生产操作监测外,可在系统验证、清洁或消毒等操作完成后增加微生物监测。

（1）**D级区消毒标准**　浮游菌（cfu/m³）不超过200,沉降菌（φ90mm,cfu/4h）不超过100,表面微生物（接触碟φ55mm,cfu/碟）不超过50。悬浮粒子数≥0.5μm,每立方米不超过352万颗;悬浮粒子数≥5μm,每立方米不超过2.9万颗（动态未作要求）。

（2）**C级区消毒标准**　浮游菌（cfu/m³）不超过100,沉降菌（φ90mm,cfu/4h）不超过50,表面微生物（接触碟φ55mm,cfu/碟）不超过25。悬浮粒子数≥0.5μm,每立方米不超过35.2万颗（动态352万颗）;悬浮粒子数≥5μm,每立方米不超过2900颗（动态2.9万颗）。

（3）**B级区消毒标准**　浮游菌（cfu/m³）不超过10,沉降菌（φ90mm,cfu/4h）不超过5,表面微生物（接触碟φ55mm,cfu/碟）不超过5,5指手套（cfu/手套）不超过5。悬浮粒子数≥0.5μm,每立方米不超过3520颗（动态35.2万颗）;悬浮粒子数≥5μm,每立方米不超过29颗（动态2900颗）。

（4）**A级区无菌区消毒标准**　浮游菌（cfu/m³）不超过1,沉降菌（φ90mm,cfu/4h）不超过1,表面微生物（接触碟φ55mm,cfu/碟）不超过1,5指手套（cfu/手套）不超过1。悬浮粒子数≥0.5μm,每立方米不超过3520颗（动态3520）;悬浮粒子数≥5μm,每立方米不超过20颗（动态20颗）。

表5-6为某制药公司无菌药品环境监控计划表，以供参考。

表5-6　某制药公司无菌药品环境监控计划表

监控区(洁净度级别)		监控频率	监控项目	
最终灭菌产品无菌生产区域	称量配料、配液 （C级区）	每周一次	空气悬浮粒子① 空气沉降菌①	空气浮游菌 表面微生物
	灌封间 （C/A级区）	每周两次	空气悬浮粒子① 空气沉降菌① 操作者手套表面微生物	空气浮游菌 表面微生物
	轧盖间、洗塞间 （C/A级区）	每周一次	空气悬浮粒子① 空气沉降菌① 操作者手套表面微生物	空气浮游菌 表面微生物
	容器精洗区 （D级区）	两周一次	空气悬浮粒子① 空气沉降菌①	空气浮游菌 表面微生物
非最终灭菌产品无菌生产区域	称量配料、配液 （C/A级区）	每周两次	空气悬浮粒子① 空气沉降菌①	空气浮游菌 表面微生物
	无菌灌封辅助区 （C级区）	每周两次	空气悬浮粒子① 空气沉降菌	空气浮游菌 表面微生物
	无菌灌封间 （B/A级区）	每班一次 每批一次	空气悬浮粒子① 空气沉降菌 操作者手套和操作服表面微生物	空气浮游菌 表面微生物
	QA取样间 （C/A级区）	每周一次 每次取样	空气悬浮粒子① 空气沉降菌	空气浮游菌 表面微生物
微生物实验室	无菌实验室 （B/A级区）	每次实验	空气悬浮粒子① 空气沉降菌 操作者手套表面微生物	空气浮游菌 表面微生物
	限度检查实验室 （C/A级区）	每次实验	空气悬浮粒子① 空气沉降菌① 操作者手套表面微生物	空气浮游菌 表面微生物
	抗生素效价测定室 （D级区）	每周一次	空气悬浮粒子① 空气沉降菌	空气浮游菌 表面微生物

① 每月一次。

2. 消毒方法的分类

消毒方法分为大消毒、中消毒和小消毒三类。

(1) 小消毒　借助于空调净化送风系统和臭氧发生器，将大于10mg/m³浓度的臭氧送至整个洁净区，利用臭氧对室内空间、设施和设备进行消毒，无特殊情况下每天操作后进行1h。

(2) 中消毒　用75%的乙醇溶液或0.1%新洁尔灭溶液，通过喷洒或擦拭等合适手段，对洁净区进行消毒，再用大于10mg/m³浓度的臭氧对洁净区消毒2h。

(3) 大消毒　每月大清洁过后，用75%的乙醇溶液或0.1%新洁尔灭溶液，通过喷洒或擦拭等合适手段，对洁净区进行消毒，再用大于10mg/m³浓度的臭氧对洁净区消毒3h。

3. 洁净区的消毒周期

不同洁净区的消毒周期如下。

(1) D 级区　每月中消毒一次，每天小消毒一次。
(2) C 级区　每月中消毒一次，每天小消毒一次。
(3) B 级区　每周中消毒一次，每天小消毒一次。
(4) A 级无菌区　每月大消毒一次，每周中消毒一次，每班小消毒一次。

注意：为减少微生物产生抗药性的可能，喷洒或擦拭的消毒剂必须每月轮换使用。并对消毒效果进行定期的监测，主要测试沉降菌和尘埃粒子数来监测消毒效果。

空气净化系统应按规定清洁、维修、保养并作记录。

活动 2　洁净区常用的洁净剂

> 想一想
> 你曾经使用过的消毒剂有哪些？填表 5-7。

表 5-7　洁净区常用消毒剂

组别	消毒剂类别或名称
1.	
2.	
3.	
…	

根据同学们讨论的情况，学习下面实际药品生产所用的消毒剂以及清洁剂、洁厕剂的种类和用途。

(1) 常用的消毒剂

① 臭氧。用途：用于洁净厂房和设施、空调净化系统消毒。

② 75％乙醇溶液（纯化水配制）。用途：用于厂房设施、物料设备、容器具等消毒。

③ 含 2％甘油的 75％乙醇溶液。用途：用于洁净区手部消毒。

④ 0.1％新洁尔灭溶液。用途与注意事项：本品兼有洁净和杀菌作用，可用于洁净区人员手部、洁净室生产用具、物料外表皮和设备及设施的清洗和消毒灭菌；与普通肥皂或肥皂粉接触时灭菌效果能被消除或减弱，因此必须用水充分清洗后使用；不能用于污水和饮料水的消毒。

⑤ 玻璃器具清洁液（重铬酸钾和浓硫酸的溶液）。用途：用于玻璃容器具的消毒。

⑥ 1％氢氧化钠溶液。用途：用于新购置的不锈钢容器具的消毒。

⑦ 0.5％氢氧化钠溶液。用途：用于不锈钢容器具的消毒。

⑧ 75％乙醇溶液、含 2％甘油的 75％乙醇溶液、0.1％新洁尔灭溶液等。用途：无菌制剂区域操作。以上溶液配制完毕应经 $0.22\mu m$ 的微孔滤膜过滤器进行除菌过滤，过滤后置于密闭的经高压蒸汽灭菌的不锈钢桶中，生产过程中运送至各使用点时，也要置于密闭的经过灭菌的不锈钢容器中。

药品生产所用的消毒剂由配制室按规定配制和存放，消毒剂配制完毕，由消毒剂配制间负责人根据生产需要分装于洁净的容器中发放到各区域。

消毒剂使用时要每月更换一次。

平时存放地点：消毒液配制间。

消毒剂贮存条件：避免日光和热源。

贮存期限：一般为3个月。

洁净区使用的消毒剂不得对设备、物料和成品产生污染，消毒剂品种应定期更换，以防止产生耐药菌株。

（2）常用清洁剂

① 一般生产区洗涤剂。一般生产区使用餐具洗涤剂、无磷洗衣膏，由各班组成员按照使用说明在洁具间配制后使用。用于洁具、厂房设施、设备的油渍处理。

洗涤剂存放地点：一般生产区洁具间。

② 洁净区洗涤剂。洁净生产区使用餐具洗洁剂由各班组成员按照使用说明在洁具间配制后使用。用于洁具、厂房设施、设备的油渍处理。

洗涤剂存放地点：洁净区各洁具间。

（3）洁厕剂 本品含硫酸氢钠、表面活性剂、肥皂粉等成分。用于各种陶瓷制品表面清洁。不得用于搪瓷表面的清洁。

知识拓展

洁净区（室）的消毒措施

灭菌和消毒是两个概念。灭菌是指对细菌、病毒的生命完全灭绝，具有绝对的意义。而狭义的消毒则在其过程中有一部分细菌或者病毒由于耐热力或者药力的抗性而不被破坏，具有相对意义，例如用消毒药液擦抹表面就是消毒。

主要消毒与灭菌方法如下。

（1）干热法　在干燥空气中加热处理的方法，基于高热下的氧化作用能破坏微生物的原理，一般需要的温度高达160℃以上，时间达1~2h。

（2）湿热法　利用高温湿热作用下使细菌细胞内蛋白质凝固的原理，一般需要的温度较低，时间也短，例如121℃、12min。

（3）电磁辐射法　基于破坏细菌的蛋白质、核酸以及被吸收后的热效应等原理。如紫外线灭菌法，为药品生产企业普遍采用，主要用在洁净工作台、层流罩、物流传递窗、风淋室乃至整个洁净房间的消毒。紫外灯的杀菌力取决于紫外线的波长，短波具有杀菌力。长波紫外线可能对人体有害，所以它的使用受到限制；但因其安装方便、无耐药菌株产生的特点，仍有广阔的前景。

还有一种方法是采用气相循环消毒或灭菌。如果让空气有组织地循环流过紫外灯有效照射区，既增加了紫外线对空气的照射时间，而又设法不让紫外线外泄伤人，并且不产生臭氧，则紫外线对空气的灭菌作用就大大提高了，而且具备了不关机（灯）使用的条件，这就是用紫外线对循环空气灭菌的思路。这种紫外线灭菌空气系统是将紫外灯安装在送风管道中。如果将灯管安装在一个装置内置于室内，将更灵活有效。这种灭菌装置在国内已研制生产成功了，其中最具有特点的是屏蔽式循环风紫外线消毒器。

(4) 气体灭菌　现在多利用臭氧发生器产生臭氧以对环境空气消毒灭菌，传统做法是采用某种消毒液在一定条件下让其蒸发而产生气体来熏蒸。消毒液有甲醛、环氧乙烷、过氧乙酸、石炭酸和乳酸的混合液等，其中甲醛是最常用的。通常相对湿度65%以上、温度在24～40℃时，甲醛气体的消毒最好；但采用过多的甲醛，会因聚合而析出白色粉末，附着在建筑物或设备表面，要注意进行甲醛的残留验证，确认对药品生产不造成污染。甲醛消毒灭菌其具体做法为：

a. 计算房间的体积，按 $10g/m^3$ 的比例称量甲醛；

b. 将甲醛倒入甲醛发生器或加热盘或烧杯中，并放好加湿用水，必要时还可加入高锰酸钾（$2\sim3g/m^3$），然后加热（甲醛发生器用蒸汽加热、加热盘或烧杯可用热水盛入其中加热）使其蒸发成气体；

c. 灭菌流程为：空调器停止运动→启动甲醛气体发生器或在加热盘中加热甲醛→让甲醛气体扩散（约30min）→启动空调器让甲醛气体循环（约20min）→停止空调器，房间熏蒸消毒，时间不少于8h→房间排气，用新鲜空气置换（约2h）→恢复正常运行。

(5) 消毒剂灭菌　洁净室的墙面、天花板、门、窗，机器设备、仪器、操作台、车、桌、椅等表面以及人体双手（手套）在环境验证及日常生产时，应定期清洁并用消毒剂喷洒。

常见的消毒剂有异丙醇（75%）、乙醇（75%）、二醛、新洁尔灭（0.1%）等。要注意进行消毒剂的残留验证，确认该消毒剂和消毒方法对药品生产不造成污染。无菌室用的消毒剂必须在层流工作台中，用 $0.22\mu m$ 的滤膜过滤后方能使用。

任务五

洁净工作服的清洗、消毒

任务目标　知道洁净工作服的分类
　　　　　　知晓工作服的清洗消毒要求和方法

活动 1　洁净工作服的类别

想一想
　　根据制药专业实验，讨论实验服的类别。填表5-8。

表 5-8　实验服分类讨论表

分类	穿着场所和要求
1. 一般区实验服	
2. 净化区实验服	

药品生产用工作服根据使用的区域场所不同，可分为两类：
① 一般区工作服。用于生产车间内非洁净区的操作。
② 洁净区工作服。用于生产车间内洁净区的操作。
洁净区工作服根据洁净环境要求不同，又分为：D级区工作服、C级区工作服、B级区工作服和A级无菌区工作服。各区应严格使用本区专用工作服装（包括鞋、帽、口罩等），不得混用、混洗和混消。所使用的工作服、鞋、帽、口罩等应编号，并专人专用。B（含A+B和A+C）级以上洁净区域的工作服应在洁净区内洗涤、干燥、整理，必要时，应按要求灭菌。
工作服在选材制作或选购时，必须做到合身、舒适、便于操作。洁净区工作服的材质应不易产生静电、不吸附、不脱落纤维和颗粒物、有良好透气性、耐清洗、耐湿热消毒。式样应简洁，几乎无缀附物。无菌区工作服还应能包盖全部头发、胡须及脚部，并能阻留人体脱落物。

不同区域工作服应有明显的区分标志,例如一般生产区为蓝色上下工作衣,D级区为绿色上下洁净工作衣,C级区为蓝色上下洁净工作衣,B级为白色二连体上下洁净工作衣(帽子和上衣连体)和A级无菌区为白色连体猴服等。

活动 2　工作服的清洗消毒要求和方法

> **想一想**
> 实验服的清洗消毒方法有哪些?填表5-9。

表5-9　实验服的清洗消毒方法讨论表

分类	清洗消毒方法和要求
1. 一般区实验服	
2. 洁净区实验服	

2010年版GMP附录1无菌药品第26条规定,洁净区所用工作服的清洗和处理方式应当能够保证其不携带有污染物,不会污染洁净区。应当按照相关操作规程进行工作服的清洗、灭菌,洗衣间最好单独设置。

××药业有限公司工作服管理规程样例

文件号:WS-SMP-10			工作服的管理规程	
起草	部门:	审核	部门:	
	起草人:		审核人:	
批准	部门:	版次	第3版	
	批准人:	生效日期	年　月　日	
修订原因	按不同区域规定工作服颜色			

1　目的　本规程描述了本公司生产车间用工作服的管理规定,为工作服的管理提供标准。

2　适用范围　本SMP对××药业有限公司有效。本SMP所说"工作服"指在生产车间内使用的工作服。

3　责任　工作服的制作或选购人员、使用人员和洗衣房工作人员执行本规程,车间主管检查这些规定的实施情况。质管部有监督责任。

4　规程内容

4.1　车间生产用工作服根据使用区域不同有两类。

4.1.1　一般区工作服。用于车间内非净化区的操作。

4.1.2　净化区工作服。用于车间内净化区的操作。包括:D级区工作服;C级区工作服;B(A+B或A+C)级区工作服;A级无菌区工作服。

4.2 各区应严格使用本区专用工作服、鞋、帽、口罩,不得混用、混洗和混消。所使用的工作服、鞋、帽、口罩应编号,并专人专用。

4.3 工作服在选材制作或选购时,必须做到:

4.3.1 材质不易产生静电、不吸附、无脱落、良好透气性、耐清洗、耐湿热消毒。

4.3.2 式样简洁,最少缀附物。

4.3.3 净化区工作服应能包盖全部头发、胡须及脚部,并能阻留人体脱落物。合身、舒适、便于操作。

4.4 不同区域有明显区分标志,一般生产区为蓝色上下工作衣,D级区为绿色上下洁净工作衣,C级区为蓝色上下洁净工作衣,B(A+B或A+C)级为白色二连体上下洁净工作衣(帽子和上衣连体)和C级无菌区为白色连体猴服。

4.5 每个工作人员配备两套工作衣,以便换洗。每个人对自己的工作衣有保护责任。

4.6 洗衣房负责工作服的统一回收、洗涤、烘干、整理、消毒和分发。一般区和净化区各设洗衣房。一般区洗衣房负责清洗一般区工作衣和D级工作衣,净化区洗衣房负责清洗C级、B级和A级无菌区的工作服。

4.7 工作服的灭菌条件定为:蒸汽压力为0.3~0.6MPa,温度为121℃,时间为30min。

4.8 工作服的回收要用专用储器(袋),洗涤烘干后在洗衣房专门的整理区按编号整理,然后装入保护袋中分发到指定的更衣室。

4.9 任何时候洁净工作服都不得穿出洁净区,也不得穿着低洁净区工作服到高洁净区。一般区工作服不允许穿出车间。

4.10 已破损工作服应及时换新。

4.11 外来人员参观服的管理:参观服由各区洗衣房人员按编号负责收集发放,收集后及时清洗、消毒。参观服使用一次,清洗一次,消毒一次。

5 培训 本规程有关责任人员应接受本规程的培训。

知识拓展

洁净工作服的管理

实际工业生产时,每个工作人员配备两套工作服装,以便换洗。每个人对自己的工作服装有保护责任。

洗衣房职责 见前文4.6。

洁净区洗衣房要求整洁卫生,其卫生清洁工作按照"B级、A级净化生产区厂房清洁SOP"进行。一般生产区洗衣房要求整洁卫生,其卫生清洁工作按照《车间内一般生产区厂房清洁标准操作规程》进行。洁净区洗衣房工作人员要按照进入洁净区的净化程序进入洁净洗衣房,无关人员不得随意进入。洁净区洗衣房要按照《不同洁净区(室)定期消毒管理规程》进行定期消毒,必要时进行临时消毒。洁净区洗衣房应按照《洁净室(区)沉降菌测试操作规程》和《洁净室(区)尘埃粒子数监测操作规程》定期或临时请求QC人员对空气质量进行监测。

- 洗衣设备　应符合洁净区设备要求，洗衣房要注意用电用水安全。
- 洗衣房洗洁剂　应安全无毒，易于用水清洗。一旦选定不宜轻易更换。
- 洁净区工作服的灭菌条件　见前文 4.7。
- 工作服的回收　见前文 4.8。
- 其他　见前文 4.9~4.11。

任务六

批生产、批包装记录的审核

任务目标
知道批生产的审核内容和方法
知道批包装的审核内容和方法
知道批检验记录的审核内容和方法

活动1　审核批生产记录

当某加工工序完成后,该工序的批生产记录也告完成。与空白批生产记录逐级发放的次序相反,填写完毕的批生产记录应逐级上报。工段长、生产部工艺工程师和生产经理将依次审核批生产记录,以使各级技术人员和管理人员全面掌握生产实际情况,及时发现并纠正生产操作人员可能存在的失误。

批生产记录的审核内容应包括:产品名称,规格,生产批号,生产日期,操作者、复核者的签名;有关操作与设备,相关生产阶段的产品数量;物料平衡的计算;生产过程的控制记录及特殊问题记录等。

批生产记录应及时填写、字迹清晰、内容真实、数据完整,并由操作人及复核人签名。

批生产记录应保持整洁、不得撕毁和任意涂改;更改时,应在更改处签名,并使原数据仍可辨认。

批生产记录应反映生产的全过程。连续生产的批生产记录,可为该批产品各工序生产操作和质量监控的记录。

活动2　审核批包装记录

批包装记录属于批生产记录的一部分。每批产品都应有批包装记录,批包装记录的审核内容应包括:待包装产品的名称、批号、规格;印有批号的标签和使用说明书以及产品合格证;待包装产品和包装材料的领取数量及发放人、领用人、核对人签名;已包装产品的数量;前次包装操作的清场记录(副本)及本次包装清场记录(正本);本次包装操作完成后的检验核对结果、核对人签名;生产操作负责人签名等。

药品零头包装应只限两个批号为一个合箱,包装箱外应标明合箱药品的批号,并建立合箱记录。

每批产品均应进行标签的数额平衡。若发现数额不平衡,则必须找出原因,必要时,需进行返工。

生产管理负责人要确保批生产记录和批包装记录经过指定人员审核无误,并送交质量管理部门。

活动 3　审核批检验记录

每批产品应有批检验记录,质量管理部门应对物料、中间产品和成品进行取样、检验、留样,并按试验原始数据如实出具检验报告。每批生产结束后,应审核检查批检验记录和报告是否完备、准确、齐全。

质量管理部门应评价原料、中间产品及成品的质量稳定性,为确定物料贮存期、药品有效期提供数据。

任务七

药品放行前审核

任务目标 知道药品放行前审核的主要内容和程序

活动1　研讨药品放行前审核的主要内容和程序

为保证药品生产质量，保证人们用药安全有效，药品放行前，必须进行质量审核后，才能放行。

> **想一想**
> 应有哪些部门对药品放行进行审核？审核的内容是什么？填表5-10。

表 5-10　药品发行进行审核的内容讨论表

审核部门、内容和程序
1.
2.
3.
…

活动2　药品放行前审核的主要内容和程序

2010年版GMP第228条规定，企业应当分别建立物料和产品批准放行的操作规程，明确批准放行的标准、职责，并有相应的记录。第230条规定，产品的放行应当至少符合以下要求。

（1）在批准放行前，应当对每批药品进行质量评价，保证药品及其生产应当符合注册和本规范要求，并确认以下各项内容。

① 主要生产工艺和检验方法经过验证。

② 已完成所有必需的检查、检验，并综合考虑实际生产条件和生产记录。

③ 所有必需的生产和质量控制均已完成并经相关主管人员签名。

④ 变更已按照相关规程处理完毕，需要经药品监督管理部门批准的变更已得到批准。

⑤ 对变更或偏差已完成所有必要的取样、检查、检验和审核。

⑥ 所有与该批产品有关的偏差均已有明确的解释或说明，或者已经过彻底调查和适当处理；如偏差还涉及其他批次产品，应当一并处理。

（2）药品的质量评价应当有明确的结论，如批准放行、不合格或其他决定。

（3）每批药品均应当由质量受权人签名批准放行。

（4）疫苗类制品、血液制品、用于血源筛查的体外诊断试剂以及国家药品监督管理局规定的其他生物制品放行前还应当取得批签发合格证明。

质量管理部门应会同有关部门对主要物料供应商质量体系进行评估，并履行质量否决权。当变更供应商时，质量管理部门应履行审查批准变更程序。

每批药品均应有销售记录。根据销售记录应能追查每批药品的售出情况，必要时应能及时全部收回。销售记录内容应包括品名、剂型、批号、规格、数量、收货单位和地址、发货日期。

销售记录应保存至药品有效期后一年，至少保存三年。

药品生产企业应建立药品退货和收回的书面程序，并有记录。药品退货和收回记录内容应包括品名、批号、规格、数量、退货和收回单位及地址、退货和收回原因及日期、处理意见。

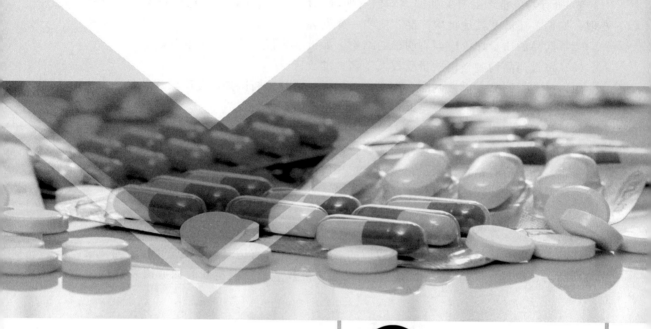

项目 6

药品质量检验的管理

项目说明

本项目共完成四个任务，任务一由药品检验不负责任引起的药难事故出发，使同学们感受药品质量检验管理对人用药的重要性，能够正确阅读、理解和执行药品质量标准，知道药品检定基本原则；任务二使同学们知晓药品检验的流程和检验操作程序、检验内容、检验项目以及原始检验记录的正确填写；任务三使同学们知晓药品检验的留样观察制度和药品质量的稳定性试验的方法；任务四使学生知道药品检验试剂和药品检验仪器管理的办法。

任务一

正确阅读、理解和执行药品质量标准

任务目标
知道药品质量检验的重要性
熟知药品质量标准
熟知药品检定基本原则
学会调查超标测试结果与超常测试结果

活动 1　讨论分析"亮菌甲素注射液"假药案例

案例 6-1

2006年5月，齐齐哈尔××公司生产的"亮菌甲素注射液"在临床应用时导致八十多人中毒，引起肾功能衰竭，其中死亡近十人。经原国家药监局查明，犯罪嫌疑人王××以江苏××总厂的名义，用二甘醇假冒丙二醇，销售给了齐齐哈尔××公司，而药厂违反有关规定，为降低成本，将二甘醇辅料用于生产，含有二甘醇的亮菌甲素注射液是导致患者肾功能急性衰竭的直接原因。

> **想一想**
>
> 分析案例 6-1 中的假药为何畅通无阻？填表 6-1。

表 6-1　"亮菌甲素注射液"假药案产生的原因及解决措施

分析主题	分析结果
1. 原辅料检验	
2. 检验人员素质	
3. 企业通过 GMP 认证	
4. 若通过 GMP 认证，为什么会出现问题？	

活动 2 药品的质量检验

1. 理解药品质量检验的重要性

药品检验即依据药品质量标准规定的各项指标，运用一定的检验方法和技术，对药品质量进行综合评定，又称药品质量检验。我国《药品管理法》规定，未经检验的药品不得销售，否则，按假药论处。药品生产企业必须执行进货验收和出厂检验制度，严格按照2020年版《中国药典》对药品（包括原料药和制剂）进行全检，绝不能让质量不合格的药品流入市场。药品检验是保证药品质量的重要措施和有效手段，对防止不合格原料或中间体进入下一环节，杜绝不合格药品出厂销售起到重要作用。

2. 药品生产企业质量检验存在的问题及措施

"亮菌甲素注射液"假药案反映出，一些药品生产企业不能做到对产品及原辅料进行全检。究其原因，有以下几点。

一是认识不到位。一些药品生产企业负责人忽视对药品法律法规的学习，对药品质量检验的重要性认识不足，只考虑眼前的经济利益。二是药品检验人员素质与检验要求不相适应。随着2020年版《中国药典》的施行以及药品质量标准的提高，对药品检验人员的素质提出了更高的要求。三是检验仪器设备不能满足现实需要。四是不能按药品标准要求对药品进行全检。五是管理存在问题。主要表现在：对部分原辅料和成品未经全检就予以放行；未严格按照药品标准规定的检验方法进行检验，部分企业因无相关检验仪器，无法按照药品标准规定的方法进行检验，就用其他方法代替，但未进行方法验证，如纯水的微生物检测等；对标准品（对照品、对照药材）试剂等未按规定管理，如标准品无相关记录，检验用试剂未标明有效期或已过有效期等；对质量检验工作管理不规范，部分企业存在质量检验报告书书写不规范、原始记录填写不实等问题；不按照检验规范操作，无检验仪器使用记录，部分检验用仪器未及时校验等。

针对以上问题，要保证药品检验结果的可靠，药品生产企业一是加强监督管理。二是要提高检验人员素质，如对药品检验人员的专业、学历严格要求；建立定期学习培训机制；对质量检验人员由其所在地药品监管部门实行备案管理，力求检验人员队伍稳定。三是增强检验能力，要清醒地认识到药品质量检验的重要性，严格按照GMP要求，加强管理，完善制度，把责任落实到相关岗位和人员。根据药品质量标准的要求，配备必要的检验仪器、设备，以满足检验工作的需要，逐步做到企业生产的所有药品从原料、辅料到中间体、半成品及成品全项目检验。

> **议一议**
> 药品生产企业在药品质量检验方面应做好哪些工作？

药品质量检验要做好的工作
1.
2.
3.
…

活动 3　药品质量标准

想一想

根据已有知识，你所理解的药品质量的含义是什么？填表 6-2。

表 6-2　药品质量含义讨论表

药品质量的含义	分析结果
1. 药品质量好坏＝药品活性成分的含量	
2. 药品包装材料特性和质量、包装及标签、使用说明、广告及宣传品中的信息与药品质量无关	

① 活性成分含量合格，不等于其崩解、溶出、吸收等质量指标合格，而崩解、溶出、吸收不合格的药品其有效性和安全性难以符合规定要求。即使一片药或一粒药的质量合格了，也不等于这个药品的质量就合格，直接与药品接触的包装材料的化学特性、透光性、透气性也会影响药品的质量和质量稳定性。

② 药品包装材料特性和质量、包装及标签、使用说明、广告及宣传品中的信息是正确贮藏、运输、使用药品的重要依据。贮藏条件信息不明确会因贮藏条件选择不当导致药品在贮藏过程中质量发生变化；药品包装、标签、使用说明、广告及宣传资料给出的适应证或功能主治、用法和用量、禁忌或注意事项、忠告、药品分类标识等信息不完整，会因使用不当导致降低甚至失去疗效并可能因药品不合理使用导致严重的毒、副作用，甚至危及用药者的生命安全。

药品是一种特殊的商品，关系到人民用药的安全和有效，为保证其质量，国家对药品有强制执行的标准，即药品质量标准。

《药品管理法》规定，药品生产必须符合国家药品标准，国家药品标准包括《中国药典》和国务院药品监督管理部门颁布的药品标准。药品质量标准是国家对药品质量及检验方法所作的技术规定，是药品生产、经营、使用、检验和监督管理部门共同遵循的法定依据。

议一议

请分组讨论并填写表 6-3 有关药品质量标准的有关问题。

表 6-3　药品质量标准讨论表

讨论项目	分析结果
1. 你认为质量标准具有法律效力吗？ 2. 药品质量标准的作用是什么？ 3. 执行其他药品质量标准可以吗？ ……	

为控制药品的质量，在药品质量标准中规定了药品检验的项目、方法及限度要求。国家药品标准具有法律效力。药品的生产、销售、使用不符合质量标准均是违法的行为。药品的质量标准和药品总是同时产生的。在新药研究时，除对新药生产工艺、药理学方面进行研究外，还需要对新药的质量控制方法进行系统的研究，并在此基础上制订药品的质量标准。

药品质量标准包括以下几方面。

(1) 原辅料质量标准　原料药应以《中国药典》为依据；原料药可根据生产工艺、成品质量要求及供应商质量体系评估情况，确定需要增加的控制项目，中药材还需增加采购原料的商品等级、加工炮制标准及产地。辅料质量标准可以根据《中国药典》或国家食用标准但需经过验证不影响产品质量，并经食品药品监督管理部门批准并按《中国药典》二部"异常毒性检查法"规定进行检查。

(2) 包装材料质量标准　包装材料质量标准可依据国家标准（GB 系列）、行业标准（YY 系列）和协议规格制定。直接接触药品的包装材料、容器的质量标准中还应制定符合药品要求的卫生标准。

(3) 成品质量标准　成品质量标准可依据法定标准制定企业内控标准。企业内控标准一般应高于法定标准。

(4) 工艺用水质量标准　工艺用水质量标准中饮用水标准为 GB 5749—2006《生活饮用水水质标准》，纯化水和注射用水标准均符合《中国药典》。

知识拓展

药品质量的含义

药品质量概念可以理解为药品的物理、化学、生物药剂学、安全性、有效性、稳定性、均一性等指标符合规定标准的程度。

（1）物理指标　药品活性成分、辅料的含量、制剂的重量、外观等指标。

（2）化学指标　药品活性成分化学、生物化学特性变化等指标。

（3）生物药剂学指标　药品的崩解、溶出、吸收、分布、代谢、排泄等指标。

（4）安全性指标　药品的"三致"、毒性、不良反应和副作用、药物相互作用和配伍、使用禁忌等指标。

（5）有效性指标　药品针对规定的适应证在规定的用法、用量条件下治疗疾病的有效程度指标。

（6）稳定性指标　药品在规定的贮藏条件下和有效期内保持其物理、化学、生物药剂学、安全性、有效性指标稳定的指标。

（7）均一性指标　药品活性成分在每一单位（片、粒、瓶、支、袋）药品中的物理、化学、生物药剂学、安全性、有效性、稳定性等指标等同程度的指标。

活动 4　药品质量检验基本内容与原则

议一议

根据所学知识，分组讨论药品质量检验的内容。

药品质量检验的内容
1.
2.
3.
……

1. 药品质量检验的主要内容

（1）性状 主要记述药物的外观、臭、味、溶解性、一般稳定性情况以及物理常数等。

（2）鉴别 是指用规定的方法来辨别药物的真伪，是药品质量控制的重要环节。有化学方法、物理化学方法、生物学方法等。

（3）检查 一般包括有效性、均一性、纯度要求和安全性四个方面的内容。

（4）含量测定 是指用规定的方法测定药物中有效成分的含量等。

那么，在药品检验的过程中，如何才能保证药品检验结果正确、可靠，保证人们用药的安全有效，这就需要药品检验人员遵守国家标准规定的基本原则。

2. 药品质量检定的基本原则实例

××××制药有限公司标准管理规程（SMP）　　　　页号：

题目：药品质量检定的基本原则	起草：	日期：
	审核：	日期：
标准编码：××-SMP-08-003-01	批准：	日期：
编订部门：质量保证部	执行日期：	年　月　日
分发部门：质监办、化验室、车间中控室		

1　目的　制定药品质量检定的基本原则，对质量检定具有法定约束力。

2　适用范围　药品生产质量检定全过程。

3　有关责任　化验室、中控室。

4　引用标准　《中国药典》。

5　规程内容

5.1　药品质量检定的基本原则。

5.1.1　性状项下记载药品的外观、臭、味、溶解度以及物理常数等。

5.1.2　外观性状是对药品的色泽和外表感观的规定。遇有对药品的晶型、细度或溶液的颜色作严格控制时，应在检查项下另作具体规定。

5.1.3　溶解度是药品的一种物理性质，药品的近似溶解度用下列名词表示：

极易溶解、易溶、溶解、略溶、微溶、极微溶解、几乎不溶或不溶。

5.1.4　物理常数包括相对密度、馏程、熔点、凝点、比旋度、折射率、黏度、吸收系数、碘值、皂化值和酸值等测定结果不仅对药品具有鉴别意义，也反映药品的纯度，是评价药品质量的主要指标之一。

5.2　检验方法和限度

5.2.1　原料药均应按规定的方法进行检验；如采用其他方法，应将该方法与规定的方法做比较试验，根据试验结果掌握使用，但在仲裁时仍以药典规定的方法为准。

5.2.2　标准中规定的各种纯度和限度数值，系包括上限和下限两个数值本身及中间数值。规定的这些数值不论是百分数还是绝对数字，其最后一位数字都是有效位。

5.2.3　原料药的含量（％），除另有注明者外均按质量分数计。如规定上限为100％以上时，系指用本药典规定的分析方法测定时可能达到的数值，它为药典规定的限度或允许偏差，并非真实含有量；如未规定上限时，系指不超过101.0％。

5.3　标准品、对照品。标准品、对照品系指用于鉴别、检查、含量测定的标准物质。

5.4 计量

5.4.1 试验用的计量仪器均应符合国家技术监督部门的规定。

5.4.2 法定计量单位名称和单位符号。

5.4.3 使用的滴定液和试液的浓度，以 mol/L（摩尔/升）表示者，其浓度要求精密标定的滴定液用"×××滴定液（YYYmol/L）"表示；作其他用途不需精密标定其浓度时，用"YYYmol/L×××溶液"表示，以示区别。

5.4.4 百分比用"%"符号表示，系指质量分数；但溶液的百分比（除另有规定外）系指溶液 100mL 中含有溶质的量（以 g 计）；乙醇的百分比系指在 20℃时容量的比例。

5.4.5 液体的滴，系在 20℃时，以 1.0mL 水为 20 滴进行换算。

5.4.6 溶液后标示的"1→10"等符号，系指固体溶质 1.0g 或液体溶质 1.0mL 加溶剂使成 10mL 溶液，未指明用何种溶剂时，均系指水溶液；两种或两种以上液体的混合物，名称间用半字线"－"隔开，其后括号内所示的"："符号，系指各液体混合时的体积（质量）比例。

5.4.7 药典所用药筛，选用国家标准的 R40/3 系列。

5.4.8 乙醇未指明浓度时，均系指 95%（体积分数，mL/mL）的乙醇。

5.4.9 计算分子量以及换算因子等使用的原子量均按最新国际原子量表推荐的原子量。

5.5 取样量的准确度和试验精密度。

5.5.1 试验中供试品与试药等"称重"或"量取"的量，均以阿拉伯数字表示，其精确度可根据数值有效数位来确定。

5.5.2 恒重（除另有规定外）系指供试品连续两次干燥或炽灼后的质量差异在 0.3mg 以下的质量；干燥至恒重的第二次及以后各次称重均应在规定条件下继续干燥 1h 后进行；炽灼至恒重的第二次称重应在继续炽灼 30min 后进行。

5.5.3 试验中规定"按干燥（或无水物，或无溶剂）计算"时（除另有规定外）应取未经干燥（或未去水，或未去溶剂）的供试品进行试验，并将计算中的取用量按检查项下测得的干燥失重（或水分，或溶剂）扣除。

5.5.4 试验中的"空白试验"，系指在不加供试品以等量溶剂替代供试液的情况下，按同法操作所得的结果；含量测定中的"并将滴定的结果用空白试验校正"，系指按供试品所耗滴定的量（mL）与空白试验中所耗滴定液量（mL）之差进行计算。

5.5.5 试验时的温度（未注明者）系指在室温下进行；温度高低对试验结果有显著影响者，应以 (25±2)℃为准（除另有规定外）。

任务二

明晰药品质量检验的流程与要求

任务目标
熟知药品质量检验的流程
正确进行药品质量检验的取样、收样
熟知药品质量检验规程
正确规范填写药品质量检验记录

活动 1 药品质量检验的流程

> **想一想**
> 根据所学专业知识，思考药品质量检验的流程是什么？

药品质量检验的流程
1.
2.
3.
…

根据学生讨论结果，分析归纳，物料的质量检验控制流程如图 6-1。

质量管理室评价员接到物料管理部发出的原辅料化验申请单后，分别向取样员和化验室（化学室和微生物室）发出取样通知单和批化验记录。取样通知单和批化验记录上必须注明待取样和化验的原辅料批号和化验控制号。同用生产批号区别、追溯批生产过程一样，化验控制号是用于区别批化验过程的。每份批化验记录上都有唯一的化验控制号。

平时质量管理室保存有产品批号和化验控制号栏空白的基准批化验报告，通过向化验室发放标明待检验产品批号和化验控制号的批化验报告的形式发出批化验指令。

特殊情况下质量管理室主任可在批化验记录上增减检验项目或发出增补批化验记录。如果为一批待检产品发出两份或更多的批化验记录，其化验控制号必须有区别。最后签发的化验证书上的化验控制号必须与相应的批化验记录相同。这样，任何人都可以知道该化验证书

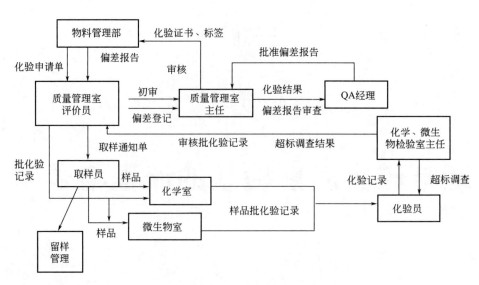

图 6-1 物料的质量检验控制流程

是根据哪份批化验记录作出的结论。

> **议一议**
> 请同学们根据图 6-1 所示,讨论药品质量检验步骤,并归纳记录。

药品质量检验的步骤
1.
2.
3.
…

药品质量检验的步骤包括:取样、收样、检验安排、检验、填写检验记录、结果复核、归档等。

> **练一练**
> 根据物料的质量检验控制流程,讨论成品质量检验控制程序。

请画出:成品质量检验控制程序图。

活动 2　药品质量检验的取样、收样和检验安排

1. 凭取样指令取样

取样证样例如图 6-2。

```
           取  样  证
   原辅料名称_____
   编    号_____
   批    号_____
   数    量_____
   来    源_____
   取 样 人_____
   日    期_____年 月 日
```

图 6-2　取样证样例

2. 填写取样记录

表 6-4　取样记录

样品名称	进厂日期			取样日期			编号	生产单位	批号	规格	总件数	取样数	取样量	取样人	备注
	年	月	日	年	月	日									

取样员根据取样通知单和有关取样的标准操作规程取样。取样后在取样通知单上填写有关样品的批号、取样日期和实际取样数量等内容（表 6-4）。取样通知单返回质量管理室评价员，以证明取样工作已按要求完成，评价员应检查取样通知单以确认取样按规定进行。检验样品交化验室。取样员如兼有管理法定留样的职责，还应填写专门的法定留样记录。

3. 药品质量检验的取样方法及管理规程样例

××××制药有限公司标准管理规程（SMP）　　　　　　　页号：

题目:取样方法及取样管理规程	起草：	日期：
	审核：	日期：
标准编码:DS-SMP-08-006-01	批准：	日期：
编订部门:质量保证部	执行日期：	年　月　日
分发部门:质量保证部、生产技术部、经营部、化验室		

1　目的　建立对各物料的取样标准操作程序。
2　适用范围　检品取样
3　有关责任　化验室。
4　规程内容
4.1　目的、要求：取样是按照一定方案从总体物料中采集能代表总体物料的样品，通过检验样品而对总体物料的质量做出评价和判断。因此采集的样品必须能够代表总体物料的所有物性。
4.2　取样数量

4.2.1 取样件数由请验样品的总数决定。总件数 $n\leqslant 3$ 时每件抽取；n 为 4～300 时，抽取 $\sqrt{n}+1$ 件；$n>300$ 时，抽取 $\sqrt{n}/2+1$ 件；中药材总件数 $n\leqslant 5$ 或为贵细药材时，每件抽样；n 为 5～99 件时，抽样数为 5；n 为 100～1000 件时，按 n 的 5% 抽样；$n>1000$ 件时，超出部分按 1% 抽样。对于成品、半成品、包装材料、工艺用水及特殊要求的原料，可按具体情况另行规定。抽样量为全检所需数量的 1～3 倍。原辅料发放时，发现其有疑问应重新抽样复验；超过规定贮存期的原辅料，应重新抽样复验，合格后方可放行。

如遇有小数时，则进为整数。

4.2.2 原辅料、包装材料、半成品（中间体）和待包装成品每批抽取。

4.2.3 成品按批号直接在已包装好的包装件中随机抽取。

4.2.4 取样量原则上不少于项目检验用量的 3 倍（不包括微生物限度检查、澄明度和热原检查所需的样品量）。

4.3 取样方法

4.3.1 取样前应进行核对被取样品的品名、规格、批号、编号、数量是否与请验单完全相符，包装是否完好无损，标志及其内容是否一致，确认无误后，方可取样。

4.3.2 药粉取样时，应将外包装清洁干净后移至与配料室洁净级别相当的取样室进行取样，以免被污染。

4.3.3 固体样品用取样器从袋口一边斜插至对边袋深约 3/4 处抽取均匀样品。

4.3.4 所取样品经混合或振摇均匀后（必要时进行粉碎），用"四分法"缩分样品，直至缩分到所需取样量为止。

4.3.5 液体样品用玻璃吸管取样。取样前将样品搅匀，约等量抽取后混匀，取供三次全分析用的量装入取样瓶中。

4.3.6 将所取样品，贴上取样证，取样证标签中应显示名称、规格、批号、数量、来源、日期、取样人等，取样后应及时将包装重新扎口或封口。

4.3.7 取样时必须填写取样记录。内容应包括品名、规格、批号、数量、来源、日期、取样人等。

4.4 注意事项

4.4.1 取样器具、设备必须清洁干燥，且不与被取物料起化学反应，应注意由于取样工具不洁而引起的交叉污染。抽取供细菌检查用的样品时，取样器具还须按规定消毒灭菌。

4.4.2 盛放样品的容器必须清洁、干燥、密封。盛放菌检样品的容器应为无菌容器。

4.4.3 取样工作必须由检验人员凭请验单进行，取样人必须对样品的代表性负责，不得委托岗位生产人员或其他非专业人员代取。

4.4.4 进入洁净区取样时，应按符合洁净区的有关规定进出。

4.4.5 取样后应尽快检验，如一次检验不合格，除另有规定外，应加大取样数量，从两倍数量的包装中重新取样。

4.4.6 易变质的原料和贮存期超过规定期限时，领用前必须重新取样检验。

议一议

根据以上药品检验取样样例，填表 6-5。

表 6-5　药品质量检验取样

讨论项目	讨论结果
1. 取样件数	
2. 取样记录内容	
3. 液体药物的取样方法	
4. 取样注意事项	

4. 药品质量检验的收样

化验室应有专职或兼职的收样员。收样员的职责是将确定数量和用途的样品及时分发给指定的化验员。化验室收样员收到样品后应在批化验记录上注明收样日期，随后将样品和批化验记录分发至有关检验人员。

5. 药品质量检验的安排

由实验室主管按样品先后次序及项目内容等情况，合理安排样品日常检测计划。遇有特殊情况急需化验的样品应优先安排化验。实验室主管应确保样品在检验周期表规定的时间内完成检验。

活动 3　药品质量检验规程

检验药品必须按照检验操作规程进行检验。检验人员按批化验记录的要求检验，并在批化验记录上填写检验结果和记录，将其连同化验原始记录和图谱送化验室主任审核。

×××××制药有限公司标准管理规程（SMP）

文件号：ZL-SOP-CP-5-03		金银花提取液检验操作规程	
起草	部门：	审核	部门：
	起草人：		审核人：
批准	部门：	版次	第　　版
	批准人：	生效日期	年　月　日
修订情况			

1　目的　建立金银花提取液检验操作规程，为金银花提取液的检验提供操作标准。
2　适用范围　××××制药有限公司。
3　责任　QC 部门。
4　规程内容
4.1　性状　本品为棕色透明液体；不得有杂物。
4.2　检查
4.2.1　相对密度：（略）
4.2.1.1　仪器与用具：分析天平，比重瓶（事先洗净并干燥，称定其质量，准确至 mg 级）。
4.2.1.2　操作方法
4.2.1.2.1　供试品重量的测定：（略）
4.2.1.2.2　水重量的测定：（略）

4.2.1.2.3 计算：（略）

4.2.1.2.4 注意事项：（略）

4.2.1.3 结果与判断：本品相对密度应不低于1.0。

4.2.2 pH值：（略）

4.3 含量测定

4.3.1 色谱条件与系统适用性试验（略）

4.3.2 仪器与设备（略）

4.3.3 试剂与试液（略）

4.3.4 对照品溶液的制备（略）

4.3.5 供试品溶液的制备（略）

4.3.6 测定法（略）

4.3.7 计算（略）

4.3.8 结果判断 本品每毫升含绿原酸不得少于35mg。

议一议

药品质量检验规程的内容包括哪些？

药品质量检验规程内容
1.
2.
3.
…

检验操作规程的管理也类同于生产工艺规程与质量标准，一般每3～5年复审、修订1次。审查、批准和执行办法与制订时相同。在执行期限内确实需要修改时，审查、批准和执行办法与制订时相同。

活动4　填写药品质量检验记录

1. 药品检验原始记录管理规程内容

（1）检验记录主要内容 应包括：品名、规格、批号、数量来源、检验依据；取样日期，检验完成日期；称重数据，测定条件及数据，计算结果；判定结论；化验室所发生的异常情况；检验人、复核人签字。

（2）检验记录的书写要求 记录要及时、真实、准确规范；书写要清晰，最好写仿宋字；书写用钢笔，不准用铅笔；填写要完整，不得有缺页漏项；不准有涂抹，错误处用横线划去（划去后的字应可辨认）在差错旁写上正确的字，并须改正人在此处签章。

（3）检验记录的复核 检验记录填写完毕后，必须由第二人进行复核，没有经过复核的记录是处于未完成状态，不能进入批记录；复核依据该品种检验操作规程，复核内容包括检验项目是否完整不缺项、检验依据是否正确、计算公式数据是否正确、填写记录是否完整、不缺项，正确、书写清晰、检验结论准确；复核后，复核人应签章。

(4) 检验记录的保管 检验记录由各检验岗位整理。交化验室分类存放;检验记录应保存至药品有效期满后一年,至少三年;记录保存期满后,化验室应向质保部提出申请处理,待质保部批准后处理。

2. 药品质量检验记录样例

检验原始记录

××-××

品名		生产单位		规格		批号		数量	
检验目的		检验依据		检验日期: 年 月 日			报告日期: 年 月 日		
结论					检验人:			复核人:	

想一想

检验原始记录填写时应注意哪些事项?填表6-6。

表6-6 填写药品质量检验原始记录注意事项

注意事项	讨论结果
1.	
2.	
3.	
…	

活动5　超标测试结果与超常测试结果

案例6-2

某制药企业生产的雷尼替丁胶囊,经实验室检测,发现检测结果超出了标准范围,检验人员报给QC,开展了超标结果的调查。

议一议

根据以上案例,请同学们讨论并填写表6-7。

表6-7 实验室超标结果的调查表

调查项目	调查内容
1.	
2.	
3.	
4.	
5.	
…	

超标测试结果（out-of-specification，简称 OOS）是指检验结果超出标准范围。对于需要平行测试、最后结果通过平均获得的检测项目，当其中单次检测有不符合标准要求，而其平均结果为合格时，也应视为超标。

超常测试结果（out-of-trenddency，简称 OOT）是指检验结果虽然符合标准规定，但明显偏离了历史检测结果。OOT 是用统计技术进行趋势分析，以免在毫无征兆的情况下发生偏差，是防止偏差产生的有效手段。

一旦出现了 OOS 或 OOT，应展开调查，一般从以下 5 个方面着手。

（1）人员　计算或数据处理过程是否有错误、是否严格遵守检测操作规程、样品称量是否有错误、人员培训是否到位等。

（2）设备　使用的仪器是否符合监测的要求、是否经过校准或在校准有效期内、分析时仪器运转是否有异常、系统适应性试验是否合格、玻璃仪器清洁是否符合要求等。

（3）料　所用试剂、标准品是否符合使用要求、是否在有效期内、样品包管是否有问题、标准品是否有问题等。

（4）法　SOP 是否有问题、检测方法是否有问题等。

（5）环　样品溶液贮存是否符合要求、操作环境是否符合要求等。

调查后处理：实验过程中，未发现实验室问题，而是样品问题，经 QA 批准后安排人员重新取样，两名分析人员每人平行两次测试；未发现实验室明显错误，样品无问题时，则安排原样复验；发现实验室有明显错误时，应采取纠正预防措施，排除偏差后，安排原分析人员称取原样品复验（必要时平行两份），以复验结果出具报告。

经原样复验（或重新取样检测）后，若检测结果均合格，则判产品合格，以第一人结果出具报告；若检测中，任一分析人员检测结果不合格，则判产品不合格，并以初始检测结果出具报告，同时报 QA。

QC 应对每年发生的超标结果/超常结果进行分类汇总，分析原因，便于持续改进。回顾内容包括：OOS/OOT 结果清单；实验室偏差和非实验室偏差数量；实验室偏差的原因及改进措施；改进措施的执行情况等。

知识拓展

药品检验方法的验证

为了保证药品检验结果的准确性、可靠性，GMP 规定，对药品检验方法需要进行验证。根据《中国药典》附录的原则要求，检验方法的验证通常可分为三种情况：

（1）无需验证　如药典（包括 USP、EP、JP 等各国药典）的方法，一般只做系统适用性实验，以确定系统是否符合要求（主要指仪器稳定性及柱的分离度是否达标）。

（2）对比法　已在参比实验室验证过的分析方法，可用对比试验的方法来确认方法的可靠性，即将本实验室与参比实验室用同一方法对批样品所测数据进行比较（如至少取五个批号，每批重复测定五次），判断方法在本实验室的可行性。如有差异需查明原因或设计方案，对方法进行再验证。

（3）需进行系统验证　可按表 6-8 要求进行系统验证试验。

表 6-8 检验方法系统验证要求

验证项目	类型				
	类型Ⅰ	类型Ⅱ		类型Ⅲ	类型Ⅳ
		定量测定	限度试验		
准确度	要求	要求	*	*	不要求
精密度	要求	要求	不要求	要求	不要求
专属性	要求	要求	要求	*	要求
检测限	不要求	不要求	要求	*	不要求
定量限	不要求	要求	不要求	*	不要求
线性	要求	要求	不要求	*	不要求
范围	要求	要求	*	*	不要求

注：1. * 表示需根据实验特性决定是否作要求。
  2. 类型Ⅰ：指用于测定原料药中主要成分或成品药中活性组分（包括防腐剂）的定量分析方法。
  3. 类型Ⅱ：指用于测定原料药中杂质或成品药中降解产物的分析方法，包括定量分析和限度试验。
  4. 类型Ⅲ：用于测定性能特性（如溶解度、溶出度）的分析方法。
  5. 类型Ⅳ：鉴别试验。

任务三

药品留样观察管理和稳定性试验

任务目标
知道药品留样观察目的
正确填写药品留样观察记录
熟知药品稳定性试验目的
知道药品稳定性试验内容

活动 1　药品留样观察的目的

案例 6-3　藻酸双酯钠注射液质量问题

据报道，××××药业生产的藻酸双酯钠注射液存在质量问题。该药品于 2006 年 12 月 14 日生产，2007 年 1 月 6 日开始向市场发货，1 月 20 日发货完毕。2007 年 1 月 24 日，×××药业按照药品留样观察制度对该批藻酸双酯钠注射液留样产品进行例检时，发现该批药品部分安瓿中出现微量点状物质。2007 年 1 月 25 日，××××药业对已发往市场的药品予以召回，并按照有关规定予以销毁。由此可以看出，保证药品质量需要对影响药品质量的各个环节进行管理，即对药品生产的全过程进行质量控制。药品 GMP 就是对药品生产过程进行全方位控制的规范。

> **议一议**
> 根据案例 6-3，讨论药品留样观察的目的是什么？

药品留样观察的目的
1.
2.
3.
…

活动 2　填写药品留样观察记录

1. 留样观察管理规程内容

① 企业应对所有原料、包装材料和每批成品进行留样。

② 企业应设专人负责留样观察工作，负责起草留样观察计划，建立留样台账。根据要求进行留样并定期检验，做好留样观察总结及信息反馈。

③ 留样样品应在专门设置的留样样品室内保存，除另有规定外，留样室环境条件应与产品标签所述一致。

④ 每年应制定留样观察计划，除正常留样外，还要确定该年度留样观察品种、批次、数量及分别观察时间和项目等。包括生产的产品必须每批留样，变更生产工艺、停产、大修后恢复生产后的前三批作为重点留样。处方或原材料变更后的头三批重点留样观察；因特殊要求如考查药品稳定性、有效期等需要留样观察的。

⑤ 每批产品的留样。取样量至少应为留样观察所需用量的 2 倍。每瓶应贴有原标签或留样证（留样证主要指原料留样用，留样证应注明品名、规格、生产批号、生产单位、留样日期等）取样后要进行留样登记。

⑥ 留样应按品种、批号、年份分类存放，留样室的温湿度应予记录。

⑦ 除特殊情况外，留样观察批次除第 0、3、6、9、12、18、24、30 个月对所有的批号留样观察进行一般检查外，第 0、12、24、36 个月对留样观察批次按药物稳定性试验规定该项目进行检验，检查结果均应进行记录。

⑧ 各种留样均应保存至规定的留样期限，各种留样的保存期限如下：一般药品留样保存期限为有效期后一年；进公司原料和包装材料留样期限为该批产品全部使用完毕，制成产品并经检验合格后 3 个月为止；有特殊要求（如留样观察长期稳定性试验，加速考查试验等），按通知的要求留样。

⑨ 在留样观察中，如有异常情况，应填写"留样观察异常情况报告单"，并及时向质量保证部汇报。

⑩ 如生产成品发生质量问题，需要对投入原材料进行分析，应及时提供原料留样。每收到用户投诉产品质量问题，检验结果需作仲裁分析或生产当中出现了异常情况需动用留样进行分析时，应随时能够调出留样。

⑪ 留样期满的样品，由留样观察负责人登记建册，报质保部和有关部门批准后进行处理。

⑫ 留样观察每年应根据所检验的数据进行分析，进行总结，为改进工艺路线、提高产品质量提供科学依据。为评价药品质量稳定性，为确定物料贮存期、药品有效期提供数据。

2. 药品留样记录表格样例

产品留样记录

×× -FP-08-027-01

留样日期	产品名称	规格	批号	包装	留样量	备注

3. 药品留样观察记录表格样例

留样观察记录

××-FP-08-028-01

品名		规格		批号				
留样日期		取样量		有效期				
异常情况摘要：								
日期	检查项目							检查人
	性　　状	酸碱度	崩解度	装量差异	干燥失重	炽灼残渣	砷盐	微生物限度

活动 3　药品稳定性试验目的

1. 稳定性试验的目的

考察原料药或药物制剂在温度、湿度、光线的影响下随时间变化的规律，为药品的生产、包装、贮存、运输条件提供科学依据，同时通过试验建立药品的有效期。

质量管理部门应开展对原料、中间产品及成品质量稳定性的考察，根据考察结果来评价原料、中间产品及成品的质量稳定性，为确定物料贮存期和有效期提供数据。

2. 药品稳定性实验标准管理规程样例

××××××制药有限公司标准管理规程（SMP）

页号：

题目：稳定性试验管理规程	起草：　日期：
	审核：　日期：
标准编码：××-SMP-08-034-01	批准：　日期：
编订部门：质量保证部	执行日期：　年　月　日
分发部门：质量保证部、生产技术部、车间	

1　目的　建立成品原料进行稳定性试验规程，为制定原料的贮存期和成品使用期提供科学依据。

2　适用范围　适用于本公司药品生产成品的稳定性试验。

3　有关责任　质监办、化验室。

4　规程内容

4.1　质监办于每年年底制订出下半年度稳定性试验品种计划，其试验内容包括影响因素试验、加速试验、长期试验。由化验室实施。

4.2　新开发的品种，研制开发阶段即要制订出稳定性试验计划并同步进行与质量标准相一致的试验。

4.3 稳定性试验要采用专属性强、准确、精密、灵敏的分析方法与有关物质（含降解产物及其他变化所生成的产物）的检查方法，并对方法进行验证，以确保药物稳定性结果的可靠性。

4.4 药物稳定性试验，应按照《中国药典》二部附录"药物稳定性试验指导原则"进行，但也可根据品种的特殊性，在此基础上，增加有关的试验项目和内容。

4.5 稳定性试验保证试验人员的相对稳定，以确保试验的连续性结果的可靠性。

活动 4　药物稳定性试验内容

药品稳定性试验记录表格样例

稳定性试验记录

样品名称：　　编号：　　批号：　　存贮温度：　　日期：

项目	限度	存贮期及测试结果							
		0月	3月	6月	9月	12月	18月	24月	30月
检测人									
复核人									
备注				结论				负责人	

> **知识拓展**
>
> **稳定性试验的基本要求**
>
> 稳定性试验包括影响因素试验、加速试验和长期试验。影响因素试验用1批原料药物或1批制剂进行；如果试验结果不明确，则应加试2个批次样品。原料药供试品是一定规模生产的，供试品量相当于制剂稳定性实验所要求的批量，原料药合成工艺路线、方法、步骤应与大生产一致。药物制剂的供试品应是放大试验的产品（药物制剂每批放大试验的规模，至少是中试规模），其处方与生产工艺应与大生产一致。供试品的质量标准应与各项基础研究及临床验证所使用的供试品质量标准一致。加速试验与长期试验所用供试品的容器和包装材料及包装方式应与上市产品一致。
>
> 研究药物稳定性，要采用专属性强、准确、精密、灵活的药物分析方法和有关物质（含降解产物及其他变化所生成的产物）的检查方法，并对方法进行验证，以保证药物稳定性试验结果的可靠性。在稳定性试验中，应重视有关物质的检查。

任务四

药品检验试剂和药品检验仪器的管理

任务目标

知道药品检验标准品、对照品、鉴定菌管理
知道药品检验试剂、试液、培养基管理
熟知药品检验滴定液、标准液管理
熟知药品分析仪器校验、使用和维护保养管理
了解药品检验用剧毒药品管理

活动 1　药品检验标准品、对照品、鉴定菌的管理

1. 药品检验标准品、对照品、鉴定菌管理

① 标准品、对照品每年四季度由化验室申报计划，质保部批准，向省（或市）药检所统一订购，因某种原因临时需要购买，也应由化验室申请，质保部批准后购买。

② 标准品、对照品应由专人保管、发放。

③ 标准品、对照品购买后，应认真验收检查包装，核对名称规格数量等。并做好记录。

④ 根据标准品、对照品各自不同的理化性质、贮存要求选择适宜的环境进行贮存，一般标准品、对照品应密封存放在冰箱中。

⑤ 领用、发放要填写记录，领用人签名、保管人核对无误后发放。

⑥ 严格按照规定的贮存期执行，没有贮存期的化学提纯物为 3 年。

⑦ 鉴定菌要有专人接代、保管、发放，并填写传代记录、领用发放记录，领用人、保管人校对无误后发放签名。

2. 菌种、标准品、对照品使用记录表格样例

菌种、标准品、对照品使用记录

××-××-08-006-01

品名		批号		规格	
来源		有效期至		购入日期	
编号		数量		购买者	
使用日期	使用数量	结存量	用途	使用者	备注

活动 2　药品检验试剂、试液、培养基的管理

1. 药品检验试剂、试液、培养基管理

① 试剂、试药存放应有专柜，并按不同类别分别存放。试剂、试药名称应完整，批号应明确，过期、失效的试剂、试药应另外存放，定期销毁。

② 试液配制应有记录，除特殊情况另有规定外。使用期限不能超过 3 个月，过期重新配制。配制好的试液应注明品名、浓度、配制日期。

③ 培养基的配制。应按国家标准规定的方法要求配制。存放在阴凉干燥处，超过 1 个月不得使用。

④ 配制好的培养基应通过无菌检查和灵敏度试验合格后方可使用。

2. 化学试剂配制记录样例

化学试剂配制记录

××-××-08-013-01

试液名称					配制日期		
配制总量					配制温度		
配制浓度					使用截止日期		
配制依据							
所用试剂	试剂名称	规格	批号	纯度	试剂厂家		数量/g
所用仪器	仪器名称	规格	型号		仪器厂家		校正日期
配制方法	（执行操作规程号）						
溶剂及必要的处理							
备注							
配制人					复核人		

活动 3　药品检验滴定液、标准液的管理

1. 药品检验滴定液、标准液管理

① 滴定液、标准溶液由专人配制、标化、复标及发放管理。

② 滴定液、标准溶液配制所需试剂应是"分析纯"化学试剂，配制前检查封口及包装

情况应无污染，在规定的使用范围内。滴定液、标准溶液配制所用的"水"应为符合《中国药典》要求的"纯化水"。用来标定滴定液浓度的基准物质应为"基准试剂"，为防止基准试剂存放后可能吸潮，配制前应干燥至恒重。

③ 滴定液和标准溶液的配制。称重必须使用灵敏度在万分之一的专用天平；玻璃仪器应洁净，所用容量玻璃仪器必须经过校正合格；严格按国家标准规定的配制方法配制，操作规范；滴定液的浓度标准值与名义值尽量保持一致，相差最大不得超过±5%；滴定液与标准溶液应放在与溶液性质相适应的洁净瓶中，贴好状态标志。

④ 滴定液的标定和复标。滴定液的标定和复标所需要的天平和玻璃仪器必须符合要求；滴定液配制液应摇匀，放置3d以上方可标定（有些需放置更长一些时间，有些需过滤）；标定方法按国家标准执行；滴定液必须由第一人标定，第二人复标；每次标定或复标应进行几份平行操作，一般不少于3份，无论标定或复标相对偏差不得超过0.1%；标定或复标各自测的平均值，相对偏差不得超过0.15%，否则重标；将标定和复标的算术平均值作为标定结果。

⑤ 滴定液的配制、标定、复标和标准液的配制应有完整的专用原始记录。

⑥ 标定好的滴定液和配制好的标准液必须贴签，标签上写明品名、浓度配制日期、标化日期（复标日期）、标化温度、标化人（复标人）和使用效期等。

⑦ 滴定液应定期复标，除碘滴定液、高氯酸滴定液每月需复标一次，其它每3个月应复标一次。

⑧ 标定工作宜在室温15~30℃下进行，当标定与使用时的室温相差超过10℃，应重新标定。

⑨ 滴定液的贮存与发放：已标定的和未标定的滴定液应分开存放，并有明显标志；瓶口注意防尘，必要时注意避光或低温保存；由专人负责保管发放，或未完成标定的滴定液，保管人员不得发放，使用人员不得使用。

2. 药品检验滴定液配制及标定记录样例

滴定液配制及标定记录（1）

××-××-08-003-01

滴定液名称_____	标定浓度_____	
基准试剂名称_____	配制数量_____	配制日期__年__月__日
指示剂名称_____	标定温度_____℃	标定日期__年__月__日
使用期限_____	复标温度_____℃	复标日期__年__月__日
标准依据_____		

配制方法：

配制人：

标定记录：

标定人：

滴定液配制及标定记录（2）

××-××-08-003-01

```
滴定液名称：_____          标定浓度：_____
复标时间：_____年___月___日 复标温度_____℃ 复标人：_____
复标记录：




                                              复标人：_____

标定值：        复标值：        标定与复标的平均值：

标定与复标的相对偏差＝（标定值－复标值/标定值＋复标值）×100％＝





结论：
                              标定人：        复标人：
```

活动 4　药品分析仪器校验、使用和维护保养管理

1. 分析仪器的校验、使用和维护保养管理

① 仪器由专人负责保管，每台仪器应制定标准操作规程。

② 使用仪器应严格执行标准操作程序，使用完毕后，应将仪器各开关依次关好、复原，附件应洗净放好，并按规定登记。

③ 仪器设备必须严格按照规定的范围使用，不能超量、超过功能使用。

④ 仪器设备的操作过程中如有不正常现象必须立即停止使用，并报告部门主管，等故障排除后方能使用，原实验数据无效，严禁带故障工作。

⑤ 每台仪器均应建立仪器登记卡及仪器档案（包括使用说明书、图纸及校正维修记录），每次维修时应记下时间、仪器故障和修理结果、修理人。

⑥ 分析仪器应定期进行校验，记录结果。新购仪器应随时填卡，经校验合格后方可使用；分析天平每年应有法定计量部门至少校正一次；温度计应在第一次使用前加以校正，测熔点温度计每年应用熔点标准品校正一次；玻璃容量仪器应进行校验后，方能使用；酸度计、崩解仪、分光光度计、色谱仪等分析仪器，应遵照《中国药典》及仪器使用说明书每年校正一次。

⑦ 所有仪器必须贴有有效的"合格"或"准用"绿色标签，才准许使用。

⑧ 发现仪器有故障或损坏时，应关闭电源，及时向主管人员和部门主管报告，并填维修单交维修组进行修理，凡是违章操作或失职造成仪器损坏或影响检测结果时，应视情节酌情处理。待维修的仪器设备不得使用。

⑨ 仪器设备使用后应及时清理，保持整洁，及时调换受潮的硅胶。

2. 玻璃容量仪器校验记录表格样例

玻璃容量仪器校验记

××-××-08-004-01

仪器名称		仪器规格		产地		编号	
校验地点		校验时间				校验温度	℃

校验体积/mL	标准水重/g	实际检测重量/g						实际误差/g	允许误差/g
		第一次	第二次	第三次	第四次	第五次	平均		
结论									

复核人：　　　　　　　　　　　　校验人：

3. 仪器使用登记表格样例

仪器使用登记表

仪器名称：　　　　　　　　　　　　　　　　　　　　　　　　　　　　××-××-08-007-01

使用时间					使用前仪器情况	使用后仪器情况	使用人	备注
年	月	日	时	分				

> **知识拓展**
>
> **药品检验用剧毒物品的管理**
>
> 1. 属于使用此类试药，均由化验室统一存放，由双人双锁专柜保管。
> 2. 如需使用此类试药，应提出申请，说明用途、用量。经室主任同意后，方可发放。由领用人和保管人共同称重（采用减重法称量）领取，并按规定记录。
> 3. 如去仓库或车间抽取麻醉、精神或有毒样品应严格遵守仓库或车间有关规定，严格控制化验取样和留样取的数量，不得任意处理或作他用。
> 4. 使用后剩余的麻醉、精神或有毒类物料，必须及时退库，复核重量，严格规定保管。
> 5. 如果检验后产生剧毒的废液和残液，收集存放，经化学处理或其他适宜的方法处理确认无毒时，对环境不造成污染后排放。

附：剧毒、特殊药品领用记录表

剧毒、特殊药品领用记录表

品名：　　　规格：　　　批号：　　　　　　　　　　　××-××-08-008-01

| 年 | | 用途 | 购进数量 | 领用数量 | 结存数量 | 领用人 | 保管人 | 备注 |
月	日							

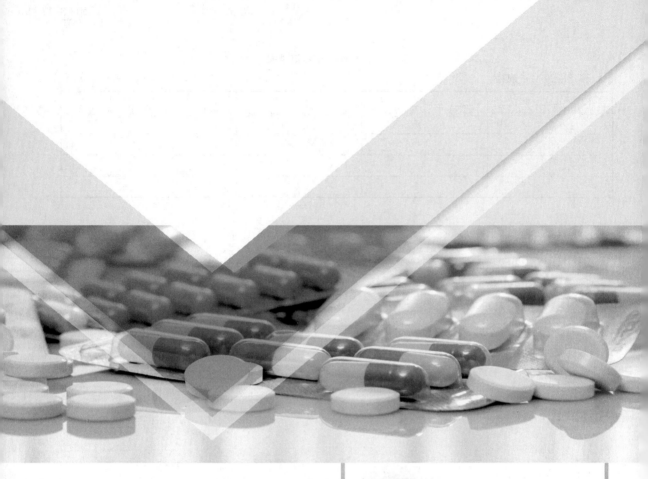

项目 7

药品质量管理与质量风险的控制

项目说明

本项目共完成三个任务，任务一由药品质量问题引发的灾难事件出发，使同学们感受药品质量管理的重要性，正确理解药品质量的生命周期及其在生命周期内确保药品质量的重要性；任务二使同学们知晓药品质量管理的发展历程，不同质量管理带来药品质量风险的可能性，会使用质量管理工具参与质量管理活动；任务三通过药品质量风险案例使同学们知晓药品质量风险的可能性和危害的严重性，学会利用风险工具开展风险确认、风险分析和风险评价，进而采取措施控制风险，确保药品质量的均匀稳定性，为群众提供安全有效的药品。

任务一

分析药品质量的产生原因与重要性

任务目标
知道药品质量的重要性
熟知药品质量的生命周期
熟知药品质量的属性

活动 1　讨论分析"沙利度胺"药难事件

案例回放

重新阅读案例 1-1,或通过观看录像、查阅网络资源了解有关沙利度胺的有关知识和信息。

想一想

美国如何避免此次药难事件?填表 7-1。

表 7-1　"沙利度胺"药难事件产生的原因及解决措施

分析主题	分析结果
1. 药难事件的发生是因为哪个环节出现了问题?	
2. 药难事件带来的危害有哪些?	
3. 美国有"海豹儿"出生吗?	
4. FDA 为什么拒绝沙利度胺进口到美国?	

活动 2　理解药品质量的产生

想一想

学生分组讨论,药品的质量从哪里来?填表 7-2。

表 7-2　药品质量产生过程讨论表

分析主题	分析结果
1. 药品的质量从检验中来	
2. 药品的质量是生产出来的	
3. 药品的质量从哪些过程产生？	

质量是如何产生的？最早人们认为"质量是靠最终把关"形成的。目前，很容易理解这个观点是错误的。检验只能验证产品是否符合某种规格标准，但产品的质量绝不会因为检验而存在。后来，人们又认为"质量是生产出来的"。为了提高质量，人们控制产品的生产过程，这是人们认识的一个飞跃，但这种认识仍然是片面的。直到 20 世纪 70 年代末，人们对质量的产生才有一个统一的认识，即质量产生于一个组织工作的全过程。

药品的质量产生于药品组织工作的全过程，这个全过程包括：药品的研发过程、药品的生产过程、药品的流通过程、药品的使用过程和药品的上市再评价过程。这五个过程均产生质量，如沙利度胺引起的药难事件，就是在药品的研发过程出现质量问题，没有认识到该药是一个 100% 致畸形的药物。产生药品质量的五个过程，也称为药品的生命周期，即从开始产生药品质量的研发阶段到药品质量结束的再评价阶段。

1. 药品质量的概念

质量的概念不是一成不变的。随着时代的发展、社会的进步，人们对质量的认识不断提升。如在原始社会，人们对质量的要求是什么呢？在高度统一的物质文明和精神文明的 21 世纪，人们对质量理解又是怎样的呢？世界各国给出的质量的定义，随着时代的进步是不断变化的。

1981 年欧洲组织的质量控制术语表中，质量是指产品或服务内在特征和外部特征的总和，以此构成其满足给定需求的能力。

美国著名的质量管理专家朱兰（J. M. Juran）指出：对于一个公司，质量应定义为一是符合顾客需求，二是产品无缺陷。这里的产品无缺陷包括供货不及时，发票错误，产品的意外损害，厂内的返工、废料和设计改变。

1987 年版的 ISO 9000 系列标准对质量的定义为：反映实体满足明确和隐含需要的能力的特性的总和。这里的实体被定义为"活动或过程，产品、组织、体系或人，以及上述各项的任何组合。"

综上所述，质量的定义是一种永不停滞的改进，改进的过程也是人们对质量认识上的不断上升，成为推动社会发展的动力和源泉。总之，质量就是以最合适的价格，满足顾客需要，不给顾客带来任何的伤害。从该定义中，可以挖掘到质量广泛而深刻的内涵，展开它、丰富它、完善它，使企业不断前进。

2. 药品质量的属性

(1) 质量的相对性　顾客的需求不是一成不变的，它随着社会的变迁、时代的发展而变化，正是顾客需求的变化与不断地提高，才推动质量的不断提升，企业不断生产出满足顾客需求的产品，推动整个社会不断前进。

(2) 质量的广泛性和社会性　质量蕴含于产品和服务之中。产品的设计、生产和产品的销售、服务涉及社会每一个人、每一个方面，使其具有社会性；质量满足顾客需求的同时，还要满足社会属性，如国家法律法规等，还要考虑社会资源问题，如环境、安全、健康、社会保障、能源和社会资源保护等，并且不仅使生产者、消费者受益，还要使业主、供方和社会受益。

（3）质量与符合标准/规格的关系 对于任何一个生产企业，它的产品总是要符合国家或行业的某一个标准/规格的。例如，一种药物，它的疗效是构成药品质量的第一大特性，在治病的基础上，它的安全性是构成药品的第二大特性。这些特性反映到药品的质量上，根据目前的科学水平可以赋予该药品一定的质量标准，用特定的检测仪器对其检测理化指标，如含量、杂质、水分、溶出度、崩解时限、pH等，还可以在药品使用说明书上给予药品使用剂量、给药方法、有效期、注意事项、不良反应和禁忌证等的说明，以确保人们用药安全有效。这些均是药品质量的内容，它符合国家法定的质量标准、国家的相关法律法规的规定。但是，药品的使用者是病人，购买它治病，病人的需要是什么？心里想的是什么？即是病人对药品的心理质量特性，如药物的味道、剂型的偏好、剂型颜色及形状的偏爱等，病人的这些心理、感觉是很难用标准来衡量的。所以，药品符合质量标准/规格，但不等于满足顾客需要，药品生产企业应尽可能在满足顾客需要的前提下，生产出符合质量标准/规格的药品。因此，在符合质量标准/规格的前提下，应了解医生、患者和家属的心声。

活动3　理解生产过程的概念

议一议

固体制剂车间压片岗位的工作内容如何？并填表7-3。

表7-3　压片岗位的工作流程

讨论主题	讨论内容
1. 压片岗位接受的原材料来自哪个岗位？	
2. 压片岗位的工作任务是什么？	
3. 压片岗位生产的产品输送到哪个岗位？	

ISO 9000系列标准对过程的定义为：将输入转化为输出的一组彼此相关的资源和活动，如图7-1所示。

图7-1　过程的概念

任何一种业务工作都可以看作是一个过程，输入是供应商，或是对另一个过程的输出；输出的是顾客需要的产品，或对另一过程的输入。对一个制药企业，就是一个输入-输出的过程。从原材料的进厂，经过加工制成产品出厂，在这个大过程中又包含小的过程，如片剂车间的制粒岗位，它的输入来源于粉碎岗位，它的输出是压片岗位。

想一想

你所理解员工的"三重身份"是什么？填表7-4。

表 7-4　员工的"三重身份"讨论表

讨论主题	分析结果
1. 员工的身份之一	
2. 员工的身份之二	
3. 员工的身份之三	

　　企业的员工应懂得他们的工作是一个输入-输出的过程，每个员工都是上一个岗位的顾客，上一个岗位的产品输给他，满足他的需要；他还是一个生产者（制造者），根据岗位操作规程生产出合格的产品。他又是下一个岗位的供应商，他的产品满足下一个岗位的需要。质量贯穿整个过程中，满足顾客需要是整个过程的核心。

　　一个组织就是由这些过程组成的系统，质量就产生于这个过程中。所以，一个组织的质量管理就是通过对组织内部的各种过程管理来实现的。

任务二

药品质量管理

任务目标
熟知药品质量管理的内涵
会做好质量控制和质量保证工作
会建立质量体系并有效运作
会使用工具进行质量经济分析

活动 1　认识药品质量管理的内涵

> **想一想**
> 药品质量的生命周期与其对应的质量管理法规分别是什么？填表7-5。

表 7-5　药品质量生命周期及质量管理法规

药品质量生命周期	质量管理法规
1. 质量生命周期一	
2. 质量生命周期二	
3. 质量生命周期三	
4. 质量生命周期四	
5. 质量生命周期五	

药品的生命周期是指从产生药品质量的研制开发阶段到药品质量消失的使用阶段的整个过程。在这个过程中包含五个阶段：药品的研制开发阶段、药品的生产阶段、药品的流通阶段、药品的使用阶段和药品的再评价阶段。与之相对应的质量管理规范有：药品的非临床试验管理规范（GLP）与药品临床试验质量管理规范（GCP）；药品生产质量管理规范（GMP）、中药材种植质量管理规范（GAP）与医疗机构制剂质量管理规范（GPP）；药品经营质量管理规范（GSP）；药品使用质量管理规范（GUP）；药品的再评价制度。在药品质量的生命周期中，药品的质量风险管理贯穿整个过程中。

1. 质量管理的发展

质量是发展上升的,质量管理也是不断变化发展的。质量管理经过如下几个阶段,见表 7-6。

表 7-6 质量管理阶段比较

质量管理类型	特点
操作者的质量管理阶段	自己把关;质量标准不一致;工作效率低;不适应生产力的发展
质量检验阶段	事后把关,造成事实损失,无法挽回;全数把关,工作量大,劳动强度大;对药物不能用
统计质量管理阶段	将数理统计方法用于质量管理;科学抽检;存在局限性
全面质量管理阶段	预防为主;以人为本;全员、全过程、全面管理
标准化质量管理阶段	管理的最高形式;一切均有标准,并能有效执行

2. 全面质量管理

按照 ISO 8402:1994 给予全面质量管理（total quality control，TQC）的定义是："一个组织以质量为中心,以全员参与为基础,目的在于通过让顾客满意和本组织所有成员及社会受益而达到长期成功的管理途径。"

全面质量管理的原则:

（1）**预防为主** TQC靠全过程的质量管理来保证产品质量,同质量的形成规律相吻合,而不是靠事后把关,出了废品把废品挑出来。显然,这种管理可以减少企业和社会的损失,提高经济和社会效益。

（2）**重视人的因素** 现代企业每一个复杂的过程都是靠人来实现的,人起决定因素,但过去的管理方式只是对产品和过程进行统计学控制,对人的因素重视不够,不能调动人的积极性。TQC要求,充分调动全体员工的积极性,发挥其主观能动性,人人关心质量,做好本职工作,才能从根本上保证产品质量。

（3）**顾客至上** TQC定义中的让顾客满意,就是要求企业在产品的设计、生产、服务上满足顾客需要,这正是企业生存和发展的根本。顾客需求的不断发展促使企业不断改进质量活动,使企业不断向前发展。

（4）**追求质量效益** 企业追求经济效益,才能不断发展。一方面企业要不断提高产品质量,另一方面在提高产品质量的基础上,努力降低成本,使顾客、企业员工及社会都能获利。这二者并不矛盾,质量的提高,充分满足顾客需要,市场的占有率、销售率就会增加,产生的经济效益和社会效益是显而易见的。

（5）**管理的系统化** 一个组织就是由许多子系统组成的系统,各子系统是相互依存,相互制约的一个整体,把各子系统构成一个有效的体系正是TQC的管理思想。全面质量管理正是把质量形成的所有过程包括宏观的和微观的,如质量设计、质量维持、质量的提高以及影响质量的所有因素进行综合管理,而不是对某一过程的统计控制。

（6）**质量改进** 让顾客满意,就决定了企业要不断进行质量改进,因为顾客的需求是一个不断发展变化、无休止的过程。企业把顾客看作上帝,就要不断进行质量改进,最大限度满足顾客需要。这同质量上升的是一致的。

归纳上述原则,可以把 TQC 的含义理解为:把专业技术、经营管理、数理统计和思想教育结合起来,建立起贯穿于产品质量形成全过程的质量保证体系,从而经济地生产用户满意的产品。其核心是加强企业素质，提高质量，降低消耗，全面提高企业和社会经济效益。其特点是：①从过去的事后检验把关转变为以预防、改进为主；②从管"结果"转变为管"因素"，找出影响产品质量的各种因素，抓住主要因素，发动全员、各部门参加，运用科学管理的程序和方法，使生产经营的所有活动均处于受控状态；③把工作中以分工为主，转变为以协调为主，使企业联系成为一个紧密的整体。

> **想一想**
> 请同学们根据自己对 TQC 和 GMP 的理解，讨论并填表 7-7。

表 7-7 TQC 与 GMP 的关系

讨论主题	讨论结果
1. TQC 思想与 GMP 思想是否一致？ 2. TQC 与 GMP 的区别在哪里？ ……	

GMP 是对药品生产过程各环节、各方面实行严格监控而提出的具体要求。GMP 涉及企业各部门的活动，只有各部门紧密协调，有机组织起来，才能形成有效的保证药品质量的质量保证体系，这同 TQC 的思想保持一致。但从企业经营管理的角度将 TQC 和 GMP 进行比较，则可发现二者之间又有差别。TQC 的本质是以质量为中心，不断开发出让顾客满意的产品，同时取得良好的经济效益和社会效益，具有进攻性、开拓性的质量管理，不是满足现行的质量标准/规定，而是通过质量监控、信息反馈等不断使产品更新换代。而 GMP 的本质是预防为主的预防型质量管理，无论对硬件、软件的要求，处处体现预防为主，把差错事故消灭掉，确保药品质量符合现行的药品质量标准。

活动 2　熟识药品质量管理的步骤

> **想一想**
> 药品质量管理的实施有几个步骤？

药品质量管理的步骤
步骤一：
步骤二：
步骤三：
步骤四：
……

药品质量管理就是对药品质量生命周期的每个过程实施质量管理，确保每一片药、每一粒药、每一瓶针剂等都安全有效，不给患者带来任何的伤害。质量管理就是确定质量方针、目标和职责，并在质量体系中通过诸如质量策划、质量控制、质量保证和质量改进使其实施的全部管理职能的所有活动。质量管理的实施步骤应是：质量策划—质量实施—质量改进。如图 7-2 所示。

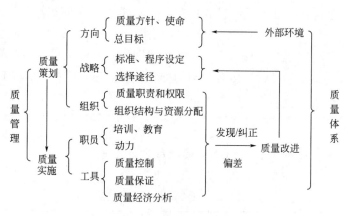

图 7-2　质量管理步骤

质量策划是质量管理的第一步，也是最重要的一步。它为企业所有部门的活动提供行为指南。所有的质量活动都围绕着质量策划制定的方针、目标而开展。质量策划的基本要求是：应遵循国家的有关质量方针、政策和法规；根据顾客需求考虑产品的适用性、安全性和有效性的保证程度；考虑到质量体系有效运行的保证程度；考虑到企业对质量体系结构与资源的保证程度。质量策划的内容包括：质量管理的方向、质量管理的战略和质量管理的组织。

活动 3　实施质量控制（QC）活动

议一议

某药厂生产一批解热镇痛药物维生素 C 银翘片，如何证明这批药物是合格的？

维生素 C 银翘片合格证明材料
1. 证明材料之一
2. 证明材料之二
3. 证明材料之三
4. 证明材料之四
……

为了达到质量要求所采取的作业技术和活动称为质量控制（quality control，QC），其有三层意思：一是质量要求，二是质量标准，三是质量控制方法。

1. 质量要求

质量要求就是满足顾客需要，不使用户承担任何风险。质量要求实际上是顾客要求，但顾客的需求是定性的。质量要求以顾客的语言来表达，企业把顾客的语言以组织的语言来量化，用以指导设计和开发出符合顾客需求的产品特性，得之渗入工艺规程的设计，用技术的语言转化为质量标准，然后采取各种技术手段和行动去符合这些质量要求。

2. 质量标准

标准的含义是指对重复性事物和概念所作的统一规定。它以科学、技术和实践经验的综合成果为基础，经有关方面协商一致，由主管机构批准，以特定形式发布，作为共同遵守的准则和依据。

药品的生产技术标准或检验标准必须经过国家主管机构协调统一发布，是企业必须遵守的行为准则。药品的质量标准可以分为药典标准和部颁标准。药典是记载药品标准的法典。药品标准的内容一般包括：法定名称、来源、性状、鉴别、纯度检查、含量或效价、类别、剂量、规格、贮藏、制剂等。

3. 质量控制方法

质量控制涵盖药品生产、放行、市场质量反馈的全过程，包括原辅料、包材、制药用水、中间体及成品的质量标准和分析方法的建立、取样和检验，以及产品的稳定性考察和市场不良反馈样品的复核等工作。

实验室是质量控制活动的主要载体，其核心目的在于获取反映产品质量的真实客观的检验数据，为质量评估提供依据。

实验室工作流程：取样、留样、稳定性考察、试剂及试液的管理、标准品及对照品的管理、仪器的确认、校准与维护、分析方法的验证及确认、OOS调查、原始数据的管理、检验等（详见项目六药品质量检验的管理）。

活动 4　实施质量保证（QA）活动

案例 7-1

2012年7月，一感染发热患者到×××市人民医院输液。当护士配制氨苄西林输液时，发现一瓶氨苄西林粉针瓶内有一个黑点，仔细观察，里面竟然有一根不足2mm的头发，护士立即将这一情况报告院药事管理委员会。经调查，这批药品的检验报告标示这批药品是合格的。

议一议

组织学生分组讨论案例7-1，并填表7-8。

根据讨论结果，只靠按质量标准检测的手段是不足以保证产品质量的。若要防止头发对产品的污染，就要严格要求整个生产过程，包括更衣制度，所有在药品暴露场所工作的人员必须严格执行更衣规程，不允许有任何毛发暴露在工作场所。

表7-8　氨苄西林事件

讨论主题	讨论结果
1. 2mm头发来源为何？	
2. 为什么会有2mm头发？	
3. 检验合格能否放行，为什么？	
4. 药品放行的权利有哪些？	
……	

由此可知，充分保证一个药品符合设计时的质量要求，不仅需要通过技术手段对各环节进行检测和控制，还需要对包括供应厂家、包装、贮存、运输在内的全部生产过程和销售使

用过程的各环节进行系统的预防管理和质量改进。

对于一个复杂的安全性产品（如药品），为了证明产品的质量，生产组织方必须按照合同要求不仅向顾客提供产品的技术标准及其检验结果，而且还要提供其他对生产全过程系统管理的证据，通常包括以下几方面。

（1）正式的产品质量计划 包括从药品的设计和对提供原辅材料供应商的检查到产品最终检验后的贮存、运输维护和使用全过程的管理和控制。

（2）审阅系统 这个系统能够确认如果计划被执行，药品能够达到指定的质量标准。

（3）检查系统 这个系统能够证明计划被正确执行。

（4）提供质量数据的系统 这个系统提供计划被执行的所有数据。

以上所有的活动，就是一个生产组织方向顾客提供的质量保证。所以，只有质量控制是不能保证药品质量万无一失的，质量保证才能安全地保证每一瓶药、每一片药不出差错事故。各国的 GMP 要求：只有质量管理部门（而不是质量控制实验室）才有权做出产品或物料放行的决定。

ISO 9000：1994 给出质量保证的定义：为提供足够的信任表明实体能够满足质量要求，而在质量体系中实施并根据需要进行证实的全部有计划、有系统的活动。

质量保证和质量控制的有些活动是相关联的，质量控制是质量保证的一部分，是质量体系中为质量保证提供技术支持和法律依据的。

活动 5　建立质量体系

2010 年版 GMP 第 2 条规定，企业应当建立药品质量管理体系。该体系应当涵盖影响药品质量的所有因素，包括确保药品质量符合预定用途的有组织、有计划的全部活动。

2010 年版 GMP 第 3 条规定，本规范作为药品质量管理体系的一部分，是药品生产管理和质量控制的基本要求，旨在最大限度地降低药品生产过程中的污染、交叉污染以及混淆、差错等风险，确保持续稳定地生产出符合预定用途和注册要求的药品。

> **议一议**
> 根据 2010 年版 GMP 的要求，建立质量管理体系的目的是什么？

建立质量管理体系的目的
1.
2.
3.
……

1. 质量管理体系的概念

> **想一想**
> 一个家庭其成员组成是怎样的？填表 7-9。

表 7-9　家庭成员讨论表

成员组成	成员作用
1.	
2.	
3.	
……	
一个家庭与社会的关系：	

系统（system）也称体系，是表示由部分组成的整体，它广泛存在于自然界、人类社会及人们的思维之中。例如一个制药企业就可以看作一个系统，它是由许多车间和科室组成，车间和科室相互依存、相互制约，为企业的共同目标协调工作。这些车间、科室就是组成企业这个系统的要素，又称子系统。这些车间、科室中的每个岗位称为子系统的元素。

系统的特点：系统是由两个或两个以上要素（部分、环节）组成的整体；各要素之间、要素与系统之间以及整体与环境之间，都存在着一定的有机联系（图 7-3）；任何系统都具有其特定的功能。

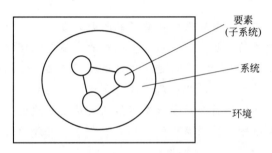

图 7-3　环境—系统—要素三者关系

质量管理是指在质量方面指挥和控制组织协调的活动，通常包括制定质量方针、质量目标，实施质量策划、质量控制、质量保证和质量改进等活动。为保证产品、过程或服务满足质量要求，把企业的组织机构、职责和权限、工作方法和程序、技术力量和业务活动、资金和资源、信息等协调统一起来所形成的一个有机整体，称为一个企业的质量管理体系。

2. 质量管理体系的内容

（1）企业的质量方针、政策和目标

（2）企业各部门和各级各类人员的质量职责和权限　以做到质量工作人人有责，并且各部门、各级各类人员工作协调配合，实现预定的质量目标。

（3）与质量管理相适应的组织机构　明确各组织机构的联系方法和隶属关系，明确组织结构的交流形式和对外协调方式，组织机构的具体质量职责和权限。

（4）资源和人员　企业提供必要的各类资源，其中包括专业技能、设施设备、检验和实验设备以及相适应的人力资源，并根据科技进步，对人力资源进行必需的培训规定等。

（5）对影响产品质量的各种活动的程序和工作目标作出规定　一般来讲，工作程序应规定某种活动的目的、范围，应做什么、如何做、由谁去做、如何控制和记录、在什么时间与地点做，采用什么样的原材料、设备和标准做，做的结果怎样，由谁来保证等。各项活动应严格按照程序进行。

① 质量管理体系具有系统工程化的特点，它是由若干个事物相互联系、相互制约构成

的整体,其核心是实现整体优化,达到 1+1＞2 的效果,它从最经济地满足顾客对质量的要求出发,把产品质量形成和实现过程的全部活动综合、系统地协调起来。它不仅强调每个部门、每个人、每台机器各自发挥作用,而且强调它们共同工作的协同作用。

② 质量管理体系具有文件化的特点,它表现为一整套深入细致的质量文件,通过文件来识别、规定、沟通和维持企业的全部质量活动,使每个人清楚地知道自己在质量活动中应承担的任务、职责和权限,当发生质量问题时,能使人们及时了解何时、何地、何人、何事以及为何发生质量问题。

③ 质量管理体系具有预防为主的特点,全面质量管理推行的预防为主的原则在质量管理体系中得到了很好的体现,所有的控制都体现了减少或消除不合格,尤其是预防不合格。

知识拓展

质量改进

对于大多数组织和管理人员,质量改进不仅是一个新的职责,而且是管理风格上的一个根本转变——公司文化的转变。因此,了解它的概念,对企业的质量管理是非常必要的。

质量改进是为向本组织及其顾客提供更多的收益,在整个组织内所采取的旨在提高活动和过程的效益、效率的各种措施。对质量改进的内涵可以理解为:质量改进的目的是为供需双方提供更多的利益;质量改进是通过过程实现的,组织的所有活动都通过过程实现,它贯穿药品质量的所有过程;质量改进是追求更高的过程效果和效率目标的持续活动,从不符合质量标准到符合质量标准不能认为是质量改进;质量改进的性质是创造性的,以创造性的思维方式或措施,使活动和过程得到有效的改变;质量改进是质量管理的灵魂。

质量改进能否实施或持续实施,关键在于领导层的理念和认识,只有领导认识到质量改进的重要性,才能努力为组织的质量改进创造一个良好的环境。质量改进除可以采用统计工具和分析工具外,还可采用下列方法。

建立顾客投诉系统,从顾客对产品或服务的反馈识别需要改进的活动和过程。建立质量审核评价系统,包括组织内部的质量审核和组织外部审核,外部审核包括官方检查认证及顾客认证机构的审核,从这些审核结论中获得质量改进的诊断信息。质量经济的分析与应用。戴明循环(PDCA 循环),即管理工作要经过计划(plan)、执行(do)、检查(chek)、处理(action)四个阶段八个步骤:①分析现状,找出质量存在的问题;②分析产生问题的原因;③找出产生问题的主要原因;④拟定措施,制定计划;⑤采取措施,执行计划;⑥检查工作,调查效果;⑦总结经验,纳入标准;⑧遗留问题转入下一个循环。如此循环不止,每循环一次就提高一步,就上升到一个高度,而且是大循环套小循环,一环扣一环,小循环保大循环,一环推一环,而不是原地转。

任务三

学会药品质量风险管理

任务目标
- 知道药品风险的概念和含义
- 会识别药品风险、分析药品风险级别
- 能正确采取相应措施控制药品风险
- 学会药品风险审核

活动 1　理解药品质量风险的涵义

想一想

请思考你从家里到学校的路上，有几个比较危险的路段？填表 7-10。

表 7-10　危险路段分析

危险路段	有什么危险	你如何做的
1.		
2.		
3.		
4.		
...		

药品生产如同你从家里到学校的路上一样，处处有潜在危险，如果一个制药企业能够及时准确地识别风险并加以有效地管理，就可以有效避免生产的中断、偏差的发生、法规的不符合性、对患者造成不良影响、财务损失、工作中到处"救火"和污染、差错事故发生等一系列日常质量管理中经常见到的问题。风险管理还能够对项目的管理、变更控制、验证、药品研发、确定稳定的生产工艺、识别关键工艺参数、资源的合理分配和决策者正确决策等提供有益的帮助，所以，生产企业和药品监督管理部门越来越重视药品质量风险管理。

2010 年版 GMP 第 13 条～第 15 条规定，质量风险管理是在整个产品生命周期中采用前瞻或回顾的方式，对质量风险进行评估、控制、沟通、审核的系统过程。应当根据科学知识及经验对质量风险进行评估,以保证产品质量。质量风险管理过程所采用的方法、措施、形式及形成的文件应当与存在风险的级别相适应。

案例 7-2

2008年11月6日,国家食品药品监督管理局通报了刺五加不良反应事件调查处理结果,认定某药业公司生产的刺五加注射液部分药品在流通环节被雨水浸泡,受到细菌污染,后又被更换标签并销售,致使3名使用该药品的患者死亡。

"收回药品GMP证书""企业直接责任人十年内不得从事药品生产、经营活动",国家药监局给出了严厉的惩罚,尽管该药业公司生产方面质量保障最终证明是有根据的,但流通环节的软肋却让企业彻底低头。

议一议

根据案例7-2,请同学们议一议如何避免事件的发生?填表7-11。

表7-11 刺五加事件

讨论主题	讨论结果
1. 药品生产环节有问题吗?	
2. 此事件发生的风险环节在哪?	
3. 此事件危害程度如何?	
4. 为什么会发生此事件?	
5. 如何控制此事件的发生?	

质量控制、质量保证、过程控制和设计质量存在着风险,GMP要求引入风险管理系统,可以主动控制、避免质量问题出现。

风险是指危害发生的可能性和严重性的组合。危害是对健康造成的损害,包括由产品质量(安全性、有效性、质量)损失或可用性问题所导致的危害。可能性是指危害/伤害发生的频率;严重性是指危害/伤害后果的严重程度。二者是风险的两个属性,关系如图7-4所示。

风险=严重性×可能性
$R = P \times S$

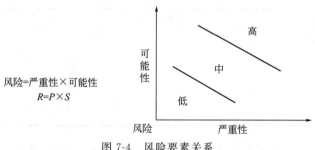

图7-4 风险要素关系

活动2　质量风险管理

案例 7-3

某制药企业生产大输液,在大输液成品杂质检查中,发现有极个别大输液中有纤维,发生率为1/1000。经过质量保证部门和车间质量管理人员以及技术人员的分析,应该是过滤过程中产生的。此药企根据工艺条件，更换了不易产生纤维的过滤材质，后经过验证，没有出现上述问题，解决了大输液中可能有纤维的风险。

根据案例7-3，请同学们分组讨论，并填表7-12。

表7-12 大输液纤维事件

讨论主题	讨论结果
1. 大输液中的纤维从哪里来？	
2. 这些纤维有何危害？危害程度如何？	
3. 如何控制的大输液中的杂质？	
4. 控制后结果如何？	

质量风险管理是在整个产品生命周期中采用前瞻或回顾的方式，对质量风险进行评估、控制、沟通、审核的系统过程（2010年版GMP第13条）。质量风险管理与质量体系相结合，是一项指导科学性和实践性决策用以维护产品质量的过程。

简单地讲就是：药品生命周期中有什么风险？风险从哪里来？对什么有影响？严重程度怎样？我们如何应对？结果怎样？采用科学的知识进行评估、控制、沟通、审核等，稳定生产出合格的产品。

风险管理的流程如图7-5所示。

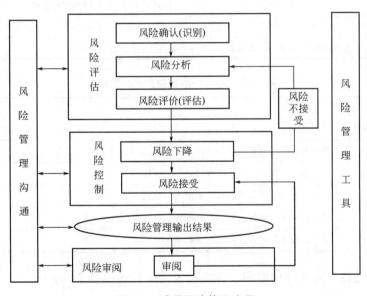

图7-5 质量风险管理流程

活动3　质量风险评估方法

案例7-4

某制药企业在风险管理过程中，将企业存在风险的所有问题进行分类，对其严重性和可能性进行评价，制定出1～5分的打分标准，如产品质量类缺陷发生的严重性见表

7-13，产品质量类缺陷发生的可能性见表 7-14，产品质量类缺陷发生的可识别/可预测性见表 7-15。

表 7-13 风险评估-严重性

类别	严重性系数	标　准
无关紧要	1	对产品有微小影响，可能会引起该批或该批某一部分的损失或者小的返工
微小	2	对产品有较小影响，可能会引起目前批的损失
中等	3	对产品有中等影响，不仅会引起当前批的损失，还会影响该批次的后续批次
严重	4	对产品有高的影响，可能会持续一段时间并且严重影响产品的供应
毁灭性	5	对产品有严重的影响，可能会持续几周、几个月，会影响到整个连续生产的所有后续批次，需要较高的成本才能消除该影响

表 7-14 风险评估-可能性

类别	严重性系数	标　准
不可能	1	每 50 年可能发生一次的事件，事件发生的概率接近于零
罕见	2	每 5~10 年可能发生一次的事件，概率非常低，但可以预见
可能	3	每 3~5 年可能发生一次的事件，事件可能发生，控制措施可能被破坏
很可能	4	一年发生一次或多次的事件，人们不会感到意外的事故
几乎肯定	5	事故每年发生的次数很高，事件频频发生，控制措施不到位

表 7-15 风险评估-可识别/可预测性

类别	可识别系数	标　准
几乎是确定的	1	目前方法几乎可以确切地检测出失败模式，有可靠的检测方法
可能性大	2	目前的方法可以检测出失败模式的可能性大
中等可能性	3	目前的方法有中等可能性检测出失败模式
可能性小	4	目前的检测方法只有极小的可能性检测出失败模式
几乎不可能	5	完全没有可靠的方法检测出失败模式

风险等于严重性与可能性的乘积，风险等级定量描述见表 7-16。

表 7-16 风险评估-风险等级定量描述

可能性＼严重性	1	2	3	4	5
5	5	10	15	20	25
4	4	8	12	16	20
3	3	6	9	12	15
2	2	4	6	8	10
1	1	2	3	4	5

通常，如果可能性与严重性的乘积为 1～4 属于低风险，乘积为 5～9 属于中等风险，乘积为 10～25 属于高风险。

议一议

填写表 7-17。

表 7-17　风险评估讨论表

讨论主题	讨论结果
1. 风险严重性是如何分级的？	
2. 风险可能性是如何分级的？	
3. 风险可预测性是如何分级的？	
4. 风险等级是如何定量描述的？	

风险评估是指在风险管理过程中，对于支持风险决策的信息进行组织的过程。包括危害的确认，以及对这些危害相关风险的分析和评估。系统地利用信息资源确定潜在的风险称为风险确认；预估已确认危害的风险称为风险分析；用定量或定性的方法，比较预计的风险与已知的风险标准，以确定风险的级别称为风险评价。

风险优先度（风险指数）=严重性×发生频率×发生的可能性。风险指数越高说明风险发生的优先度越高，计算所有风险发生的优先度后，可以使用帕累托图（Pareto）也称二八法则对所有风险重新排序，以确定影响最大需要立即整改的风险。

知识拓展

帕累托分析（二八法则）

生活中普遍存在着这样不平衡现象：20%的人享有人类 80%的财富，单位里 20%的人做了工作的 80%，企业中 20%的产品赚取企业 80%的利润，80%的时间里你只穿所有衣服的 20%等。在不同的时间、不同的国度都可以见到这种现象，而这种不平衡的模式会重复出现。人们探索、测试、研究这种不平衡现象极有价值，就产生了著名的帕累托法则，即二八法则。

二八法则认为，在任何事情上，主要的结果通常归于少数的原因、投入和努力，而大部分的努力只带来微小的影响。原因和结果、投入和产出、努力和报酬之间，本身就存在着无法解释的不平衡，常常是"多数只造成少许影响，少数却造成主要的、重大的影响"。二八法则向人们提出这种独特的分析方法和思考方式，让人们理解不平衡、确认不平衡，然后去利用不平衡，并针对问题采取行动，带来正面的影响。二八法则让经理层的人明白，以最少的开支和努力，赚取最大的效益。如一个公司 80%的利润来源于 20%的顾客，就应该让 20%的顾客乐意合作；若 80%的利润来自 20%的产品，那么公司就应该尽全力销售高利润的产品。

案例 7-5

某一制药企业，在对一批口服液瓶子进行检验时发现，共检出 75 个有缺陷的瓶子，其中有裂纹的 61 个、有结石的 5 个、有结瘤的 4 个、有砂眼的 3 个、有气泡线的 2 个，帕累托分析结果见图 7-6。

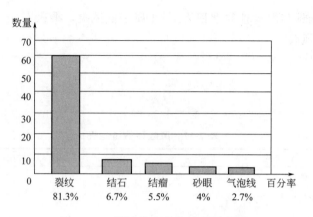

图 7-6 口服液瓶事故的帕累托分析

从图 7-6 分析表明，81.3% 的缺陷是由裂纹引起的，这是主要原因，对裂纹事故进行控制，解决后，口服液瓶子的大部分缺陷即可消除。

在整个风险评估过程中，风险分析是最重要的环节，需要相当有经验的技术人员以及质量相关人员共同完成。如果在风险分析过程中，由于人员的专业技术或对打分标准的理解出现偏差，有可能会造成风险很高的因素被误评为中低风险，进而被忽略，造成产品质量缺陷，甚至影响患者的用药安全；或者本来很低的风险，被误评为高风险，进而投入大量的人力、物力、财力去控制消除风险，造成不必要的浪费。因此，在风险评估过程中，要甄选高水平的团队队员，确保所有部门都参与评估，并保证所有参与风险分析的人员正确理解风险评估的过程。

活动 4　质量风险控制、风险审核和风险沟通管理

做一做

根据所学知识或者结合网络信息，填表 7-18。

表 7-18　风险控制、风险审核和风险沟通概念的理解

主题	内容
1. 风险控制包括的要素	
2. 风险降低	
3. 风险接受	
4. 风险沟通	
5. 风险回顾	

风险控制是执行风险管理决定的措施。对于所有已确定的风险消减或控制行动计划的执行，必须按照纠正预防行动管理的方法进行，即为每个行动设定明确的行动方案、负责人、完成日期、完成情况，由专人对行动完成情况定期追踪，以确保风险行动消减计划按时高质量完成。如果预定的风险消减行动计划需要延期，则需要正式的批准，并对延期的风险进行评估，以评估风险延期对风险是否有影响，是否会增加风险的严重性或可能性等。

为降低风险发生的严重性和可能性所采取的措施称为风险降低。主要问题是可采取什么样的措施来控制、降低或消减风险，以及控制风险时能否产生新的风险。风险降低主要致力于消除风险发生的根本原因；减少风险发生的可能性；风险转移或分担；风险结果最小化等。

接受风险的决定称为风险接受。主要问题是风险、利益和资源间合适的平衡点在哪里？风险是否在可以接受的水平上？

在风险管理程序实施的各个阶段，决策者与其他相关方面对整改进度和管理方面的信息进行沟通和共享称为风险沟通（风险交流）。通过风险沟通，能够促进风险管理的实施，使各方掌握更全面的信息从而调整或改进整改措施及效果。应沟通的信息包括风险的性质、发生的可能性、严重程度、可接受性、控制和纠正预防措施、可识别/可预测性等。

回顾并监控风险管理程序输出/结果，总结关于风险的新认识和新经验，称为风险回顾。在整个风险管理流程的最后阶段，应该对风险管理的结果进行审核。风险管理是一个持续性的质量管理过程，应当建立定期回顾检查机制，回顾频率应基于风险级别确定。

风险管理接受的标准是正确地描述风险；识别风险产生的根本原因；有具体的风险消减行动计划（方案）；以确定纠正、补救和预防行动计划；所有行动计划有效；行动有责任人和目标完成日期；随时监控行动计划的进展状态；按计划进行/完成所有行动计划等。

活动 5　使用风险管理工具

1. 风险管理工具之一—— 因果图（鱼刺图）

案例 7-6

某制药企业生产氯唑沙宗药物时，所制得原料药成品出现了色泽不佳，影响了产品质量。

> **想一想**
> 引起原料药色泽不佳的因素有哪些？填表 7-19。

表 7-19　氯唑沙宗色泽不佳讨论表

主题	内容
1. 原料药色泽不佳因素一	
2. 原料药色泽不佳因素二	
3. 原料药色泽不佳因素三	
4. 原料药色泽不佳因素四	
……	

在药品生产中常常出现一些质量问题，为了解决这些问题，需要对产生质量风险的原因进行分析，用箭头表示因果关系并制作成鱼刺状图，称为"因果图"，又叫"鱼刺图""石川图"，见图 7-7。

图 7-7 鱼刺的骨，是表示因果关系的箭头，正中央是脊背。影响产品质量的因素一般

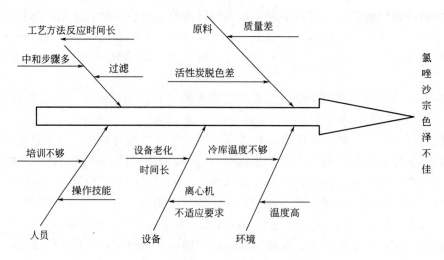

图 7-7 氯唑沙宗色泽不佳因果图

有人、机（设备）、料（物料）、法（规程）、环（环境）五大因素，也可根据具体情况增减项目，把因素用箭头排列在两侧。如图 7-7 所示，每一个层次的原因总是较大原因的原因、同时也是较小原因的结果；任何一个原因对高一层表现为原因，对低一层表现为结果。因果图按问题的不同可分为三类：一是结果分析型，特点是沿着"为什么会产生这样的风险？"一追到底；二是工序分析型，按工序的流程，把影响各工序的原因填在相应的工序上；三是原因罗列型，先把全部因素不分层次罗列出来，再整理出它们之间的关系、作出因果图。

做一做

某制药企业的固体制剂车间，在压片岗位存在潜在的风险：片子硬度不够。请同学们议一议，引起片子硬度不够的原因，并根据讨论结果，作出片子硬度不够因果图。

片子硬度不够因果图

2. 风险管理工具之二——失败模式分析(failure mode effect analysis,FMEA)

> **议一议**
> 某制药企业生产氨苄西林钠冻干粉针,西林瓶冻干后压盖风险有哪些?填写表7-20。

表7-20 西林瓶冻干后压盖风险讨论表

项目主题	讨论内容
1. 西林瓶冻干后压盖风险一	
2. 西林瓶冻干后压盖风险二	
3. 西林瓶冻干后压盖风险三	
4. 西林瓶冻干后压盖风险四	
……	

人们在日常生活中,经常会遇到这种情况:一个简单的细节事先没想到,导致最终结果失败而后悔不已;或做一个复杂的项目时,有很多事情要做,没有安排好先后顺序,导致事倍功半。这里向大家介绍一个有效地防止上述问题的工具——失败模式分析,它是一个用来确认或评估某一过程(生产工艺或产品生产过程)潜在失败的分析工具。哪里会出错?这些错为什么会发生?这些错会有哪些影响?这些影响是否重要?采取哪些行动来保证不会出错?将这些错误以顾客的角度列出先后顺序。

失败模式分析见表7-21。

表7-21 失败模式分析表

步骤	可能失败的因素	严重性	发生的可能性	可识别性	风险指数	预防措施

失败模式分析过程如下。
① 确定研究对象,如变更的相关过程/产品/问题区域/系统等。
② 采用脑力激荡/经验/数据/鱼刺图等方法列出可能的失败步骤或原因。
③ 评估(打分),严重性/可能性/失败发生的频率。
④ 计算出风险指数,RPN=严重性×可能性×发生频率
⑤ 作出 RPN 的帕累托图。
⑥ 制定行动计划降低风险。

> **做一做**
> 根据失败模式分析工具,作出西林瓶压盖风险管理过程。见表7-22。

表 7-22 西林瓶压盖风险管理过程表

编号	工艺步骤/操作单元	不良事件	SEV危害性	原因/程序失败	OCC发生的可能性	现行的控制	DET发现的可能性	RPN	风险认可	建议采取的措施	采取措施后的等级			
											SEV	OCC	DET	RPN
1	打开冻干柜	直到打开冻干柜,没有任何明确原因显示无菌操作失败												
2	从冻干柜中移走托盘,转移至压盖机并转载压盖机中	缺少无菌操作保证		胶塞挤出或遗失		见过程中胶塞位置控制程序								
3	压盖	在压盖过程中胶塞被挤走				设备或灌装密封线设置程序系统								
4	目测	人员培训/视力等				岗前培训/视力0.9								
...														

风险管理的工具还有流程图、过程图、检查表、故障树形图分析、危害分析和关键点控制、初步危害分析等。

附　录

药品生产质量管理规范（2010年修订）
〔卫生部令第 79 号〕
中华人民共和国卫生部　令

二〇一一年二月十二日发布

〔第 79 号〕

《药品生产质量管理规范（2010 年修订）》已于 2010 年 10 月 19 日经卫生部部务会议审议通过，现予以发布，自 2011 年 3 月 1 日起施行。

部长　陈竺
二〇一一年一月十七日

第一章　总　则

第一条　为规范药品生产质量管理，根据《中华人民共和国药品管理法》《中华人民共和国药品管理法实施条例》，制定本规范。

第二条　企业应当建立药品质量管理体系。该体系应当涵盖影响药品质量的所有因素，包括确保药品质量符合预定用途的有组织、有计划的全部活动。

第三条　本规范作为质量管理体系的一部分，是药品生产管理和质量控制的基本要求，旨在最大限度地降低药品生产过程中污染、交叉污染以及混淆、差错等风险，确保持续稳定地生产出符合预定用途和注册要求的药品。

第四条　企业应当严格执行本规范，坚持诚实守信，禁止任何虚假、欺骗行为。

第二章　质量管理

第一节　原　则

第五条　企业应当建立符合药品质量管理要求的质量目标，将药品注册的有关安全、有效和质量可控的所有要求，系统地贯彻到药品生产、控制及产品放行、贮存、发运的全过程中，确保所生产的药品符合预定用途和注册要求。

第六条　企业高层管理人员应当确保实现既定的质量目标，不同层次的人员以及供应商、经销商应当共同参与并承担各自的责任。

第七条　企业应当配备足够的、符合要求的人员、厂房、设施和设备，为实现质量目标提供必要的条件。

第二节　质量保证

第八条　质量保证是质量管理体系的一部分。企业必须建立质量保证系统，同时建立完整的文件体系，以保证系统有效运行。

第九条　质量保证系统应当确保：

（一）药品的设计与研发体现本规范的要求；

（二）生产管理和质量控制活动符合本规范的要求；

（三）管理职责明确；

（四）采购和使用的原辅料和包装材料正确无误；

（五）中间产品得到有效控制；

（六）确认、验证的实施；

（七）严格按照规程进行生产、检查、检验和复核；

（八）每批产品经质量受权人批准后方可放行；

（九）在贮存、发运和随后的各种操作过程中有保证药品质量的适当措施；

（十）按照自检操作规程，定期检查评估质量保证系统的有效性和适用性。

第十条 药品生产质量管理的基本要求：

（一）制定生产工艺，系统地回顾并证明其可持续稳定地生产出符合要求的产品；

（二）生产工艺及其重大变更均经过验证；

（三）配备所需的资源，至少包括：

1. 具有适当的资质并经培训合格的人员；

2. 足够的厂房和空间；

3. 适用的设备和维修保障；

4. 正确的原辅料、包装材料和标签；

5. 经批准的工艺规程和操作规程；

6. 适当的贮运条件。

（四）应当使用准确、易懂的语言制定操作规程；

（五）操作人员经过培训，能够按照操作规程正确操作；

（六）生产全过程应当有记录，偏差均经过调查并记录；

（七）批记录和发运记录应当能够追溯批产品的完整历史，并妥善保存、便于查阅；

（八）降低药品发运过程中的质量风险；

（九）建立药品召回系统，确保能够召回任何一批已发运销售的产品；

（十）调查导致药品投诉和质量缺陷的原因，并采取措施，防止类似质量缺陷再次发生。

第三节 质量控制

第十一条 质量控制包括相应的组织机构、文件系统以及取样、检验等，确保物料或产品在放行前完成必要的检验，确认其质量符合要求。

第十二条 质量控制的基本要求：

（一）应当配备适当的设施、设备、仪器和经过培训的人员，有效、可靠地完成所有质量控制的相关活动；

（二）应当有批准的操作规程，用于原辅料、包装材料、中间产品、待包装产品和成品的取样、检查、检验以及产品的稳定性考察，必要时进行环境监测，以确保符合本规范的要求；

（三）由经授权的人员按照规定的方法对原辅料、包装材料、中间产品、待包装产品和成品取样；

（四）检验方法应当经过验证或确认；

（五）取样、检查、检验应当有记录，偏差应当经过调查并记录；

（六）物料、中间产品、待包装产品和成品必须按照质量标准进行检查和检验，并有记录；

（七）物料和最终包装的成品应当有足够的留样，以备必要的检查或检验；除最终包装容器过大的成品外，成品的留样包装应当与最终包装相同。

第四节 质量风险管理

第十三条 质量风险管理是在整个产品生命周期中采用前瞻或回顾的方式，对质量风险进行评估、控制、沟通、审核的系统过程。

第十四条 应当根据科学知识及经验对质量风险进行评估，以保证产品质量。

第十五条 质量风险管理过程所采用的方法、措施、形式及形成的文件应当与存在风险的级别相适应。

第三章　机构与人员

第一节　原　　则

第十六条　企业应当建立与药品生产相适应的管理机构,并有组织机构图。

企业应当设立独立的质量管理部门,履行质量保证和质量控制的职责。质量管理部门可以分别设立质量保证部门和质量控制部门。

第十七条　质量管理部门应当参与所有与质量有关的活动,负责审核所有与本规范有关的文件。质量管理部门人员不得将职责委托给其他部门的人员。

第十八条　企业应当配备足够数量并具有适当资质(含学历、培训和实践经验)的管理和操作人员,应当明确规定每个部门和每个岗位的职责。岗位职责不得遗漏,交叉的职责应当有明确规定。每个人所承担的职责不应当过多。

所有人员应当明确并理解自己的职责,熟悉与其职责相关的要求,并接受必要的培训,包括上岗前培训和继续培训。

第十九条　职责通常不得委托给他人。确需委托的,其职责可委托给具有相当资质的指定人员。

第二节　关 键 人 员

第二十条　关键人员应当为企业的全职人员,至少应当包括企业负责人、生产管理负责人、质量管理负责人和质量受权人。

质量管理负责人和生产管理负责人不得互相兼任。质量管理负责人和质量受权人可以兼任。应当制定操作规程确保质量受权人独立履行职责,不受企业负责人和其他人员的干扰。

第二十一条　企业负责人

企业负责人是药品质量的主要责任人,全面负责企业日常管理。为确保企业实现质量目标并按照本规范要求生产药品,企业负责人应当负责提供必要的资源,合理计划、组织和协调,保证质量管理部门独立履行其职责。

第二十二条　生产管理负责人

(一)资质:

生产管理负责人应当至少具有药学或相关专业本科学历(或中级专业技术职称或执业药师资格),具有至少三年从事药品生产和质量管理的实践经验,其中至少有一年的药品生产管理经验,接受过与所生产产品相关的专业知识培训。

(二)主要职责:

1. 确保药品按照批准的工艺规程生产、贮存,以保证药品质量;
2. 确保严格执行与生产操作相关的各种操作规程;
3. 确保批生产记录和批包装记录经过指定人员审核并送交质量管理部门;
4. 确保厂房和设备的维护保养,以保持其良好的运行状态;
5. 确保完成各种必要的验证工作;
6. 确保生产相关人员经过必要的上岗前培训和继续培训,并根据实际需要调整培训内容。

第二十三条　质量管理负责人

(一)资质:

质量管理负责人应当至少具有药学或相关专业本科学历(或中级专业技术职称或执业药师资格),具有至少五年从事药品生产和质量管理的实践经验,其中至少一年的药品质量管理经验,接受过与所生产产品相关的专业知识培训。

(二)主要职责:

1. 确保原辅料、包装材料、中间产品、待包装产品和成品符合经注册批准的要求和质量标准;
2. 确保在产品放行前完成对批记录的审核;
3. 确保完成所有必要的检验;

4. 批准质量标准、取样方法、检验方法和其他质量管理的操作规程；
5. 审核和批准所有与质量有关的变更；
6. 确保所有重大偏差和检验结果超标已经过调查并得到及时处理；
7. 批准并监督委托检验；
8. 监督厂房和设备的维护，以保持其良好的运行状态；
9. 确保完成各种必要的确认或验证工作，审核和批准确认或验证方案和报告；
10. 确保完成自检；
11. 评估和批准物料供应商；
12. 确保所有与产品质量有关的投诉已经过调查，并得到及时、正确的处理；
13. 确保完成产品的持续稳定性考察计划，提供稳定性考察的数据；
14. 确保完成产品质量回顾分析；
15. 确保质量控制和质量保证人员都已经过必要的上岗前培训和继续培训，并根据实际需要调整培训内容。

第二十四条 生产管理负责人和质量管理负责人通常有下列共同的职责：
（一）审核和批准产品的工艺规程、操作规程等文件；
（二）监督厂区卫生状况；
（三）确保关键设备经过确认；
（四）确保完成生产工艺验证；
（五）确保企业所有相关人员都已经过必要的上岗前培训和继续培训，并根据实际需要调整培训内容；
（六）批准并监督委托生产；
（七）确定和监控物料和产品的贮存条件；
（八）保存记录；
（九）监督本规范执行状况；
（十）监控影响产品质量的因素。

第二十五条 质量受权人
（一）资质：
质量受权人应当至少具有药学或相关专业本科学历（或中级专业技术职称或执业药师资格），具有至少五年从事药品生产和质量管理的实践经验，从事过药品生产过程控制和质量检验工作。
质量受权人应当具有必要的专业理论知识，并经过与产品放行有关的培训，方能独立履行其职责。
（二）主要职责：
1. 参与企业质量体系建立、内部自检、外部质量审计、验证以及药品不良反应报告、产品召回等质量管理活动；
2. 承担产品放行的职责，确保每批已放行产品的生产、检验均符合相关法规、药品注册要求和质量标准；
3. 在产品放行前，质量受权人必须按照上述第 2 项的要求出具产品放行审核记录，并纳入批记录。

第三节 培 训

第二十六条 企业应当指定部门或专人负责培训管理工作，应当有经生产管理负责人或质量管理负责人审核或批准的培训方案或计划，培训记录应当予以保存。

第二十七条 与药品生产、质量有关的所有人员都应当经过培训，培训的内容应当与岗位的要求相适应。除进行本规范理论和实践的培训外，还应当有相关法规、相应岗位的职责、技能的培训，并定期评估培训的实际效果。

第二十八条 高风险操作区（如：高活性、高毒性、传染性、高致敏性物料的生产区）的工作人员应当接受专门的培训。

第四节 人员卫生

第二十九条 所有人员都应当接受卫生要求的培训,企业应当建立人员卫生操作规程,最大限度地降低人员对药品生产造成污染的风险。

第三十条 人员卫生操作规程应当包括与健康、卫生习惯及人员着装相关的内容。生产区和质量控制区的人员应当正确理解相关的人员卫生操作规程。企业应当采取措施确保人员卫生操作规程的执行。

第三十一条 企业应当对人员健康进行管理,并建立健康档案。直接接触药品的生产人员上岗前应当接受健康检查,以后每年至少进行一次健康检查。

第三十二条 企业应当采取适当措施,避免体表有伤口、患有传染病或其他可能污染药品疾病的人员从事直接接触药品的生产。

第三十三条 参观人员和未经培训的人员不得进入生产区和质量控制区,特殊情况确需进入的,应当事先对个人卫生、更衣等事项进行指导。

第三十四条 任何进入生产区的人员均应当按照规定更衣。工作服的选材、式样及穿戴方式应当与所从事的工作和空气洁净度级别要求相适应。

第三十五条 进入洁净生产区的人员不得化妆和佩戴饰物。

第三十六条 生产区、仓储区应当禁止吸烟和饮食,禁止存放食品、饮料、香烟和个人用药品等非生产用物品。

第三十七条 操作人员应当避免裸手直接接触药品、与药品直接接触的包装材料和设备表面。

第四章 厂房与设施

第一节 原 则

第三十八条 厂房的选址、设计、布局、建造、改造和维护必须符合药品生产要求,应当能够最大限度地避免污染、交叉污染、混淆和差错,便于清洁、操作和维护。

第三十九条 应当根据厂房及生产防护措施综合考虑选址,厂房所处的环境应当能够最大限度地降低物料或产品遭受污染的风险。

第四十条 企业应当有整洁的生产环境;厂区的地面、路面及运输等不应当对药品的生产造成污染;生产、行政、生活和辅助区的总体布局应当合理,不得互相妨碍;厂区和厂房内的人、物流走向应当合理。

第四十一条 应当对厂房进行适当维护,并确保维修活动不影响药品的质量。应当按照详细的书面操作规程对厂房进行清洁或必要的消毒。

第四十二条 厂房应当有适当的照明、温度、湿度和通风,确保生产和贮存的产品质量以及相关设备性能不会直接或间接地受到影响。

第四十三条 厂房、设施的设计和安装应当能够有效防止昆虫或其他动物进入。应当采取必要的措施,避免所使用的灭鼠药、杀虫剂、烟熏剂等对设备、物料、产品造成污染。

第四十四条 应当采取适当措施,防止未经批准人员的进入。生产、贮存和质量控制区不应当作为非本区工作人员的直接通道。

第四十五条 应当保存厂房、公用设施、固定管道建造或改造后的竣工图纸。

第二节 生 产 区

第四十六条 为降低污染和交叉污染的风险,厂房、生产设施和设备应当根据所生产药品的特性、工艺流程及相应洁净度级别要求合理设计、布局和使用,并符合下列要求:

(一)应当综合考虑药品的特性、工艺和预定用途等因素,确定厂房、生产设施和设备多产品共用的可行性,并有相应评估报告;

(二)生产特殊性质的药品,如高致敏性药品(如青霉素类)或生物制品(如卡介苗或其他用活性微生物制成的药品),必须采用专用和独立的厂房、生产设施和设备。青霉素类药品产尘量大的操作区域应当保持相对负压,排至室外的废气应当经过净化处理并符合要求,排风口应当远离其他空气净化系统的进风口;

（三）生产β-内酰胺结构类药品、性激素类避孕药品必须使用专用设施（如独立的空气净化系统）和设备，并与其他药品生产区严格分开；

（四）生产某些激素类、细胞毒性类、高活性化学药品应当使用专用设施（如独立的空气净化系统）和设备；特殊情况下，如采取特别防护措施并经过必要的验证，上述药品制剂则可通过阶段性生产方式共用同一生产设施和设备；

（五）用于上述第（二）、（三）、（四）项的空气净化系统，其排风应当经过净化处理；

（六）药品生产厂房不得用于生产对药品质量有不利影响的非药用产品。

第四十七条 生产区和贮存区应当有足够的空间，确保有序地存放设备、物料、中间产品、待包装产品和成品，避免不同产品或物料的混淆、交叉污染，避免生产或质量控制操作发生遗漏或差错。

第四十八条 应当根据药品品种、生产操作要求及外部环境状况等配置空调净化系统，使生产区有效通风，并有温度、湿度控制和空气净化过滤，保证药品的生产环境符合要求。

洁净区与非洁净区之间、不同级别洁净区之间的压差应当不低于10帕斯卡。必要时，相同洁净度级别的不同功能区域（操作间）之间也应当保持适当的压差梯度。

口服液体和固体制剂、腔道用药（含直肠用药）、表皮外用药品等非无菌制剂生产的暴露工序区域及其直接接触药品的包装材料最终处理的暴露工序区域，应当参照"无菌药品"附录中D级洁净区的要求设置，企业可根据产品的标准和特性对该区域采取适当的微生物监控措施。

第四十九条 洁净区的内表面（墙壁、地面、天棚）应当平整光滑、无裂缝、接口严密、无颗粒物脱落，避免积尘，便于有效清洁，必要时应当进行消毒。

第五十条 各种管道、照明设施、风口和其他公用设施的设计和安装应当避免出现不易清洁的部位，应当尽可能在生产区外部对其进行维护。

第五十一条 排水设施应当大小适宜，并安装防止倒灌的装置。应当尽可能避免明沟排水；不可避免时，明沟宜浅，以方便清洁和消毒。

第五十二条 制剂的原辅料称量通常应当在专门设计的称量室内进行。

第五十三条 产尘操作间（如干燥物料或产品的取样、称量、混合、包装等操作间）应当保持相对负压或采取专门的措施，防止粉尘扩散、避免交叉污染并便于清洁。

第五十四条 用于药品包装的厂房或区域应当合理设计和布局，以避免混淆或交叉污染。如同一区域内有数条包装线，应当有隔离措施。

第五十五条 生产区应当有适度的照明，目视操作区域的照明应当满足操作要求。

第五十六条 生产区内可设中间控制区域，但中间控制操作不得给药品带来质量风险。

第三节 仓 储 区

第五十七条 仓储区应当有足够的空间，确保有序存放待验、合格、不合格、退货或召回的原辅料、包装材料、中间产品、待包装产品和成品等各类物料和产品。

第五十八条 仓储区的设计和建造应当确保良好的仓储条件，并有通风和照明设施。仓储区应当能够满足物料或产品的贮存条件（如温湿度、避光）和安全贮存的要求，并进行检查和监控。

第五十九条 高活性的物料或产品以及印刷包装材料应当贮存于安全的区域。

第六十条 接收、发放和发运区域应当能够保护物料、产品免受外界天气（如雨、雪）的影响。接收区的布局和设施应当能够确保到货物料在进入仓储区前可对外包装进行必要的清洁。

第六十一条 如采用单独的隔离区域贮存待验物料，待验区应当有醒目的标识，且只限于经批准的人员出入。

不合格、退货或召回的物料或产品应当隔离存放。

如果采用其他方法替代物理隔离，则该方法应当具有同等的安全性。

第六十二条 通常应当有单独的物料取样区。取样区的空气洁净度级别应当与生产要求一致。如在其他区域或采用其他方式取样，应当能够防止污染或交叉污染。

第四节 质量控制区

第六十三条 质量控制实验室通常应当与生产区分开。生物检定、微生物和放射性同位素的实验室还应当彼此分开。

第六十四条 实验室的设计应当确保其适用于预定的用途,并能够避免混淆和交叉污染,应当有足够的区域用于样品处置、留样和稳定性考察样品的存放以及记录的保存。

第六十五条 必要时,应当设置专门的仪器室,使灵敏度高的仪器免受静电、振动、潮湿或其他外界因素的干扰。

第六十六条 处理生物样品或放射性样品等特殊物品的实验室应当符合国家的有关要求。

第六十七条 实验动物房应当与其他区域严格分开,其设计、建造应当符合国家有关规定,并设有独立的空气处理设施以及动物的专用通道。

第五节 辅 助 区

第六十八条 休息室的设置不应当对生产区、仓储区和质量控制区造成不良影响。

第六十九条 更衣室和盥洗室应当方便人员进出,并与使用人数相适应。盥洗室不得与生产区和仓储区直接相通。

第七十条 维修间应当尽可能远离生产区。存放在洁净区内的维修用备件和工具,应当放置在专门的房间或工具柜中。

第五章 设 备

第一节 原 则

第七十一条 设备的设计、选型、安装、改造和维护必须符合预定用途,应当尽可能降低产生污染、交叉污染、混淆和差错的风险,便于操作、清洁、维护,以及必要时进行的消毒或灭菌。

第七十二条 应当建立设备使用、清洁、维护和维修的操作规程,并保存相应的操作记录。

第七十三条 应当建立并保存设备采购、安装、确认的文件和记录。

第二节 设计和安装

第七十四条 生产设备不得对药品质量产生任何不利影响。与药品直接接触的生产设备表面应当平整、光洁、易清洗或消毒、耐腐蚀,不得与药品发生化学反应、吸附药品或向药品中释放物质。

第七十五条 应当配备有适当量程和精度的衡器、量具、仪器和仪表。

第七十六条 应当选择适当的清洗、清洁设备,并防止这类设备成为污染源。

第七十七条 设备所用的润滑剂、冷却剂等不得对药品或容器造成污染,应当尽可能使用食用级或级别相当的润滑剂。

第七十八条 生产用模具的采购、验收、保管、维护、发放及报废应当制定相应操作规程,设专人专柜保管,并有相应记录。

第三节 维护和维修

第七十九条 设备的维护和维修不得影响产品质量。

第八十条 应当制定设备的预防性维护计划和操作规程,设备的维护和维修应当有相应的记录。

第八十一条 经改造或重大维修的设备应当进行再确认,符合要求后方可用于生产。

第四节 使用和清洁

第八十二条 主要生产和检验设备都应当有明确的操作规程。

第八十三条 生产设备应当在确认的参数范围内使用。

第八十四条 应当按照详细规定的操作规程清洁生产设备。

生产设备清洁的操作规程应当规定具体而完整的清洁方法、清洁用设备或工具、清洁剂的名称和配制方法、去除前一批次标识的方法、保护已清洁设备在使用前免受污染的方法、已清洁设备最长的保存时限、使用前检查设备清洁状况的方法,使操作者能以可重现的、有效的方式对各类设备进行清洁。

如需拆装设备，还应当规定设备拆装的顺序和方法；如需对设备消毒或灭菌，还应当规定消毒或灭菌的具体方法、消毒剂的名称和配制方法。必要时，还应当规定设备生产结束至清洁前所允许的最长间隔时限。

第八十五条 已清洁的生产设备应当在清洁、干燥的条件下存放。

第八十六条 用于药品生产或检验的设备和仪器，应当有使用日志，记录内容包括使用、清洁、维护和维修情况以及日期、时间、所生产及检验的药品名称、规格和批号等。

第八十七条 生产设备应当有明显的状态标识，标明设备编号和内容物（如名称、规格、批号）；没有内容物的应当标明清洁状态。

第八十八条 不合格的设备如有可能应当搬出生产和质量控制区，未搬出前，应当有醒目的状态标识。

第八十九条 主要固定管道应当标明内容物名称和流向。

第五节 校 准

第九十条 应当按照操作规程和校准计划定期对生产和检验用衡器、量具、仪表、记录和控制设备以及仪器进行校准和检查，并保存相关记录。校准的量程范围应当涵盖实际生产和检验的使用范围。

第九十一条 应当确保生产和检验使用的关键衡器、量具、仪表、记录和控制设备以及仪器经过校准，所得出的数据准确、可靠。

第九十二条 应当使用计量标准器具进行校准，且所用计量标准器具应当符合国家有关规定。校准记录应当标明所用计量标准器具的名称、编号、校准有效期和计量合格证明编号，确保记录的可追溯性。

第九十三条 衡器、量具、仪表、用于记录和控制的设备以及仪器应当有明显的标识，标明其校准有效期。

第九十四条 不得使用未经校准、超过校准有效期、失准的衡器、量具、仪表以及用于记录和控制的设备、仪器。

第九十五条 在生产、包装、仓储过程中使用自动或电子设备的，应当按照操作规程定期进行校准和检查，确保其操作功能正常。校准和检查应当有相应的记录。

第六节 制药用水

第九十六条 制药用水应当适合其用途，并符合《中华人民共和国药典》的质量标准及相关要求。制药用水至少应当采用饮用水。

第九十七条 水处理设备及其输送系统的设计、安装、运行和维护应当确保制药用水达到设定的质量标准。水处理设备的运行不得超出其设计能力。

第九十八条 纯化水、注射用水储罐和输送管道所用材料应当无毒、耐腐蚀；储罐的通气口应当安装不脱落纤维的疏水性除菌滤器；管道的设计和安装应当避免死角、盲管。

第九十九条 纯化水、注射用水的制备、贮存和分配应当能够防止微生物的滋生。纯化水可采用循环，注射用水可采用70℃以上保温循环。

第一百条 应当对制药用水及原水的水质进行定期监测，并有相应的记录。

第一百零一条 应当按照操作规程对纯化水、注射用水管道进行清洗消毒，并有相关记录。发现制药用水微生物污染达到警戒限度、纠偏限度时应当按照操作规程处理。

第六章 物料与产品

第一节 原 则

第一百零二条 药品生产所用的原辅料、与药品直接接触的包装材料应当符合相应的质量标准。药品上直接印字所用油墨应当符合食用标准要求。

进口原辅料应当符合国家相关的进口管理规定。

第一百零三条 应当建立物料和产品的操作规程，确保物料和产品的正确接收、贮存、发放、使用和发运，防止污染、交叉污染、混淆和差错。

物料和产品的处理应当按照操作规程或工艺规程执行，并有记录。

第一百零四条 物料供应商的确定及变更应当进行质量评估，并经质量管理部门批准后方可采购。

第一百零五条 物料和产品的运输应当能够满足其保证质量的要求，对运输有特殊要求的，其运输条件应当予以确认。

第一百零六条 原辅料、与药品直接接触的包装材料和印刷包装材料的接收应当有操作规程，所有到货物料均应当检查，以确保与订单一致，并确认供应商已经质量管理部门批准。

物料的外包装应当有标签，并注明规定的信息。必要时，还应当进行清洁，发现外包装损坏或其他可能影响物料质量的问题，应当向质量管理部门报告并进行调查和记录。

每次接收均应当有记录，内容包括：

（一）交货单和包装容器上所注物料的名称；

（二）企业内部所用物料名称和（或）代码；

（三）接收日期；

（四）供应商和生产商（如不同）的名称；

（五）供应商和生产商（如不同）标识的批号；

（六）接收总量和包装容器数量；

（七）接收后企业指定的批号或流水号；

（八）有关说明（如包装状况）。

第一百零七条 物料接收和成品生产后应当及时按照待验管理，直至放行。

第一百零八条 物料和产品应当根据其性质有序分批贮存和周转，发放及发运应当符合先进先出和近效期先出的原则。

第一百零九条 使用计算机化仓储管理的，应当有相应的操作规程，防止因系统故障、停机等特殊情况而造成物料和产品的混淆和差错。

使用完全计算机化仓储管理系统进行识别的，物料、产品等相关信息可不必以书面可读的方式标出。

第二节 原 辅 料

第一百一十条 应当制定相应的操作规程，采取核对或检验等适当措施，确认每一包装内的原辅料正确无误。

第一百一十一条 一次接收数个批次的物料，应当按批取样、检验、放行。

第一百一十二条 仓储区内的原辅料应当有适当的标识，并至少标明下述内容：

（一）指定的物料名称和企业内部的物料代码；

（二）企业接收时设定的批号；

（三）物料质量状态（如待验、合格、不合格、已取样）；

（四）有效期或复验期。

第一百一十三条 只有经质量管理部门批准放行并在有效期或复验期内的原辅料方可使用。

第一百一十四条 原辅料应当按照有效期或复验期贮存。贮存期内，如发现对质量有不良影响的特殊情况，应当进行复验。

第一百一十五条 应当由指定人员按照操作规程进行配料，核对物料后，精确称量或计量，并作好标识。

第一百一十六条 配制的每一物料及其重量或体积应当由他人独立进行复核，并有复核记录。

第一百一十七条 用于同一批药品生产的所有配料应当集中存放，并作好标识。

第三节 中间产品和待包装产品

第一百一十八条 中间产品和待包装产品应当在适当的条件下贮存。

第一百一十九条 中间产品和待包装产品应当有明确的标识，并至少标明下述内容：

（一）产品名称和企业内部的产品代码；

（二）产品批号；

（三）数量或重量（如毛重、净重等）；

（四）生产工序（必要时）；

（五）产品质量状态（必要时，如待验、合格、不合格、已取样）。

第四节 包装材料

第一百二十条 与药品直接接触的包装材料和印刷包装材料的管理和控制要求与原辅料相同。

第一百二十一条 包装材料应当由专人按照操作规程发放，并采取措施避免混淆和差错，确保用于药品生产的包装材料正确无误。

第一百二十二条 应当建立印刷包装材料设计、审核、批准的操作规程，确保印刷包装材料印制的内容与药品监督管理部门核准的一致，并建立专门的文档，保存经签名批准的印刷包装材料原版实样。

第一百二十三条 印刷包装材料的版本变更时，应当采取措施，确保产品所用印刷包装材料的版本正确无误。宜收回作废的旧版印刷模板并予以销毁。

第一百二十四条 印刷包装材料应当设置专门区域妥善存放，未经批准人员不得进入。切割式标签或其他散装印刷包装材料应当分别置于密闭容器内储运，以防混淆。

第一百二十五条 印刷包装材料应当由专人保管，并按照操作规程和需求量发放。

第一百二十六条 每批或每次发放的与药品直接接触的包装材料或印刷包装材料，均应当有识别标志，标明所用产品的名称和批号。

第一百二十七条 过期或废弃的印刷包装材料应当予以销毁并记录。

第五节 成 品

第一百二十八条 成品放行前应当待验贮存。

第一百二十九条 成品的贮存条件应当符合药品注册批准的要求。

第六节 特殊管理的物料和产品

第一百三十条 麻醉药品、精神药品、医疗用毒性药品（包括药材）、放射性药品、药品类易制毒化学品及易燃、易爆和其他危险品的验收、贮存、管理应当执行国家有关的规定。

第七节 其 他

第一百三十一条 不合格的物料、中间产品、待包装产品和成品的每个包装容器上均应当有清晰醒目的标志，并在隔离区内妥善保存。

第一百三十二条 不合格的物料、中间产品、待包装产品和成品的处理应当经质量管理负责人批准，并有记录。

第一百三十三条 产品回收需经预先批准，并对相关的质量风险进行充分评估，根据评估结论决定是否回收。回收应当按照预定的操作规程进行，并有相应记录。回收处理后的产品应当按照回收处理中最早批次产品的生产日期确定有效期。

第一百三十四条 制剂产品不得进行重新加工。不合格的制剂中间产品、待包装产品和成品一般不得进行返工。只有不影响产品质量、符合相应质量标准，且根据预定、经批准的操作规程以及对相关风险充分评估后，才允许返工处理。返工应当有相应记录。

第一百三十五条 对返工或重新加工或回收合并后生产的成品，质量管理部门应当考虑需要进行额外相关项目的检验和稳定性考察。

第一百三十六条 企业应当建立药品退货的操作规程，并有相应的记录，内容至少应当包括：产品名称、批号、规格、数量、退货单位及地址、退货原因及日期、最终处理意见。同一产品同一批号不同渠道的退货应当分别记录、存放和处理。

第一百三十七条 只有经检查、检验和调查，有证据证明退货质量未受影响，且经质量管理部门根据操作规程评价后，方可考虑将退货重新包装、重新发运销售。评价考虑的因素至少应当包括药品的性质、所需的贮存条件、药品的现状、历史，以及发运与退货之间的间隔时间等因素。不符合贮存和运输要求的退货，应当在质量管理部门监督下予以销毁。对退货质量存有怀疑时，不得重新发运。

对退货进行回收处理的，回收后的产品应当符合预定的质量标准和第一百三十三条的要求。

退货处理的过程和结果应当有相应记录。

第七章　确认与验证

第一百三十八条　企业应当确定需要进行的确认或验证工作，以证明有关操作的关键要素能够得到有效控制。确认或验证的范围和程度应当经过风险评估来确定。

第一百三十九条　企业的厂房、设施、设备和检验仪器应当经过确认，应当采用经过验证的生产工艺、操作规程和检验方法进行生产、操作和检验，并保持持续的验证状态。

第一百四十条　应当建立确认与验证的文件和记录，并能以文件和记录证明达到以下预定的目标：

（一）设计确认应当证明厂房、设施、设备的设计符合预定用途和本规范要求；

（二）安装确认应当证明厂房、设施、设备的建造和安装符合设计标准；

（三）运行确认应当证明厂房、设施、设备的运行符合设计标准；

（四）性能确认应当证明厂房、设施、设备在正常操作方法和工艺条件下能够持续符合标准；

（五）工艺验证应当证明一个生产工艺按照规定的工艺参数能够持续生产出符合预定用途和注册要求的产品。

第一百四十一条　采用新的生产处方或生产工艺前，应当验证其常规生产的适用性。生产工艺在使用规定的原辅料和设备条件下，应当能够始终生产出符合预定用途和注册要求的产品。

第一百四十二条　当影响产品质量的主要因素，如原辅料、与药品直接接触的包装材料、生产设备、生产环境（或厂房）、生产工艺、检验方法等发生变更时，应当进行确认或验证。必要时，还应当经药品监督管理部门批准。

第一百四十三条　清洁方法应当经过验证，证实其清洁的效果，以有效防止污染和交叉污染。清洁验证应当综合考虑设备使用情况、所使用的清洁剂和消毒剂、取样方法和位置以及相应的取样回收率、残留物的性质和限度、残留物检验方法的灵敏度等因素。

第一百四十四条　确认和验证不是一次性的行为。首次确认或验证后，应当根据产品质量回顾分析情况进行再确认或再验证。关键的生产工艺和操作规程应当定期进行再验证，确保其能够达到预期结果。

第一百四十五条　企业应当制定验证总计划，以文件形式说明确认与验证工作的关键信息。

第一百四十六条　验证总计划或其他相关文件中应当作出规定，确保厂房、设施、设备、检验仪器、生产工艺、操作规程和检验方法等能够保持持续稳定。

第一百四十七条　应当根据确认或验证的对象制定确认或验证方案，并经审核、批准。确认或验证方案应当明确职责。

第一百四十八条　确认或验证应当按照预先确定和批准的方案实施，并有记录。确认或验证工作完成后，应当写出报告，并经审核、批准。确认或验证的结果和结论（包括评价和建议）应当有记录并存档。

第一百四十九条　应当根据验证的结果确认工艺规程和操作规程。

第八章　文件管理

第一节　原　　则

第一百五十条　文件是质量保证系统的基本要素。企业必须有内容正确的书面质量标准、生产处方和工艺规程、操作规程以及记录等文件。

第一百五十一条　企业应当建立文件管理的操作规程，系统地设计、制定、审核、批准和发放文件。与本规范有关的文件应当经质量管理部门的审核。

第一百五十二条　文件的内容应当与药品生产许可、药品注册等相关要求一致，并有助于追溯每批产品的历史情况。

第一百五十三条　文件的起草、修订、审核、批准、替换或撤销、复制、保管和销毁等应当按照操作规程管理，并有相应的文件分发、撤销、复制、销毁记录。

第一百五十四条　文件的起草、修订、审核、批准均应当由适当的人员签名并注明日期。

第一百五十五条　文件应当标明题目、种类、目的以及文件编号和版本号。文字应当确切、清晰、易懂，不能模棱两可。

第一百五十六条　文件应当分类存放、条理分明，便于查阅。

第一百五十七条　原版文件复制时，不得产生任何差错；复制的文件应当清晰可辨。

第一百五十八条　文件应当定期审核、修订；文件修订后，应当按照规定管理，防止旧版文件的误用。分发、使用的文件应当为批准的现行文本，已撤销的或旧版文件除留档备查外，不得在工作现场出现。

第一百五十九条　与本规范有关的每项活动均应当有记录，以保证产品生产、质量控制和质量保证等活动可以追溯。记录应当留有填写数据的足够空格。记录应当及时填写，内容真实，字迹清晰、易读，不易擦除。

第一百六十条　应当尽可能采用生产和检验设备自动打印的记录、图谱和曲线图等，并标明产品或样品的名称、批号和记录设备的信息，操作人应当签注姓名和日期。

第一百六十一条　记录应当保持清洁，不得撕毁和任意涂改。记录填写的任何更改都应当签注姓名和日期，并使原有信息仍清晰可辨，必要时，应当说明更改的理由。记录如需重新誊写，则原有记录不得销毁，应当作为重新誊写记录的附件保存。

第一百六十二条　每批药品应当有批记录，包括批生产记录、批包装记录、批检验记录和药品放行审核记录等与本批产品有关的记录。批记录应当由质量管理部门负责管理，至少保存至药品有效期后一年。

质量标准、工艺规程、操作规程、稳定性考察、确认、验证、变更等其他重要文件应当长期保存。

第一百六十三条　如使用电子数据处理系统、照相技术或其他可靠方式记录数据资料，应当有所用系统的操作规程；记录的准确性应当经过核对。

使用电子数据处理系统的，只有经授权的人员方可输入或更改数据，更改和删除情况应当有记录；应当使用密码或其他方式来控制系统的登录；关键数据输入后，应当由他人独立进行复核。

用电子方法保存的批记录，应当采用磁带、缩微胶卷、纸质副本或其他方法进行备份，以确保记录的安全，且数据资料在保存期内便于查阅。

第二节　质量标准

第一百六十四条　物料和成品应当有经批准的现行质量标准；必要时，中间产品或待包装产品也应当有质量标准。

第一百六十五条　物料的质量标准一般应当包括：

（一）物料的基本信息：

1. 企业统一指定的物料名称和内部使用的物料代码；
2. 质量标准的依据；
3. 经批准的供应商；
4. 印刷包装材料的实样或样稿。

（二）取样、检验方法或相关操作规程编号；

（三）定性和定量的限度要求；

（四）贮存条件和注意事项；

（五）有效期或复验期。

第一百六十六条　外购或外销的中间产品和待包装产品应当有质量标准；如果中间产品的检验结果用于成品的质量评价，则应当制定与成品质量标准相对应的中间产品质量标准。

第一百六十七条　成品的质量标准应当包括：

（一）产品名称以及产品代码；

（二）对应的产品处方编号（如有）；

（三）产品规格和包装形式；

（四）取样、检验方法或相关操作规程编号；

（五）定性和定量的限度要求；

（六）贮存条件和注意事项；
（七）有效期。

第三节 工艺规程

第一百六十八条 每种药品的每个生产批量均应当有经企业批准的工艺规程，不同药品规格的每种包装形式均应当有各自的包装操作要求。工艺规程的制定应当以注册批准的工艺为依据。

第一百六十九条 工艺规程不得任意更改。如需更改，应当按照相关的操作规程修订、审核、批准。

第一百七十条 制剂的工艺规程的内容至少应当包括：

（一）生产处方：

1. 产品名称和产品代码；
2. 产品剂型、规格和批量；
3. 所用原辅料清单（包括生产过程中使用，但不在成品中出现的物料），阐明每一物料的指定名称、代码和用量；如原辅料的用量需要折算时，还应当说明计算方法。

（二）生产操作要求：

1. 对生产场所和所用设备的说明（如操作间的位置和编号、洁净度级别、必要的温湿度要求、设备型号和编号等）；
2. 关键设备的准备（如清洗、组装、校准、灭菌等）所采用的方法或相应操作规程编号；
3. 详细的生产步骤和工艺参数说明（如物料的核对、预处理、加入物料的顺序、混合时间、温度等）；
4. 所有中间控制方法及标准；
5. 预期的最终产量限度，必要时，还应当说明中间产品的产量限度，以及物料平衡的计算方法和限度；
6. 待包装产品的贮存要求，包括容器、标签及特殊贮存条件；
7. 需要说明的注意事项。

（三）包装操作要求：

1. 以最终包装容器中产品的数量、重量或体积表示的包装形式；
2. 所需全部包装材料的完整清单，包括包装材料的名称、数量、规格、类型以及与质量标准有关的每一包装材料的代码；
3. 印刷包装材料的实样或复制品，并标明产品批号、有效期打印位置；
4. 需要说明的注意事项，包括对生产区和设备进行的检查，在包装操作开始前，确认包装生产线的清场已经完成等；
5. 包装操作步骤的说明，包括重要的辅助性操作和所用设备的注意事项、包装材料使用前的核对；
6. 中间控制的详细操作，包括取样方法及标准；
7. 待包装产品、印刷包装材料的物料平衡计算方法和限度。

第四节 批生产记录

第一百七十一条 每批产品均应当有相应的批生产记录，可追溯该批产品的生产历史以及与质量有关的情况。

第一百七十二条 批生产记录应当依据现行批准的工艺规程的相关内容制定。记录的设计应当避免填写差错。批生产记录的每一页应当标注产品的名称、规格和批号。

第一百七十三条 原版空白的批生产记录应当经生产管理负责人和质量管理负责人审核和批准。批生产记录的复制和发放均应当按照操作规程进行控制并有记录，每批产品的生产只能发放一份原版空白批生产记录的复制件。

第一百七十四条 在生产过程中，进行每项操作时应当及时记录，操作结束后，应当由生产操作人员确认并签注姓名和日期。

第一百七十五条 批生产记录的内容应当包括：

（一）产品名称、规格、批号；

（二）生产以及中间工序开始、结束的日期和时间；

（三）每一生产工序的负责人签名；

（四）生产步骤操作人员的签名；必要时，还应当有操作（如称量）复核人员的签名；

（五）每一原辅料的批号以及实际称量的数量（包括投入的回收或返工处理产品的批号及数量）；

（六）相关生产操作或活动、工艺参数及控制范围，以及所用主要生产设备的编号；

（七）中间控制结果的记录以及操作人员的签名；

（八）不同生产工序所得产量及必要时的物料平衡计算；

（九）对特殊问题或异常事件的记录，包括对偏离工艺规程的偏差情况的详细说明或调查报告，并经签字批准。

第五节　批包装记录

第一百七十六条　每批产品或每批中部分产品的包装，都应当有批包装记录，以便追溯该批产品包装操作以及与质量有关的情况。

第一百七十七条　批包装记录应当依据工艺规程中与包装相关的内容制定。记录的设计应当注意避免填写差错。批包装记录的每一页均应当标注所包装产品的名称、规格、包装形式和批号。

第一百七十八条　批包装记录应当有待包装产品的批号、数量以及成品的批号和计划数量。原版空白的批包装记录的审核、批准、复制和发放的要求与原版空白的批生产记录相同。

第一百七十九条　在包装过程中，进行每项操作时应当及时记录，操作结束后，应当由包装操作人员确认并签注姓名和日期。

第一百八十条　批包装记录的内容包括：

（一）产品名称、规格、包装形式、批号、生产日期和有效期；

（二）包装操作日期和时间；

（三）包装操作负责人签名；

（四）包装工序的操作人员签名；

（五）每一包装材料的名称、批号和实际使用的数量；

（六）根据工艺规程所进行的检查记录，包括中间控制结果；

（七）包装操作的详细情况，包括所用设备及包装生产线的编号；

（八）所用印刷包装材料的实样，并印有批号、有效期及其他打印内容；不易随批包装记录归档的印刷包装材料可采用印有上述内容的复制品；

（九）对特殊问题或异常事件的记录，包括对偏离工艺规程的偏差情况的详细说明或调查报告，并经签字批准；

（十）所有印刷包装材料和待包装产品的名称、代码，以及发放、使用、销毁或退库的数量、实际产量以及物料平衡检查。

第六节　操作规程和记录

第一百八十一条　操作规程的内容应当包括：题目、编号、版本号、颁发部门、生效日期、分发部门以及制定人、审核人、批准人的签名并注明日期，标题、正文及变更历史。

第一百八十二条　厂房、设备、物料、文件和记录应当有编号（或代码），并制定编制编号（或代码）的操作规程，确保编号（或代码）的唯一性。

第一百八十三条　下述活动也应当有相应的操作规程，其过程和结果应当有记录：

（一）确认和验证；

（二）设备的装配和校准；

（三）厂房和设备的维护、清洁和消毒；

（四）培训、更衣及卫生等与人员相关的事宜；

（五）环境监测；

（六）虫害控制；

（七）变更控制；
（八）偏差处理；
（九）投诉；
（十）药品召回；
（十一）退货。

第九章　生产管理

第一节　原　则

第一百八十四条　所有药品的生产和包装均应当按照批准的工艺规程和操作规程进行操作并有相关记录，以确保药品达到规定的质量标准，并符合药品生产许可和注册批准的要求。

第一百八十五条　应当建立划分产品生产批次的操作规程，生产批次的划分应当能够确保同一批次产品质量和特性的均一性。

第一百八十六条　应当建立编制药品批号和确定生产日期的操作规程。每批药品均应当编制唯一的批号。除另有法定要求外，生产日期不得迟于产品成型或灌装（封）前经最后混合的操作开始日期，不得以产品包装日期作为生产日期。

第一百八十七条　每批产品应当检查产量和物料平衡，确保物料平衡符合设定的限度。如有差异，必须查明原因，确认无潜在质量风险后，方可按照正常产品处理。

第一百八十八条　不得在同一生产操作间同时进行不同品种和规格药品的生产操作，除非没有发生混淆或交叉污染的可能。

第一百八十九条　在生产的每一阶段，应当保护产品和物料免受微生物和其他污染。

第一百九十条　在干燥物料或产品，尤其是高活性、高毒性或高致敏性物料或产品的生产过程中，应当采取特殊措施，防止粉尘的产生和扩散。

第一百九十一条　生产期间使用的所有物料、中间产品或待包装产品的容器及主要设备、必要的操作室应当贴签标识或以其他方式标明生产中的产品或物料名称、规格和批号，如有必要，还应当标明生产工序。

第一百九十二条　容器、设备或设施所用标识应当清晰明了，标识的格式应当经企业相关部门批准。除在标识上使用文字说明外，还可采用不同的颜色区分被标识物的状态（如待验、合格、不合格或已清洁等）。

第一百九十三条　应当检查产品从一个区域输送至另一个区域的管道和其他设备连接，确保连接正确无误。

第一百九十四条　每次生产结束后应当进行清场，确保设备和工作场所没有遗留与本次生产有关的物料、产品和文件。下次生产开始前，应当对前次清场情况进行确认。

第一百九十五条　应当尽可能避免出现任何偏离工艺规程或操作规程的偏差。一旦出现偏差，应当按照偏差处理操作规程执行。

第一百九十六条　生产厂房应当仅限于经批准的人员出入。

第二节　防止生产过程中的污染和交叉污染

第一百九十七条　生产过程中应当尽可能采取措施，防止污染和交叉污染，如：
（一）在分隔的区域内生产不同品种的药品；
（二）采用阶段性生产方式；
（三）设置必要的气锁间和排风；空气洁净度级别不同的区域应当有压差控制；
（四）应当降低未经处理或未经充分处理的空气再次进入生产区导致污染的风险；
（五）在易产生交叉污染的生产区内，操作人员应当穿戴该区域专用的防护服；
（六）采用经过验证或已知有效的清洁和去污染操作规程进行设备清洁；必要时，应当对与物料直接接触的设备表面的残留物进行检测；

（七）采用密闭系统生产；

（八）干燥设备的进风应当有空气过滤器，排风应当有防止空气倒流装置；

（九）生产和清洁过程中应当避免使用易碎、易脱屑、易发霉器具；使用筛网时，应当有防止因筛网断裂而造成污染的措施；

（十）液体制剂的配制、过滤、灌封、灭菌等工序应当在规定时间内完成；

（十一）软膏剂、乳膏剂、凝胶剂等半固体制剂以及栓剂的中间产品应当规定贮存期和贮存条件。

第一百九十八条 应当定期检查防止污染和交叉污染的措施并评估其适用性和有效性。

第三节 生产操作

第一百九十九条 生产开始前应当进行检查，确保设备和工作场所没有上批遗留的产品、文件或与本批产品生产无关的物料，设备处于已清洁及待用状态。检查结果应当有记录。

生产操作前，还应当核对物料或中间产品的名称、代码、批号和标识，确保生产所用物料或中间产品正确且符合要求。

第二百条 应当进行中间控制和必要的环境监测，并予以记录。

第二百零一条 每批药品的每一生产阶段完成后必须由生产操作人员清场，并填写清场记录。清场记录内容包括：操作间编号、产品名称、批号、生产工序、清场日期、检查项目及结果、清场负责人及复核人签名。清场记录应当纳入批生产记录。

第四节 包装操作

第二百零二条 包装操作规程应当规定降低污染和交叉污染、混淆或差错风险的措施。

第二百零三条 包装开始前应当进行检查，确保工作场所、包装生产线、印刷机及其他设备已处于清洁或待用状态，无上批遗留的产品、文件或与本批产品包装无关的物料。检查结果应当有记录。

第二百零四条 包装操作前，还应当检查所领用的包装材料正确无误，核对待包装产品和所用包装材料的名称、规格、数量、质量状态，且与工艺规程相符。

第二百零五条 每一包装操作场所或包装生产线，应当有标识标明包装中的产品名称、规格、批号和批量的生产状态。

第二百零六条 有数条包装线同时进行包装时，应当采取隔离或其他有效防止污染、交叉污染或混淆的措施。

第二百零七条 待用分装容器在分装前应当保持清洁，避免容器中有玻璃碎屑、金属颗粒等污染物。

第二百零八条 产品分装、封口后应当及时贴签。未能及时贴签时，应当按照相关的操作规程操作，避免发生混淆或贴错标签等差错。

第二百零九条 单独打印或包装过程中在线打印的信息（如产品批号或有效期）均应当进行检查，确保其正确无误，并予以记录。如手工打印，应当增加检查频次。

第二百一十条 使用切割式标签或在包装线以外单独打印标签，应当采取专门措施，防止混淆。

第二百一十一条 应当对电子读码机、标签计数器或其他类似装置的功能进行检查，确保其准确运行。检查应当有记录。

第二百一十二条 包装材料上印刷或模压的内容应当清晰，不易褪色和擦除。

第二百一十三条 包装期间，产品的中间控制检查应当至少包括下述内容：

（一）包装外观；

（二）包装是否完整；

（三）产品和包装材料是否正确；

（四）打印信息是否正确；

（五）在线监控装置的功能是否正常。

样品从包装生产线取走后不应当再返还，以防止产品混淆或污染。

第二百一十四条 因包装过程产生异常情况而需要重新包装产品的，必须经专门检查、调查并由指定人员批准。重新包装应当有详细记录。

第二百一十五条 在物料平衡检查中，发现待包装产品、印刷包装材料以及成品数量有显著差异时，应当进行调查，未得出结论前，成品不得放行。

第二百一十六条 包装结束时，已打印批号的剩余包装材料应当由专人负责全部计数销毁，并有记录。如将未打印批号的印刷包装材料退库，应当按照操作规程执行。

第十章 质量控制与质量保证

第一节 质量控制实验室管理

第二百一十七条 质量控制实验室的人员、设施、设备应当与产品性质和生产规模相适应。

企业通常不得进行委托检验，确需委托检验的，应当按照第十一章中委托检验部分的规定，委托外部实验室进行检验，但应当在检验报告中予以说明。

第二百一十八条 质量控制负责人应当具有足够的管理实验室的资质和经验，可以管理同一企业的一个或多个实验室。

第二百一十九条 质量控制实验室的检验人员至少应当具有相关专业中专或高中以上学历，并经过与所从事的检验操作相关的实践培训且通过考核。

第二百二十条 质量控制实验室应当配备药典、标准图谱等必要的工具书，以及标准品或对照品等相关的标准物质。

第二百二十一条 质量控制实验室的文件应当符合第八章的原则，并符合下列要求：

（一）质量控制实验室应当至少有下列详细文件：

1. 质量标准；

2. 取样操作规程和记录；

3. 检验操作规程和记录（包括检验记录或实验室工作记事簿）；

4. 检验报告或证书；

5. 必要的环境监测操作规程、记录和报告；

6. 必要的检验方法验证报告和记录；

7. 仪器校准和设备使用、清洁、维护的操作规程及记录。

（二）每批药品的检验记录应当包括中间产品、待包装产品和成品的质量检验记录，可追溯该批药品所有相关的质量检验情况；

（三）宜采用便于趋势分析的方法保存某些数据（如检验数据、环境监测数据、制药用水的微生物监测数据）；

（四）除与批记录相关的资料信息外，还应当保存其他原始资料或记录，以方便查阅。

第二百二十二条 取样应当至少符合以下要求：

（一）质量管理部门的人员有权进入生产区和仓储区进行取样及调查；

（二）应当按照经批准的操作规程取样，操作规程应当详细规定：

1. 经授权的取样人；

2. 取样方法；

3. 所用器具；

4. 样品量；

5. 分样的方法；

6. 存放样品容器的类型和状态；

7. 取样后剩余部分及样品的处置和标识；

8. 取样注意事项，包括为降低取样过程产生的各种风险所采取的预防措施，尤其是无菌或有害物料的取样以及防止取样过程中污染和交叉污染的注意事项；

9. 贮存条件；

10. 取样器具的清洁方法和贮存要求。

（三）取样方法应当科学、合理，以保证样品的代表性；

（四）留样应当能够代表被取样批次的产品或物料，也可抽取其他样品来监控生产过程中最重要的环节（如生产的开始或结束）；

（五）样品的容器应当贴有标签，注明样品名称、批号、取样日期、取自哪一包装容器、取样人等信息；

（六）样品应当按照规定的贮存要求保存。

第二百二十三条 物料和不同生产阶段产品的检验应当至少符合以下要求：

（一）企业应当确保药品按照注册批准的方法进行全项检验；

（二）符合下列情形之一的，应当对检验方法进行验证：

1. 采用新的检验方法；

2. 检验方法需变更的；

3. 采用《中华人民共和国药典》及其他法定标准未收载的检验方法；

4. 法规规定的其他需要验证的检验方法。

（三）对不需要进行验证的检验方法，企业应当对检验方法进行确认，以确保检验数据准确、可靠；

（四）检验应当有书面操作规程，规定所用方法、仪器和设备，检验操作规程的内容应当与经确认或验证的检验方法一致；

（五）检验应当有可追溯的记录并应当复核，确保结果与记录一致。所有计算均应当严格核对；

（六）检验记录应当至少包括以下内容：

1. 产品或物料的名称、剂型、规格、批号或供货批号，必要时注明供应商和生产商（如不同）的名称或来源；

2. 依据的质量标准和检验操作规程；

3. 检验所用的仪器或设备的型号和编号；

4. 检验所用的试液和培养基的配制批号、对照品或标准品的来源和批号；

5. 检验所用动物的相关信息；

6. 检验过程，包括对照品溶液的配制、各项具体的检验操作、必要的环境温湿度；

7. 检验结果，包括观察情况、计算和图谱或曲线图，以及依据的检验报告编号；

8. 检验日期；

9. 检验人员的签名和日期；

10. 检验、计算复核人员的签名和日期。

（七）所有中间控制（包括生产人员所进行的中间控制），均应当按照经质量管理部门批准的方法进行，检验应当有记录；

（八）应当对实验室容量分析用玻璃仪器、试剂、试液、对照品以及培养基进行质量检查；

（九）必要时应当将检验用实验动物在使用前进行检验或隔离检疫。饲养和管理应当符合相关的实验动物管理规定。动物应当有标识，并应当保存使用的历史记录。

第二百二十四条 质量控制实验室应当建立检验结果超标调查的操作规程。任何检验结果超标都必须按照操作规程进行完整的调查，并有相应的记录。

第二百二十五条 企业按规定保存的、用于药品质量追溯或调查的物料、产品样品为留样。用于产品稳定性考察的样品不属于留样。

留样应当至少符合以下要求：

（一）应当按照操作规程对留样进行管理；

（二）留样应当能够代表被取样批次的物料或产品；

（三）成品的留样：

1. 每批药品均应当有留样；如果一批药品分成数次进行包装，则每次包装至少应当保留一件最小市售包装的成品；

2. 留样的包装形式应当与药品市售包装形式相同，原料药的留样如无法采用市售包装形式的，可采用模拟包装；

3. 每批药品的留样数量一般至少应当能够确保按照注册批准的质量标准完成两次全检（无菌检查和热原检查等除外）；

4. 如果不影响留样的包装完整性，保存期间内至少应当每年对留样进行一次目检观察，如有异常，应当进行彻底调查并采取相应的处理措施；

5. 留样观察应当有记录；

6. 留样应当按照注册批准的贮存条件至少保存至药品有效期后一年；

7. 如企业终止药品生产或关闭的，应当将留样转交授权单位保存，并告知当地药品监督管理部门，以便在必要时可随时取得留样。

（四）物料的留样：

1. 制剂生产用每批原辅料和与药品直接接触的包装材料均应当有留样。与药品直接接触的包装材料（如输液瓶），如成品已有留样，可不必单独留样；

2. 物料的留样量应当至少满足鉴别的需要；

3. 除稳定性较差的原辅料外，用于制剂生产的原辅料（不包括生产过程中使用的溶剂、气体或制药用水）和与药品直接接触的包装材料的留样应当至少保存至产品放行后二年。如果物料的有效期较短，则留样时间可相应缩短；

4. 物料的留样应当按照规定的条件贮存，必要时还应当适当包装密封。

第二百二十六条 试剂、试液、培养基和检定菌的管理应当至少符合以下要求：

（一）试剂和培养基应当从可靠的供应商处采购，必要时应当对供应商进行评估；

（二）应当有接收试剂、试液、培养基的记录，必要时，应当在试剂、试液、培养基的容器上标注接收日期；

（三）应当按照相关规定或使用说明配制、贮存和使用试剂、试液和培养基。特殊情况下，在接收或使用前，还应当对试剂进行鉴别或其他检验；

（四）试液和已配制的培养基应当标注配制批号、配制日期和配制人员姓名，并有配制（包括灭菌）记录。不稳定的试剂、试液和培养基应当标注有效期及特殊贮存条件。标准液、滴定液还应当标注最后一次标化的日期和校正因子，并有标化记录；

（五）配制的培养基应当进行适用性检查，并有相关记录。应当有培养基使用记录；

（六）应当有检验所需的各种检定菌，并建立检定菌保存、传代、使用、销毁的操作规程和相应记录；

（七）检定菌应当有适当的标识，内容至少包括菌种名称、编号、代次、传代日期、传代操作人；

（八）检定菌应当按照规定的条件贮存，贮存的方式和时间不应当对检定菌的生长特性有不利影响。

第二百二十七条 标准品或对照品的管理应当至少符合以下要求：

（一）标准品或对照品应当按照规定贮存和使用；

（二）标准品或对照品应当有适当的标识，内容至少包括名称、批号、制备日期（如有）、有效期（如有）、首次开启日期、含量或效价、贮存条件；

（三）企业如需自制工作标准品或对照品，应当建立工作标准品或对照品的质量标准以及制备、鉴别、检验、批准和贮存的操作规程，每批工作标准品或对照品应当用法定标准品或对照品进行标化，并确定有效期，还应当通过定期标化证明工作标准品或对照品的效价或含量在有效期内保持稳定。标化的过程和结果应当有相应的记录。

第二节 物料和产品放行

第二百二十八条 应当分别建立物料和产品批准放行的操作规程，明确批准放行的标准、职责，并有相应的记录。

第二百二十九条 物料的放行应当至少符合以下要求：

（一）物料的质量评价内容应当至少包括生产商的检验报告、物料包装完整性和密封性的检查情况和检验结果；

（二）物料的质量评价应当有明确的结论，如批准放行、不合格或其他决定；

（三）物料应当由指定人员签名批准放行。

第二百三十条 产品的放行应当至少符合以下要求：

（一）在批准放行前，应当对每批药品进行质量评价，保证药品及其生产应当符合注册和本规范要求，并确认以下各项内容：

1. 主要生产工艺和检验方法经过验证；

2. 已完成所有必需的检查、检验，并综合考虑实际生产条件和生产记录；

3. 所有必需的生产和质量控制均已完成并经相关主管人员签名；

4. 变更已按照相关规程处理完毕，需要经药品监督管理部门批准的变更已得到批准；

5. 对变更或偏差已完成所有必要的取样、检查、检验和审核；

6. 所有与该批产品有关的偏差均已有明确的解释或说明，或者已经过彻底调查和适当处理；如偏差还涉及其他批次产品，应当一并处理；

（二）药品的质量评价应当有明确的结论，如批准放行、不合格或其他决定；

（三）每批药品均应当由质量受权人签名批准放行；

（四）疫苗类制品、血液制品、用于血源筛查的体外诊断试剂以及国家食品药品监督管理局规定的其他生物制品放行前还应当取得批签发合格证明。

第三节 持续稳定性考察

第二百三十一条 持续稳定性考察的目的是在有效期内监控已上市药品的质量，以发现药品与生产相关的稳定性问题（如杂质含量或溶出度特性的变化），并确定药品能够在标示的贮存条件下，符合质量标准的各项要求。

第二百三十二条 持续稳定性考察主要针对市售包装药品，但也需兼顾待包装产品。例如，当待包装产品在完成包装前，或从生产厂运输到包装厂，还需要长期贮存时，应当在相应的环境条件下，评估其对包装后产品稳定性的影响。此外，还应当考虑对贮存时间较长的中间产品进行考察。

第二百三十三条 持续稳定性考察应当有考察方案，结果应当有报告。用于持续稳定性考察的设备（尤其是稳定性试验设备或设施）应当按照第七章和第五章的要求进行确认和维护。

第二百三十四条 持续稳定性考察的时间应当涵盖药品有效期，考察方案应当至少包括以下内容：

（一）每种规格、每个生产批量药品的考察批次数；

（二）相关的物理、化学、微生物和生物学检验方法，可考虑采用稳定性考察专属的检验方法；

（三）检验方法依据；

（四）合格标准；

（五）容器密封系统的描述；

（六）试验间隔时间（测试时间点）；

（七）贮存条件（应当采用与药品标示贮存条件相对应的《中华人民共和国药典》规定的长期稳定性试验标准条件）；

（八）检验项目，如检验项目少于成品质量标准所包含的项目，应当说明理由。

第二百三十五条 考察批次数和检验频次应当能够获得足够的数据，以供趋势分析。通常情况下，每种规格、每种内包装形式的药品，至少每年应当考察一个批次，除非当年没有生产。

第二百三十六条 某些情况下，持续稳定性考察中应当额外增加批次数，如重大变更或生产和包装有重大偏差的药品应当列入稳定性考察。此外，重新加工、返工或回收的批次，也应当考虑列入考察，除非已经过验证和稳定性考察。

第二百三十七条 关键人员，尤其是质量受权人，应当了解持续稳定性考察的结果。当持续稳定性考察不在待包装产品和成品的生产企业进行时，则相关各方之间应当有书面协议，且均应当保存持续稳定性考察的结果以供药品监督管理部门审查。

第二百三十八条 应当对不符合质量标准的结果或重要的异常趋势进行调查。对任何已确认的不符合质量标准的结果或重大不良趋势，企业都应当考虑是否可能对已上市药品造成影响，必要时应当实施召回，调查结果以及采取的措施应当报告当地药品监督管理部门。

第二百三十九条 应当根据所获得的全部数据资料，包括考察的阶段性结论，撰写总结报告并保存。应当定期审核总结报告。

第四节 变更控制

第二百四十条 企业应当建立变更控制系统，对所有影响产品质量的变更进行评估和管理。需要经药品监督管理部门批准的变更应当在得到批准后方可实施。

第二百四十一条 应当建立操作规程，规定原辅料、包装材料、质量标准、检验方法、操作规程、厂房、设施、设备、仪器、生产工艺和计算机软件变更的申请、评估、审核、批准和实施。质量管理部门应当指定专人负责变更控制。

第二百四十二条 变更都应当评估其对产品质量的潜在影响。企业可以根据变更的性质、范围、对产品质量潜在影响的程度将变更分类（如主要、次要变更）。判断变更所需的验证、额外的检验以及稳定性考察应当有科学依据。

第二百四十三条 与产品质量有关的变更由申请部门提出后，应当经评估、制定实施计划并明确实施职责，最终由质量管理部门审核批准。变更实施应当有相应的完整记录。

第二百四十四条 改变原辅料、与药品直接接触的包装材料、生产工艺、主要生产设备以及其他影响药品质量的主要因素时，还应当对变更实施后最初至少三个批次的药品质量进行评估。如果变更可能影响药品的有效期，则质量评估还应当包括对变更实施后生产的药品进行稳定性考察。

第二百四十五条 变更实施时，应当确保与变更相关的文件均已修订。

第二百四十六条 质量管理部门应当保存所有变更的文件和记录。

第五节 偏差处理

第二百四十七条 各部门负责人应当确保所有人员正确执行生产工艺、质量标准、检验方法和操作规程，防止偏差的产生。

第二百四十八条 企业应当建立偏差处理的操作规程，规定偏差的报告、记录、调查、处理以及所采取的纠正措施，并有相应的记录。

第二百四十九条 任何偏差都应当评估其对产品质量的潜在影响。企业可以根据偏差的性质、范围、对产品质量潜在影响的程度将偏差分类（如重大、次要偏差），对重大偏差的评估还应当考虑是否需要对产品进行额外的检验以及对产品有效期的影响，必要时，应当对涉及重大偏差的产品进行稳定性考察。

第二百五十条 任何偏离生产工艺、物料平衡限度、质量标准、检验方法、操作规程等的情况均应当有记录，并立即报告主管人员及质量管理部门，应当有清楚的说明，重大偏差应当由质量管理部门会同其他部门进行彻底调查，并有调查报告。偏差调查报告应当由质量管理部门的指定人员审核并签字。

企业还应当采取预防措施有效防止类似偏差的再次发生。

第二百五十一条 质量管理部门应当负责偏差的分类，保存偏差调查、处理的文件和记录。

第六节 纠正措施和预防措施

第二百五十二条 企业应当建立纠正措施和预防措施系统，对投诉、召回、偏差、自检或外部检查结果、工艺性能和质量监测趋势等进行调查并采取纠正和预防措施。调查的深度和形式应当与风险的级别相适应。纠正措施和预防措施系统应当能够增进对产品和工艺的理解，改进产品和工艺。

第二百五十三条 企业应当建立实施纠正和预防措施的操作规程，内容至少包括：

（一）对投诉、召回、偏差、自检或外部检查结果、工艺性能和质量监测趋势以及其他来源的质量数据进行分析，确定已有和潜在的质量问题。必要时，应当采用适当的统计学方法；

（二）调查与产品、工艺和质量保证系统有关的原因；

（三）确定所需采取的纠正和预防措施，防止问题的再次发生；

（四）评估纠正和预防措施的合理性、有效性和充分性；

（五）对实施纠正和预防措施过程中所有发生的变更应当予以记录；

（六）确保相关信息已传递到质量受权人和预防问题再次发生的直接负责人；

（七）确保相关信息及其纠正和预防措施已通过高层管理人员的评审。

第二百五十四条 实施纠正和预防措施应当有文件记录，并由质量管理部门保存。

第七节 供应商的评估和批准

第二百五十五条 质量管理部门应当对所有生产用物料的供应商进行质量评估，会同有关部门对主要物料供应商（尤其是生产商）的质量体系进行现场质量审计，并对质量评估不符合要求的供应商行使否决权。

主要物料的确定应当综合考虑企业所生产的药品质量风险、物料用量以及物料对药品质量的影响程度等因素。

企业法定代表人、企业负责人及其他部门的人员不得干扰或妨碍质量管理部门对物料供应商独立作出质量评估。

第二百五十六条 应当建立物料供应商评估和批准的操作规程，明确供应商的资质、选择的原则、质量评估方式、评估标准、物料供应商批准的程序。

如质量评估需采用现场质量审计方式的，还应当明确审计内容、周期、审计人员的组成及资质。需采用样品小批量试生产的，还应当明确生产批量、生产工艺、产品质量标准、稳定性考察方案。

第二百五十七条 质量管理部门应当指定专人负责物料供应商质量评估和现场质量审计，分发经批准的合格供应商名单。被指定的人员应当具有相关的法规和专业知识，具有足够的质量评估和现场质量审计的实践经验。

第二百五十八条 现场质量审计应当核实供应商资质证明文件和检验报告的真实性，核实是否具备检验条件。应当对其人员机构、厂房设施和设备、物料管理、生产工艺流程和生产管理、质量控制实验室的设备、仪器、文件管理等进行检查，以全面评估其质量保证系统。现场质量审计应当有报告。

第二百五十九条 必要时，应当对主要物料供应商提供的样品进行小批量试生产，并对试生产的药品进行稳定性考察。

第二百六十条 质量管理部门对物料供应商的评估至少应当包括：供应商的资质证明文件、质量标准、检验报告、企业对物料样品的检验数据和报告。如进行现场质量审计和样品小批量试生产的，还应当包括现场质量审计报告，以及小试产品的质量检验报告和稳定性考察报告。

第二百六十一条 改变物料供应商，应当对新的供应商进行质量评估；改变主要物料供应商的，还需要对产品进行相关的验证及稳定性考察。

第二百六十二条 质量管理部门应当向物料管理部门分发经批准的合格供应商名单，该名单内容至少包括物料名称、规格、质量标准、生产商名称和地址、经销商（如有）名称等，并及时更新。

第二百六十三条 质量管理部门应当与主要物料供应商签订质量协议，在协议中应当明确双方所承担的质量责任。

第二百六十四条 质量管理部门应当定期对物料供应商进行评估或现场质量审计，回顾分析物料质量检验结果、质量投诉和不合格处理记录。如物料出现质量问题或生产条件、工艺、质量标准和检验方法等可能影响质量的关键因素发生重大改变时，还应当尽快进行相关的现场质量审计。

第二百六十五条 企业应当对每家物料供应商建立质量档案，档案内容应当包括供应商的资质证明文件、质量协议、质量标准、样品检验数据和报告、供应商的检验报告、现场质量审计报告、产品稳定性考察报告、定期的质量回顾分析报告等。

第八节 产品质量回顾分析

第二百六十六条 应当按照操作规程，每年对所有生产的药品按品种进行产品质量回顾分析，以确认工艺稳定可靠，以及原辅料、成品现行质量标准的适用性，及时发现不良趋势，确定产品及工艺改进的方向。应当考虑以往回顾分析的历史数据，还应当对产品质量回顾分析的有效性进行自检。

当有合理的科学依据时，可按照产品的剂型分类进行质量回顾，如固体制剂、液体制剂和无菌制剂等。

回顾分析应当有报告。

企业至少应当对下列情形进行回顾分析：

（一）产品所用原辅料的所有变更，尤其是来自新供应商的原辅料；

（二）关键中间控制点及成品的检验结果；

（三）所有不符合质量标准的批次及其调查；

（四）所有重大偏差及相关的调查、所采取的整改措施和预防措施的有效性；

（五）生产工艺或检验方法等的所有变更；

（六）已批准或备案的药品注册所有变更；

（七）稳定性考察的结果及任何不良趋势；

（八）所有因质量原因造成的退货、投诉、召回及调查；

（九）与产品工艺或设备相关的纠正措施的执行情况和效果；

（十）新获批准和有变更的药品，按照注册要求上市后应当完成的工作情况；

（十一）相关设备和设施，如空调净化系统、水系统、压缩空气等的确认状态；

（十二）委托生产或检验的技术合同履行情况。

第二百六十七条 应当对回顾分析的结果进行评估，提出是否需要采取纠正和预防措施或进行再确认或再验证的评估意见及理由，并及时、有效地完成整改。

第二百六十八条 药品委托生产时，委托方和受托方之间应当有书面的技术协议，规定产品质量回顾分析中各方的责任，确保产品质量回顾分析按时进行并符合要求。

第九节　投诉与不良反应报告

第二百六十九条 应当建立药品不良反应报告和监测管理制度，设立专门机构并配备专职人员负责管理。

第二百七十条 应当主动收集药品不良反应，对不良反应应当详细记录、评价、调查和处理，及时采取措施控制可能存在的风险，并按照要求向药品监督管理部门报告。

第二百七十一条 应当建立操作规程，规定投诉登记、评价、调查和处理的程序，并规定因可能的产品缺陷发生投诉时所采取的措施，包括考虑是否有必要从市场召回药品。

第二百七十二条 应当有专人及足够的辅助人员负责进行质量投诉的调查和处理，所有投诉、调查的信息应当向质量受权人通报。

第二百七十三条 所有投诉都应当登记与审核，与产品质量缺陷有关的投诉，应当详细记录投诉的各个细节，并进行调查。

第二百七十四条 发现或怀疑某批药品存在缺陷，应当考虑检查其他批次的药品，查明其是否受到影响。

第二百七十五条 投诉调查和处理应当有记录，并注明所查相关批次产品的信息。

第二百七十六条 应当定期回顾分析投诉记录，以便发现需要警觉、重复出现以及可能需要从市场召回药品的问题，并采取相应措施。

第二百七十七条 企业出现生产失误、药品变质或其他重大质量问题，应当及时采取相应措施，必要时还应当向当地药品监督管理部门报告。

第十一章　委托生产与委托检验

第一节　原　　则

第二百七十八条 为确保委托生产产品的质量和委托检验的准确性和可靠性，委托方和受托方必须签订书面合同，明确规定各方责任、委托生产或委托检验的内容及相关的技术事项。

第二百七十九条 委托生产或委托检验的所有活动，包括在技术或其他方面拟采取的任何变更，均应当符合药品生产许可和注册的有关要求。

第二节 委托方

第二百八十条 委托方应当对受托方进行评估，对受托方的条件、技术水平、质量管理情况进行现场考核，确认其具有完成受托工作的能力，并能保证符合本规范的要求。

第二百八十一条 委托方应当向受托方提供所有必要的资料，以使受托方能够按照药品注册和其他法定要求正确实施所委托的操作。

委托方应当使受托方充分了解与产品或操作相关的各种问题，包括产品或操作对受托方的环境、厂房、设备、人员及其他物料或产品可能造成的危害。

第二百八十二条 委托方应当对受托生产或检验的全过程进行监督。

第二百八十三条 委托方应当确保物料和产品符合相应的质量标准。

第三节 受托方

第二百八十四条 受托方必须具备足够的厂房、设备、知识和经验以及人员，满足委托方所委托的生产或检验工作的要求。

第二百八十五条 受托方应当确保所收到委托方提供的物料、中间产品和待包装产品适用于预定用途。

第二百八十六条 受托方不得从事对委托生产或检验的产品质量有不利影响的活动。

第四节 合同

第二百八十七条 委托方与受托方之间签订的合同应当详细规定各自的产品生产和控制职责，其中的技术性条款应当由具有制药技术、检验专业知识和熟悉本规范的主管人员拟订。委托生产及检验的各项工作必须符合药品生产许可和药品注册的有关要求并经双方同意。

第二百八十八条 合同应当详细规定质量受权人批准放行每批药品的程序，确保每批产品都已按照药品注册的要求完成生产和检验。

第二百八十九条 合同应当规定何方负责物料的采购、检验、放行、生产和质量控制（包括中间控制），还应当规定何方负责取样和检验。

在委托检验的情况下，合同应当规定受托方是否在委托方的厂房内取样。

第二百九十条 合同应当规定由受托方保存的生产、检验和发运记录及样品，委托方应当能够随时调阅或检查；出现投诉、怀疑产品有质量缺陷或召回时，委托方应当能够方便地查阅所有与评价产品质量相关的记录。

第二百九十一条 合同应当明确规定委托方可以对受托方进行检查或现场质量审计。

第二百九十二条 委托检验合同应当明确受托方有义务接受药品监督管理部门检查。

第十二章 产品发运与召回

第一节 原则

第二百九十三条 企业应当建立产品召回系统，必要时可迅速、有效地从市场召回任何一批存在安全隐患的产品。

第二百九十四条 因质量原因退货和召回的产品，均应当按照规定监督销毁，有证据证明退货产品质量未受影响的除外。

第二节 发运

第二百九十五条 每批产品均应当有发运记录。根据发运记录，应当能够追查每批产品的销售情况，必要时应当能够及时全部追回，发运记录内容应当包括：产品名称、规格、批号、数量、收货单位和地址、联系方式、发货日期、运输方式等。

第二百九十六条 药品发运的零头包装只限两个批号为一个合箱，合箱外应当标明全部批号，并建立合箱记录。

第二百九十七条 发运记录应当至少保存至药品有效期后一年。

第三节 召 回

第二百九十八条 应当制定召回操作规程，确保召回工作的有效性。

第二百九十九条 应当指定专人负责组织协调召回工作，并配备足够数量的人员。产品召回负责人应当独立于销售和市场部门；如产品召回负责人不是质量受权人，则应当向质量受权人通报召回处理情况。

第三百条 召回应当能够随时启动，并迅速实施。

第三百零一条 因产品存在安全隐患决定从市场召回的，应当立即向当地药品监督管理部门报告。

第三百零二条 产品召回负责人应当能够迅速查阅到药品发运记录。

第三百零三条 已召回的产品应当有标识，并单独、妥善贮存，等待最终处理决定。

第三百零四条 召回的进展过程应当有记录，并有最终报告。产品发运数量、已召回数量以及数量平衡情况应当在报告中予以说明。

第三百零五条 应当定期对产品召回系统的有效性进行评估。

第十三章 自 检

第一节 原 则

第三百零六条 质量管理部门应当定期组织对企业进行自检，监控本规范的实施情况，评估企业是否符合本规范要求，并提出必要的纠正和预防措施。

第二节 自 检

第三百零七条 自检应当有计划，对机构与人员、厂房与设施、设备、物料与产品、确认与验证、文件管理、生产管理、质量控制与质量保证、委托生产与委托检验、产品发运与召回等项目定期进行检查。

第三百零八条 应当由企业指定人员进行独立、系统、全面的自检，也可由外部人员或专家进行独立的质量审计。

第三百零九条 自检应当有记录。自检完成后应当有自检报告，内容至少包括自检过程中观察到的所有情况、评价的结论以及提出纠正和预防措施的建议。自检情况应当报告企业高层管理人员。

第十四章 附 则

第三百一十条 本规范为药品生产质量管理的基本要求。对无菌药品、生物制品、血液制品等药品或生产质量管理活动的特殊要求，由国家食品药品监督管理局以附录方式另行制定。

第三百一十一条 企业可以采用经过验证的替代方法，达到本规范的要求。

第三百一十二条 本规范下列术语（按汉语拼音排序）的含义是：

（一）包装

待包装产品变成成品所需的所有操作步骤，包括分装、贴签等。但无菌生产工艺中产品的无菌灌装，以及最终灭菌产品的灌装等不视为包装。

（二）包装材料

药品包装所用的材料，包括与药品直接接触的包装材料和容器、印刷包装材料，但不包括发运用的外包装材料。

（三）操作规程

经批准用来指导设备操作、维护与清洁、验证、环境控制、取样和检验等药品生产活动的通用性文件，也称标准操作规程。

（四）产品

包括药品的中间产品、待包装产品和成品。

（五）产品生命周期

产品从最初的研发、上市直至退市的所有阶段。

（六）成品

已完成所有生产操作步骤和最终包装的产品。

（七）重新加工

将某一生产工序生产的不符合质量标准的一批中间产品或待包装产品的一部分或全部，采用不同的生产工艺进行再加工，以符合预定的质量标准。

（八）待包装产品

尚未进行包装但已完成所有其他加工工序的产品。

（九）待验

指原辅料、包装材料、中间产品、待包装产品或成品，采用物理手段或其他有效方式将其隔离或区分，在允许用于投料生产或上市销售之前贮存、等待作出放行决定的状态。

（十）发放

指生产过程中物料、中间产品、待包装产品、文件、生产用模具等在企业内部流转的一系列操作。

（十一）复验期

原辅料、包装材料贮存一定时间后，为确保其仍适用于预定用途，由企业确定的需重新检验的日期。

（十二）发运

指企业将产品发送到经销商或用户的一系列操作，包括配货、运输等。

（十三）返工

将某一生产工序生产的不符合质量标准的一批中间产品或待包装产品、成品的一部分或全部返回到之前的工序，采用相同的生产工艺进行再加工，以符合预定的质量标准。

（十四）放行

对一批物料或产品进行质量评价，作出批准使用或投放市场或其他决定的操作。

（十五）高层管理人员

在企业内部最高层指挥和控制企业、具有调动资源的权力和职责的人员。

（十六）工艺规程

为生产特定数量的成品而制定的一个或一套文件，包括生产处方、生产操作要求和包装操作要求，规定原辅料和包装材料的数量、工艺参数和条件、加工说明（包括中间控制）、注意事项等内容。

（十七）供应商

指物料、设备、仪器、试剂、服务等的提供方，如生产商、经销商等。

（十八）回收

在某一特定的生产阶段，将以前生产的一批或数批符合相应质量要求的产品的一部分或全部，加入到另一批次中的操作。

（十九）计算机化系统

用于报告或自动控制的集成系统，包括数据输入、电子处理和信息输出。

（二十）交叉污染

不同原料、辅料及产品之间发生的相互污染。

（二十一）校准

在规定条件下，确定测量、记录、控制仪器或系统的示值（尤指称量）或实物量具所代表的量值，与对应的参照标准量值之间关系的一系列活动。

（二十二）阶段性生产方式

指在共用生产区内，在一段时间内集中生产某一产品，再对相应的共用生产区、设施、设备、工器具等进行彻底清洁，更换生产另一种产品的方式。

（二十三）洁净区

需要对环境中尘粒及微生物数量进行控制的房间（区域），其建筑结构、装备及其使用应当能够减少该区域内污染物的引入、产生和滞留。

（二十四）警戒限度

系统的关键参数超出正常范围，但未达到纠偏限度，需要引起警觉，可能需要采取纠正措施的限度标准。

（二十五）纠偏限度

系统的关键参数超出可接受标准，需要进行调查并采取纠正措施的限度标准。

（二十六）检验结果超标

检验结果超出法定标准及企业制定标准的所有情形。

（二十七）批

经一个或若干加工过程生产的、具有预期均一质量和特性的一定数量的原辅料、包装材料或成品。为完成某些生产操作步骤，可能有必要将一批产品分成若干亚批，最终合并成为一个均一的批。在连续生产情况下，批必须与生产中具有预期均一特性的确定数量的产品相对应，批量可以是固定数量或固定时间段内生产的产品量。

例如：口服或外用的固体、半固体制剂在成型或分装前使用同一台混合设备一次混合所生产的均质产品为一批；口服或外用的液体制剂以灌装（封）前经最后混合的药液所生产的均质产品为一批。

（二十八）批号

用于识别一个特定批的具有唯一性的数字和（或）字母的组合。

（二十九）批记录

用于记述每批药品生产、质量检验和放行审核的所有文件和记录，可追溯所有与成品质量有关的历史信息。

（三十）气锁间

设置于两个或数个房间之间（如不同洁净度级别的房间之间）的具有两扇或多扇门的隔离空间。设置气锁间的目的是在人员或物料出入时，对气流进行控制。气锁间有人员气锁间和物料气锁间。

（三十一）企业

在本规范中如无特别说明，企业特指药品生产企业。

（三十二）确认

证明厂房、设施、设备能正确运行并可达到预期结果的一系列活动。

（三十三）退货

将药品退还给企业的活动。

（三十四）文件

本规范所指的文件包括质量标准、工艺规程、操作规程、记录、报告等。

（三十五）物料

指原料、辅料和包装材料等。

例如：化学药品制剂的原料是指原料药；生物制品的原料是指原材料；中药制剂的原料是指中药材、中药饮片和外购中药提取物；原料药的原料是指用于原料药生产的除包装材料以外的其他物料。

（三十六）物料平衡

产品或物料实际产量或实际用量及收集到的损耗之和与理论产量或理论用量之间的比较，并考虑可允许的偏差范围。

（三十七）污染

在生产、取样、包装或重新包装、贮存或运输等操作过程中，原辅料、中间产品、待包装产品、成品受到具有化学或微生物特性的杂质或异物的不利影响。

（三十八）验证

证明任何操作规程（或方法）、生产工艺或系统能够达到预期结果的一系列活动。

（三十九）印刷包装材料

指具有特定式样和印刷内容的包装材料，如印字铝箔、标签、说明书、纸盒等。

（四十）原辅料

除包装材料之外，药品生产中使用的任何物料。

(四十一）中间产品

指完成部分加工步骤的产品，尚需进一步加工方可成为待包装产品。

（四十二）中间控制

也称过程控制，指为确保产品符合有关标准，生产中对工艺过程加以监控，以便在必要时进行调节而做的各项检查。可将对环境或设备控制视作中间控制的一部分。

第三百一十三条 本规范自 2011 年 3 月 1 日起施行。按照《中华人民共和国药品管理法》第九条规定，具体实施办法和实施步骤由国家食品药品监督管理局规定。

参考文献

[1] 中国化学制药协会，中国医药工业公司. 药品生产质量管理规范实施指南［M］. 北京：化学工业出版社，2001
[2] 朱世斌. 药品生产质量管理工程［M］. 北京：化学工业出版社，2001.
[3] 邓海根. 制药企业 GMP 管理实用指南［M］. 北京：中国计量出版社，2000.
[4] 国家食品药品监督管理局. 药品生产验证指南［M］. 北京：化学工业出版社，2003.
[5] 李钧. 药品 GMP 卫生教程［M］. 北京：中国医药科技出版社，2003.
[6] 李钧. 药品 GMP 文件化教程［M］. 北京：中国医药科技出版社，2002.
[7] 李钧. 实用药品 GMP 认证技术［M］. 北京：化学工业出版社，2003.
[8] 于中兴. 中国药政词典［M］. 北京：中国医药科技出版社，1994.
[9] 国家食品药品监督管理局［S］. 药品生产质量管理规范. 2010.
[10] 国家食品药品监督管理局［S］. 药品生产质量管理规范附录. 2010.
[11] 国家食品药品监督管理局［S］. 药品 GMP 认证办法. 2005.
[12] 万春艳. 药品生产质量管理规范（GMP）实用教程［M］. 北京：化学工业出版社，2020.
[13] 郑一美. 药品质量管理技术［M］. 2 版. 北京：化学工业出版社，2019.